U0578896

权威·前沿·原创

皮书系列为
"十二五""十三五"国家重点图书出版规划项目

PPP蓝皮书

BLUE BOOK OF
PPP

中国 PPP 年度发展报告
（2017）

ANNUAL REPORT ON THE DEVELOPMENT
OF PPP IN CHINA (2017)

清华大学政府和社会资本合作研究中心

主　　编／王天义　韩志峰
执行主编／杨永恒
副 主 编／王守清　李开孟

社会科学文献出版社
SOCIAL SCIENCES ACADEMIC PRESS（CHINA）

图书在版编目（CIP）数据

中国 PPP 年度发展报告. 2017 / 王天义，韩志峰主编
. -- 北京：社会科学文献出版社，2018.5
　（PPP 蓝皮书）
　ISBN 978 - 7 - 5201 - 2695 - 3

　Ⅰ. ①中… 　Ⅱ. ①王… ②韩… 　Ⅲ. ①政府投资 - 合
作 - 社会资本 - 研究报告 - 中国 - 2017 　Ⅳ. ①F832. 48
②F124. 7

　中国版本图书馆 CIP 数据核字（2018）第 091383 号

PPP 蓝皮书
中国 PPP 年度发展报告（2017）

主　　编／王天义　韩志峰
执行主编／杨永恒
副 主 编／王守清　李开孟

出 版 人／谢寿光
项目统筹／周　琼
责任编辑／周　琼

出　　版／社会科学文献出版社·社会政法分社（010）59367156
　　　　　地址：北京市北三环中路甲 29 号院华龙大厦　邮编：100029
　　　　　网址：www. ssap. com. cn
发　　行／市场营销中心（010）59367081　59367018
印　　装／三河市龙林印务有限公司

规　　格／开　本：787mm × 1092mm　1/16
　　　　　印　张：23.75　字　数：395 千字
版　　次／2018 年 5 月第 1 版　2018 年 5 月第 1 次印刷
书　　号／ISBN 978 - 7 - 5201 - 2695 - 3
定　　价／106.00 元

皮书序列号／PSN B - 2018 - 720 - 1/1

PPP 蓝皮书编委会

主　　编　王天义　韩志峰

执行主编　杨永恒

副 主 编　王守清　李开孟

成　　员　徐成彬　王　强　武　健　王盈盈　龚　璞
　　　　　杨晓路

主要编撰者简介

王天义 清华 PPP 研究中心高级研究员、首席专家（PPP 战略与实务），清华 PPP 研究中心共同主任、清华大学兼职教授。清华大学电子学学士、管理学硕士、经济学博士。现任中国光大国际有限公司（香港上市公司）总经理，中国光大水务有限公司（新加坡上市公司）董事长。联合国欧洲经济委员会 PPP 专家委员会委员，联合国 PPP 中国中心共同主任。新加坡国立大学中国商务研究中心咨询委员。1997 年赴美国加州大学等做访问学者，2002 年赴哈佛大学参加首届中国公共管理高级培训班学习。2002 年、2013 年两次参加中央党校理论专题班学习。1999～2000 年任烟台大学副校长，2000～2007 年任济南市副市长，2008～2009 年任山东省科学院院长。

韩志峰 国家发展改革委投资司副司长。

杨永恒 南开大学经济学学士、管理学硕士和管理学博士，香港城市大学管理科学博士，系国家社科基金重大项目首席专家和国家优秀青年科学基金获得者，入选教育部新世纪优秀人才支持计划。现任清华大学公共管理学院副院长，教授、博士生导师，清华 PPP 研究中心执行主任，兼任文化部国家公共文化服务体系建设专家委员会副主任、文化部"十三五"时期文化改革发展规划专家委员会委员等职务。长期从事发展战略与规划、政府绩效管理、公共服务与管理、公共治理与制度设计等方面的研究工作。主持国家社科基金重大项目、国家自然科学基金、国家发展改革委、文化部和世界银行等课题 60 余项，出版学术专著 2 部、合著 2 部、译著 4 部，在 *Public Administration Review* 和《经济研究》等期刊发表中英文学术论文 70 余篇，研究报告获中央领导批示十余人次。

王守清　清华大学建设管理系教授、博士生导师，清华 PPP 研究中心首席专家、清华大学恒隆房地产研究中心 PPP 研究室主任，兼全国高校 PPP 论坛/联盟（60 多所大学）学术委员会主任、原全国项目管理领域工程硕士教育协作组（161 所大学）组长、"基础设施和公用事业特许经营法"（征求意见稿）两位领衔专家之一、国家发展改革委 PPP 专家暨专家委委员、财政部 PPP 专家、亚洲开发银行 PPP 专家、EU-Asia PPP Network 中方代表、美国项目管理协会（PMI）全球项目管理学位认证中心中国副主席、*Int'l J. of Project Mgmt* 等十多份国内外期刊的编委等，20 多年来一直专注于 PPP 和项目管理的教研与推广，共发表 300 多篇论文，连续四年（2014～2017 年）入围 Elsevier 中国高被引学者榜单（建设管理类共 3 人）。

李开孟　中国国际工程咨询公司研究中心主任，联合国欧洲经济委员会（UNECE）政府间 PPP 工作理事局副主席，中国技术经济学会副理事长，中国 PPP 咨询机构论坛秘书长，UNECE 城市轨道交通 PPP 国际标准研究项目专家组组长，国家发展改革委政府和社会资本合作（PPP）专家委员会委员，国务院国资委中央企业智库联盟研究员，清华 PPP 研究中心专家委员会委员，美国斯坦福大学访问学者，中国人民大学人口资源环境经济学专业博士、研究员，享受国务院特殊津贴专家。出版专著 20 余部，发表论文百余篇。研究成果获得国务院国资委中央企业青年创新金奖 1 项，国家发展改革委全国发展改革系统优秀研究成果一等奖 2 项，二等奖和三等奖各 5 项，中国国际工程咨询公司及中国工程咨询协会全国工程咨询行业优秀成果奖 20 余项。

摘　要

本书总结了 2017 年及以前中国 PPP 事业的发展情况，全书共分为 9 篇：第一篇为总报告，分析了我国 PPP 事业的发展阶段、成就和问题并提出了发展建议；第二篇为理论研究篇，辨析 PPP 概念及关键要点，并概述我国现阶段 PPP 研究的热点和发展趋势；第三篇为制度建设篇，概述我国 PPP 发展的制度环境并提出建议；第四篇为实务要点篇，概述 PPP 在我国应用层面应关注的核心问题；第五篇为行业发展篇，从特色小镇、区域开发、市政工程、轨道交通等 8 个行业阐述 PPP 应用状况；第六篇为融资创新篇，概述我国 PPP 项目中的融资关键要点和难点，包括资本金融资、基金、资产证券化等；第七篇为国际经验篇，阐述新加坡、日本、美国、英国等国家的 PPP 发展经验；第八篇为案例解析篇，通过 3 个真实案例阐述 PPP 项目在我国操作的方式；第九篇为大事记，将 2017 年及以前我国 PPP 领域的重要文件、会议、活动等标志性事件进行汇总概括。

关键词：PPP　制度建设　融资　资产证券化

目　录

IV　实务要点篇

V　行业发展篇

VI　融资创新篇

VII　国际经验篇

Ⅷ 案例解析篇

Ⅸ 大事记

皮书数据库阅读**使用指南**

总 报 告

General Report

B.1
中国PPP事业发展分析与预测（2017）

——促进中国PPP事业健康可持续发展

杨永恒 王 强 肖光睿 武 健 王盈盈*

特别鸣谢：北京明树数据科技有限公司**

摘 要： 本文首先阐述了中国PPP事业经历的四个发展阶段：2002年以前，探索试行阶段；2002～2008年，稳定推广阶段；2008～2013年，波动发展阶段；2013年以来，进入全面普及阶段。接着从制度建设、监管手段、模式创新及落地情况四个方面总结了中国PPP事业取得的成就，分析了中国PPP事业面临

---

* 杨永恒，清华大学公共管理学院副院长、教授，清华大学政府和社会资本合作研究中心副主任、高级研究员；王强，上海城投集团战略企划部高级主管，上海社会科学院PPP研究中心秘书长；肖光睿，北京明树数据科技有限公司首席执行官；武健，清华大学政府和社会资本合作研究中心教研部副部长；王盈盈，清华大学政府和社会资本合作研究中心高级研究助理，清华大学公共管理学院博士生。

** 北京明树数据科技有限公司是一家定期向社会发布全国PPP市场成交情况，以及PPP发展历程、宏观政策、行业专题等专项研究成果的公司，致力于用大数据助力公共治理水平提升和改善基础设施及公共服务供给，为本次报告提供了数据支持。

的问题和挑战，包括法律体制不健全、认识存在差异、管理体制不顺畅、模式重融资轻运营、民企参与不积极、政府能力建设滞后等，结合我国 PPP 发展现状，本文提出了推进我国 PPP 事业可持续发展的六个方面的建议。

关键词： PPP　项目　可持续发展

一　引文

PPP 模式（Public - Private - Partnership，公私伙伴关系，在中国被称为"政府和社会资本合作"，以下简称 PPP）是基础设施和公共服务市场化机制的一种类型，是企业及社会力量参与基础设施和公共服务领域的一种创新模式，是供给侧结构性改革在公共产品供给领域的具体体现。

在 PPP 模式下，政府和社会资本方建立起优势互补、利益共享和风险共担的长期合作关系，将本应由政府提供的基础设施和公共服务职责，通过合同约定的方式交给社会资本方去履行。引入 PPP 模式，一方面有助于激发各类市场和社会主体参与公共产品供给的积极性，解决公共投入不足的问题，缓解公共产品领域的供需矛盾；另一方面有助于在公共产品和服务领域引入竞争机制和企业的运营管理经验，提高公共产品的供给效率和水平。① 因此，以 PPP 模式提供基础设施和公共服务的投资、建设和运营，日益成为推进和完善我国公共产品供给的创新之举。

中国 PPP 模式的应用起步并不算晚，早在改革开放之初就有 BOT（Build - Operate - Transfer，建设 - 运营 - 移交）、TOT（Transfer - Operate - Transfer，移交 - 运营 - 移交）和特许经营等传统 PPP 模式。PPP 模式在我国基础设施建设领域的应用，大致经历了四个阶段：从 1984 年的外资自发、国家部委推动项目试点开始，到 2002 年全国各地政府稳步推广，再到 2008 年受国际金融

---

① 清华 PPP 研究中心：《2017 年度中国城市 PPP 发展环境指数》，2017 年 5 月 26 日，http：// mp. weixin. qq. com/s/KNyZhgP5zIJSevB8D8is_ w. 。

危机影响发生的"国进民退"，直至 2013 年起开始呈井喷发展态势。我国 PPP 发展对于创新公共服务供给的体制机制、缓解地方政府财政压力、推动我国民营经济发展、助推"一带一路"建设等，发挥着越来越重要的作用。但同时也要看到，新一轮 PPP 发展至今仍然面临一系列挑战，包括对 PPP 认识不统一，"伪 PPP 项目"过多，重融资、重建设而轻运营，民企参与不积极，政府能力及制度建设滞后等问题，在一定程度上制约了我国 PPP 事业的可持续发展。[①] 本报告回顾了中国 PPP 事业发展的各个阶段，并对取得的成就、现存问题及未来趋势等进行了分析和论述。

二 中国 PPP 事业的发展历程及概况

改革开放以来，受国际经济发展和国家政策的影响，我国 PPP 事业的发展经历了不同的发展阶段，呈现出不同的特征。

（一）探索试行阶段（2002 年以前）：市场自发探索、政策尝试规范

2002 年以前，伴随着改革开放和市场经济体制改革，中国 PPP 事业的发展呈现出项目倒推政策的特征，从消化国际经验到尝试国际经验本土化，其中的成功经验和文本仍被广泛参考至今，包括合作模式、商业边界、合同体系、法律关系等，对中国后来的 PPP 发展和改革产生了深远的影响。

这个阶段的项目特征如下。①应用领域以交通、能源、水务和环保为主；②前期以外商投资为主，外商的参与和国际化运作模式在一定程度上发挥了引进技术与管理的作用，后期以国有和民营企业为主，促进了 PPP 项目的本土化；③PPP 项目前期策划与招商阶段较为规范，周期长、成本高、技术壁垒强，限制了 PPP 模式的大规模推广应用。[②]

---

① 清华 PPP 研究中心：《2017 年度中国城市 PPP 发展环境指数》，2017 年 5 月 26 日，http：//mp. weixin. qq. com/s/KNyZhgP5zIJSevB8D8is_ w. 。
② 明树数据：《中国 PPP 发展历程及特征分析（1984~2017）》，2017 年 7 月，http：//www. bridata. com。

1. 外商投资人在中国探索 PPP 模式并引进理念

1978 年以来，改革开放政策吸引了很多境外资金进入我国，其中有一部分资金尝试性地进入了基础设施建设领域。同时，受 20 世纪 80 年代中期中等发达国家债务危机的刺激，世界各国都在探索解决基础设施建设资金短缺问题，土耳其、英国等国先后出现 BOT、PFI（Private Finance Initiative，私人融资计划）、DBFO（Design – Build – Finance – Operate，设计 – 建设 – 融资 – 运营）等模式。由于基础设施和公共服务建设是各国拉动经济增长的重要载体，当时的中国等发展中国家也开始效仿这种方式。

在这个阶段，我国还没有与 PPP 模式直接相关的法律法规，也没有形成规范、稳定的审批程序，地方政府实施 PPP 项目的方式往往是向中央领导汇报并获得批准后开始在地方执行。虽然与外商投资人洽谈的 PPP 项目大部分由于当时的经济、社会环境的制约而不了了之，但是探索阶段的实践为后来中国 PPP 模式的实践与推广打下了解放思想、实践创新的基础。

2. 各类投资人尝试发起 PPP 项目并陆续成功落地

改革开放后，在北京、上海、广州、深圳等一线城市出现了一系列代表性 PPP 项目，例如深圳沙角 B 电厂 BOT 项目、广州白天鹅饭店和北京国际饭店等。深圳沙角 B 电厂 BOT 项目受到了国内外的广泛认可，并在 15 年特许经营期满后于 2000 年成功移交给当地政府。该项目具有典型的时代特征，例如项目的投资商是广东华侨等，也有一定的历史局限性，例如由于政府缺乏移交环节的经验，当时外商按照特许经营期限设计项目，在移交给政府后很多设施需要重新建设。这也为后来的 BOT 项目提供了教训，合同中要对移交时项目设施的状态做出明确且严格的规定。

在这个阶段，我国的 PPP 项目主要通过谈判来落地，一般由社会资本方主动发起，尚没有规范的招标过程可参照；在政府方面也主要是地方政府自发推动，还没有得到中央政府的关注、总结和大规模推广。

3. 国家部委牵头推动各地政府试点 BOT 项目

1992 年初邓小平南方谈话之后，伴随着党的十四大确立的社会主义市场经济体制，当时的国家计委开始研究投融资体制改革，探索 BOT 等模式，并于 1994 年选择了五个 BOT 试点项目——广西来宾 B 电厂项目、成都第六水厂项目、广东电白高速公路项目、武汉军山长江大桥项目和长沙望城电厂项目，其中来宾B电厂项目随即开始推动实施。1995年8月，当时的国家计委、电力部、交通部联合下发了《关于试办外商投资特许权项目审批管理有关问题的通知》，重点推动外资参与电力、交通BOT项目落地。各地政府也陆续实践了一些PPP项目，比较典型的有上海大场水厂BOT项目、北京第十水厂BOT项目、北京肖家河污水项目等。

随着对市场经济体制认识的不断深化，国家部委、地方政府推出的PPP项目也逐渐得到市场认可。在这个阶段，PPP项目受到了国家高度重视，PPP交易结构的设计、招标评标环节的组织、合同文本的编写等各个环节都经过了反复论证和多方探讨，在很多方面都具有重要的创新意义，PPP项目的实施质量和效果甚至超过了现在的很多PPP项目。但是，这个阶段的PPP项目绝大多数采用的是BOT模式，虽然项目中也有运营环节，但是社会资本方的收入获得与运营服务绩效并未紧密挂钩，甚至地方政府尚未形成"绩效考核"的概念。

（二）稳定推广阶段（2002～2008年）：政府主动推进、市场积极响应

2002～2008年，伴随着经济高增长和快速城镇化，中国PPP发展呈现出政府主动推进、市场积极响应的特征。PPP模式在各地被应用到很多项目，也积累了很多经验，广泛应用于市政工程、交通运输、园区开发等主要领域。这个阶段的PPP项目以含有经营属性、使用者付费为特征的特许经营类项目为主，而非经营性项目的政府付费机制尚未建立，所以政府购买服务类项目还非常少。这个阶段大力发展的特许经营项目为今后中国PPP相关立法、概念形成、模式完善、边界划分、政府和企业专业能力培养等方面提供了样本和素材。

这个阶段的项目特征如下：①PPP模式的应用以市政公用事业为主，包括供水、污水处理、垃圾处理、供热等项目，其中污水处理项目占据主导地位[①]。②在社会资本方类型中，外企、国企和民企呈现三分天下的格局，最初外企所占比重较大，后期外企比重逐渐下降，民企和国企占据主导地位。尤其

---

① 明树数据：《中国PPP发展历程及特征分析（1984～2017）》，2017年7月，http://www.bridata.com。

是 2007 年前后，各界开始反思和争论水务等领域资产转让高溢价对水价产生的影响，出现了"国进民退"的态势。③大规模采用公开招标方式选择投资人，有效地降低了费用、提高了效益、规划了运作模式。同时，地方政府更有主动权，避免暗箱操作，较好地维护了公共利益①。④形成了相对成熟的 PPP 项目实施流程、合同文本和运作方式，促进了 PPP 项目的推广实施。该阶段影响较大的 PPP 项目是北京国家体育场（鸟巢）和北京地铁 4 号线。表 1 列出了该阶段的 6 个典型项目。

1. 国家政策推动主要城市积极实践 PPP

2002 年党的十六大报告指出，我国社会主义市场经济体制已经初步建立，这进一步优化了中国实践 PPP 的环境。当时的建设部于 2002 年底出台了《关于加快市政公用行业市场化进程的意见》，2004 年又出台了《市政公用事业特许

表 1 稳定推广阶段（2002～2008 年）典型项目

序号	项目名称	开始时间	投资额（万元）	特许经营期（年）	模式	社会资本方
1	北京国家体育场（鸟巢）	2003 年	313900	30	PPP	北京城建集团、北京城市开发集团、天鸿集团、中信国安集团、北京控股有限公司联合体
2	南京长江二桥	2003 年	450000	26	TOT	西班牙 M. Q. M 公司、南京交通建设控股集团有限公司（2004 年转让给深圳中海投资有限公司）联合体
3	合肥市王小郢污水处理厂 TOT 项目	2003 年	48000	23	TOT	柏林水务公司、东华科技股份公司
4	杭州绕城高速公路	2004 年	820000	25	TOT	香港国汇有限公司、浙江国叶实业发展有限公司联合体
5	北京地铁 4 号线	2006 年	1530000	30	PPP	香港地铁、首创集团、京投
6	张家港生活垃圾焚烧发电厂	2007 年	25000	50	BOO	金州环境

---

① 明树数据：《中国 PPP 发展历程及特征分析（1984～2017）》，2017 年 7 月，http：//www. bridata. com。

经营管理办法》，国家层面上 PPP 相关政策的出台提高了国内主要城市实践 PPP 的积极性，尤其是市政工程领域的 PPP 项目集中推出，包括各地污水项目以及兰州自来水、北京燃气等，也在北京地铁 4 号线、北京长阳新城等城市交通、新城建设项目中开展应用。①

相比探索阶段，这个阶段的 PPP 项目在国家政策的引导下实施得更加规范，商业模式更加成熟和完善，项目特点更具市场经济特征。例如竞标环节流程化，竞争更加激烈，潜在竞争者更加多元化（包含外企、国企、民企）等。各地政府已初步接受通过市场机制，用经济效益（表现为溢价等形式）交换社会资本更高的效率。特别值得指出的是，由于提前开展了 PPP 模式的实践，我国目前在水务（市政供排水）、环境（垃圾处理）等领域的商业模式较为成熟、政策完善、市场企业供给充分。同时，PPP 模式也对当时初步发展起来的国有企业形成了冲击，促进传统行业进行体制机制改革，促使国有企业主动改革、提高效率。

2. 个别项目失败引起反思并改进 PPP

2007 年，由于外资企业过多过快以高溢价竞标方式收购国内地方国有水务企业股权（如法国威立雅水务连续投资收购青岛、海口和兰州自来水公司股权），社会各界出现了担忧，并开始反思 PPP 模式，焦点主要集中在地方政府担忧外商投资人提供运营服务的安全性和可靠性。一方面，提供基础设施和公共服务属于政府的职责，委托给社会资本尤其是外商投资人时，涉及公共安全、政府主权保障等风险的防范；另一方面，由于我国市场经济还处于初级阶段，经济效益交换市场效率的价格机制还不健全，个别曝光的暴利项目（如存量水务股权高溢价转让进而形成快速大幅调价压力）也使得地方实践踟蹰不前。

伴随中国市场经济体制的健全，以市政公用领域为代表的 PPP 模式改革在争议中螺旋式前进，项目陆续落地，模式创新不断。总的来说，在市政公用领域，各地政府已普遍接受 BOT 和特许经营等 PPP 模式的概念和理念，更加关注如何实现公开透明、提高运营效率、促进更加公平的价格机制等。

---

① 金永祥：《从中国 PPP 发展历程看未来》，2014 年 8 月 4 日，http：//mp. weixin. qq. com/s/ MEOMGp03yEGn3_ zaa8Ed3g。

（三）波动发展阶段（2008～2013年）：国家宏观调控、政府模式复苏

2008 年的金融危机影响了世界金融格局，也极大地影响了中国 PPP 的发展进程。为应对危机，中国政府推出了 4 万亿元的投资计划。由政府引导的巨额财政资金和信贷资金投入基础设施领域，对以 PPP 模式开展项目融资、建设和运营形成了巨大的挑战。很多前期阶段的 PPP 项目直接退出了 PPP 模式，转为政府投资，对民间资本产生了严重的挤出效应。[①]

这个阶段的 PPP 项目特征表现为：①国企实力强、信用高，以政府资源作为支撑，备受地方政府和银行业青睐，国企采用 BOT、BT 等 PPP 模式参与基础设施建设占据主导地位，政府和国企合作的中国特色 PPP 模式成为这一阶段的主要特征；②随着资金需求额度的剧增，以及金融市场的成熟，逐渐出现了上市（IPO）、企业债、信托等多元化的 PPP 项目融资渠道；③BT 模式具有短、平、快的特征，迎合了政府急需项目落地增加投资的需求，得到了广泛应用，但也导致政府债务剧增，成为后续地方政府债务的主要原因。国务院因此于 2012 年出台了 463 号文禁止 BT 模式的应用。[②] 该阶段 6 个典型项目如表 2 所示。

表 2　波动发展阶段（2008～2013年）典型项目

序号	项目名称	开始时间	投资额（万元）	特许经营期（年）	模式	社会资本方
1	门头沟垃圾焚烧发电厂	2010 年	216000	30	BOT	北京首钢生物能源、北京市政府合资
2	兰州七里河安宁污水处理厂 TOT 项目	2010 年	49600	30	TOT	成都市排水有限公司
3	株洲市清水塘工业废水综合利用项目	2010 年	17980	30	BOT	株洲市城市排水有限公司

① 金永祥：《从中国 PPP 发展历程看未来》，2014 年 8 月 4 日，http://mp.weixin.qq.com/s/MEOMGp03yEGn3_zaa8Ed3g。

② 明树数据：《中国 PPP 发展历程及特征分析（1984～2017）》，2017 年 7 月，http://www.bridata.com。

续表

序号	项目名称	开始时间	投资额（万元）	特许经营期（年）	模式	社会资本方
4	太原市生活垃圾焚烧发电厂 BOT 项目	2011 年	80000	27	BOT	晋西工业集团、上海环境集团
5	西安市第二污水处理厂二期工程 BOT 项目	2011 年	69700	30	BOT	成都市排水有限公司
6	贵州省道真至瓮安高速公路	2012 年	2380000	30	BOT	中交路桥、中交四航局、中交二公院

在这个阶段，PPP 的整体发展也表现出了一些新的特征。

——"国进民退"政策促使传统由政府主导的模式复苏。2008 年美国爆发金融危机，包括中国在内的世界经济都受到影响，中国推出 4 万亿元刺激经济计划，以实现"保增长"目标。巨额政府投资之后，我国财政政策由"稳健"转向"积极"，货币政策由"从紧"转向"适度宽松"。由于 PPP 以公共部门和私人部门合作为主要特征，当时正在论证和实施中的很多 PPP 项目突然中止，地方政府转而向国家申请资金拨付，银行等金融机构也将业务重点转向与地方政府或地方融资平台公司等国有单位合作。

——中国 PPP 开始出现政府和国企合作模式。伴随中央企业、地方国企拿到大量银行授信，央企和地方国企开始与各地政府对接，国有企业成了中国城市化建设进程中的重要角色，其中很多项目以 BT 模式实施。央企参与 PPP 项目的流程和方式与之前不太一样，表现为依靠政治地位获得项目、手续尚不齐全就开始实施项目、项目合同以融资建设为主要内容等特征，中国 PPP 项目开始出现中国特色模式，表现为地方政府和国有企业合作，国有企业也参与到第二个"P"的竞争中。

（四）全面普及阶段（2013 年至今）：国家治理促法制化、规范化、信息化

2013 年以来，中国 PPP 进入全面普及阶段。这个阶段的中国 PPP 事业可以冠以"世界奇迹"，它所涵盖的领域之广、项目之多、投资额之大等，都是世界任何其他国家、任何历史阶段所无法比拟的。这种现象积极的一面是短时

间内快速积累经验并加深认识，将 PPP 作为解决政府和市场双失灵的第三种治理方式提出；消极的一面是相当一部分基础设施并不适合采用 PPP 模式，在各方面都没有充分准备好的前提下，将 PPP 模式在基础设施领域普遍化。一方面由于 PPP 模式流程复杂，门槛高，交易时间长，造成大部分基础设施项目无法及时落地与建设，反而影响地方经济的发展；另一方面，由于我国在 PPP 制度与能力建设方面的滞后，各地更多的是将 PPP 当作取代融资平台的另一种融资方式，造成大量的项目以融资为主要目的，形成不少"伪 PPP"项目，容易形成新的不合理的政府债务，导致金融风险。

　　该阶段，全国对 PPP 的推广与应用力度之大、范围之广，政策出台之密集都是前所未有的。这个阶段的项目特征为：①PPP 项目的落地得到最大力度的鼓励和推动；②PPP 相关政策不断完善，一系列政策文件为 PPP 行业的规范化提供了制度保障，助力 PPP 模式稳健发展；③此阶段"一边倒"地推广 PPP，项目数量过多，出现了变相融资、虚假 PPP 项目等问题，未能很好地实现政府减债、提高效率的目标。该阶段 10 个典型项目如表 3 所示。

表 3　全面普及阶段（2013 年至今）典型项目

序号	项目名称	开始时间	投资额（万元）	特许经营期（年）	模式	社会资本方
1	北京新机场轨道线社会化引资项目	2014 年	2930000	33	PPP	北京市轨道交通建设管理有限公司、北京市轨道交通运营管理有限公司、中国铁建股份有限公司、北京市基础设施投资有限公司等
2	池州市主城区污水处理及市政排水 PPP 项目	2014 年	71000	26	PPP	深圳市水务(集团)有限公司
3	安庆外环北路工程 PPP 项目	2015 年	197600	13	PPP	北京城建设计发展集团股份有限公司、安庆市城市建设投资发展(集团)有限公司
4	南京市溧水区产业新城 PPP 项目	2015 年	1000000	20	PPP	九通基业投资有限公司
5	六盘水市地下综合管廊 PPP 项目	2015 年	299400	30	PPP	中国建筑股份有限公司、六盘水市保障性住房开发投资有限责任公司

序号	项目名称	开始时间	投资额（万元）	特许经营期(年)	模式	社会资本方
6	迁安市海绵城市建设 PPP 项目	2015 年	122800	25	PPP	同方股份有限公司、深圳华控赛格股份有限公司等
7	开封市体育中心 PPP 项目	2015 年	130000	20	PPP	广州市住宅建设发展有限公司、广州珠江体育文化发展股份有限公司
8	荥阳市人民医院整体建设 PPP 项目	2016 年	64249	12	PPP	中国建筑第七工程局有限公司、荥阳市城投公司
9	芜湖市轨道交通 1 号线、2 号线一期 PPP 项目	2016 年	1463300	30	PPP	中国中车及中国中铁等联合体
10	徐州市城北汽车客运站（一期）等城市客运交通功能性综合体 PPP 项目	2016 年	127226	30	PPP	南京三宝科技股份有限公司、南京建工集团有限公司、江苏智运科技发展有限公司联合体

1. 新一轮国家政策推动各地关注 PPP

2013 年，党的十八届三中全会明确提出"允许社会资本通过特许经营等方式参与城市基础设施投资和运营"，"让市场在资源配置过程中发挥决定性作用"，这是新一轮 PPP 政策发布的起点。2014 年国务院印发了《国务院关于加强地方政府性债务管理的意见》（国发〔2014〕43 号），首先提出推广使用 PPP 模式。随后，《国务院关于创新重点领域投融资机制鼓励社会投资指导意见》（国发〔2014〕60 号）首次系统阐述了 PPP 模式，接着财政部、国家发展改革委相继发布多份重量级文件，并在全国范围内开展 PPP 相关培训、研讨、论证等活动，财政部政府与社会资本合作中心同年获批正式成立，中国 PPP 制度与能力建设全面展开。

2013～2014 年，中国 PPP 的推广以指令性、运动式、号召式的方式展开，在中国城市化进程中积累下各种问题、伴随着国家刺激经济形成的大量政府债务问题等形势下，中国政府在探索经济发展新出口的过程中，将 PPP 模式作为"工具箱"中的一种工具，包括密集发布政策文件、组建国家级管理机构、开展各地政府培训、举办各类研讨会等。

2. 全国各地掀起 PPP 热潮，国家力推规范化管理

2015 年，地方政府逐步消化中央对 PPP 模式的号召和市场机制下的 PPP 理念，各地政府开始意识到 PPP 模式能带来体制和机制的创新，能为解决当前问题带来助益。不仅如此，市场上的各类主体，包括施工企业、金融机构、设计单位、设备供应商、运营单位、咨询公司等也随之调整商业模式。伴随着国家信号的不断释放，中国 PPP 市场掀起了热潮。

为了更规范地管理 PPP 项目，财政部于 2015 年底颁布了《关于规范政府和社会资本合作（PPP）综合信息平台运行的通知》（财金〔2015〕166 号）及《政府和社会资本合作综合信息平台运行规程》，开发建设了 PPP 综合信息平台，包括项目总库、示范项目库、专家库、咨询机构库等模块。截至 2016 年底，财政部 PPP 综合信息平台统计全国入库项目数量达到 10000 多个，投资额约 13 万亿元。

2016 年，国家发展改革委联合清华大学、中国保险监督管理委员会成立了清华大学政府和社会资本合作研究中心，搭建国家级 PPP 智库并承担起联合国欧洲经济委员会 PPP 中心中国中心的职能。中心坚持高层次、开放式、前瞻性的发展导向，围绕 PPP 领域的重大理论、政策与实践问题开展研究，推动 PPP 领域的专业人才培养，促进 PPP 领域的国际合作与交流，推广联合国的 PPP 标准和国内外最佳实践，逐步建设成为 PPP 领域的国家级专业智库、高端人才培养基地和国际交流中心。[①] 中心的成立为 PPP 前沿政策制定、相关理论研究、顶尖人才培养、国际合作交流等提供支撑，以推动中国 PPP 事业的健康可持续发展。同年，财政部还牵头成立了注册资本为 1800 亿元的中国 PPP 政府引导基金，国务院明确由国务院法制办牵头加快推进 PPP 立法进程，以营造更好的法治环境，激发社会投资活力。

2016 年年中，国务院发出通知，要求对促进民间投资政策落实情况开展专项督查，重点督查 PPP 模式是否存在政策不完善、机制不科学、承诺不兑现等问题，财政部、国家发展改革委相继采取措施响应国务院号召，中国 PPP

---

① 国家发展改革委：《国家发展改革委、保监会、清华大学共同发起成立清华大学政府和社会资本合作（PPP）研究中心》，2016 年 4 月 22 日，http：//www.ndrc.gov.cn/xwzx/xwfb/201604/t20160422_ 798815. html。

在 2015～2016 年短短两年时间内经历了起步、发展、过热、清理等阶段。

3. 资本市场创新 PPP 融资，国家力推 PPP 法制化

2017 年，我国 PPP 交易结构设计日趋复杂，主要都是为了解决 PPP 项目融资问题，例如通过设立基金解决资本金、建立通道融通保险资金等。国家发展改革委和财政部相继发布了关于 PPP 项目资产证券化的通知，为 PPP 项目融资创新和建立退出通道提供政策支撑。随即，PPP 专项债指引、保险资金投资 PPP 项目通知等文件都聚焦于 PPP 的融资落实问题上。

三年来，PPP 的发展过快、过度竞争、低价中标等现象促使国家有关部门开始引导 PPP 回归理性，包括财政部密集发布的防止政府债务、整顿伪购买服务、通报违规担保等文件，通过围堵不规范 PPP、整顿伪 PPP、彻查假 PPP 等方式给 PPP 降温，国务院也对完成 PPP 立法工作定下明确的时间节点，以促使 PPP 可持续发展。

总体看来，当前我国 PPP 发展特征主要表现为：①外企逐步退出国内 PPP 市场，国企逐渐占据主导，国企和民企分别占据着不同层次的市场；②地方政府在 PPP 应用中逐步占据主动，实施流程、合同文本和运作方式等实务要点逐渐成熟；③中央政府高度重视，政策环境和市场环境逐步改善，PPP 应用逐步走向规范，总体呈现健康发展态势。

三　当前我国 PPP 发展的主要成就

（一）PPP 政策创新和制度建设成就

2017 年 7 月 21 日，国务院法制办公布《基础设施和公共服务领域政府和社会资本合作条例（征求意见稿）》（以下简称《PPP 条例》（征求意见稿）），是我国 PPP 立法和 PPP 法治化建设取得的重大进展，有利于促进 PPP 项目规范运作、督促政府履约、保障公共利益和社会资本的合法权益。《PPP 条例》（征求意见稿）能在当前复杂的 PPP 管理和运行局面中面世，体现了立法牵头单位和相关部门的智慧和艰辛，在内容上也有很多地方值得肯定，其中最突出的亮点在于：明确了《PPP 条例》（征求意见稿）的出发点是"规范"PPP，而不是"促进"PPP，尤其是淡化了 PPP 的融资功能，重申 PPP 的目标在于提高公共服

务供给的质量和效率，强调公共服务中社会资本方的运营职责，有利于解决当前 PPP 发展中存在的"重融资、重建设、轻运营"等问题，实现去粗存精、去伪存真、拨乱反正，促进 PPP 回归本质，实现 PPP 的健康可持续发展。[①]

（二）PPP 监管手段加强

财政部于 2015 年底搭建全国 PPP 综合信息平台，包含 PPP 相关的项目库、专家库、咨询机构库等信息。国家发展改革委依托投资项目在线审批监管平台，增加了 PPP 相关模块，并于 2016 年推出国家发展改革委 PPP 项目信息平台。

不仅如此，国家出台的相关政策也鼓励金融系统对 PPP 模式做出积极回应和创新，可谓是多管齐下、共推 PPP 繁荣。国家相继出台关于融资创新方面的政策，如 PPP 资产证券化、专项债、险资计划、结构化融资等，这一系列举措为社会资本方参与 PPP 项目拓宽了融资渠道，构建了退出通道。同时一系列加强金融监管政策的出台，进一步促进了我国资本市场投资的多元化。

（三）PPP 模式探索及创新

PPP 项目实施已逐步走向专业化，模式更加成熟，测算更加精准。目前的 PPP 运营模式主要包括两种方式，即特许经营和政府购买服务。

特许经营指政府依法授权社会资本或者项目公司，通过合同明确权利义务和风险分担，约定其在一定期限和范围内投资建设运营 PPP 项目并获得合理回报，提供公共服务的项目运作方式，包括 BOT、ROT（Renewal – Operate – Transfer，改建 – 运营 – 移交）和 TOT 等多种形式。由社会资本或者项目公司根据 PPP 合作项目合同约定承担新建或者改扩建 PPP 项目的融资、建设、运营，或者根据 PPP 合作项目合同约定政府将存量项目的经营权有偿转让给社会资本或者项目公司，并由其负责运营；合作期满后将公路及其附属设施、相关资料等无偿移交给政府。特许经营项目属于服务外包类，根据行业或领域属性及发展阶段的不同，模式的设计也有所侧重。例如，轨道交通为大建设大运营项目，市政

[①] 杨永恒：《对〈基础设施和公共服务领域政府和社会资本合作条例（征求意见稿）〉的意见和建议》，2017 年 8 月 10 日，http://www.sppm.tsinghua.edu.cn/jsfc/26efe4895dbaf700015dca73ff6a0003.html。

道路为大建设小运营项目，湿地公园为小建设大运营项目，在设计服务外包时需要结合运营市场的竞争程度、建设和运营占比等要素选择合适的模式。

服务引进是指通过发挥市场机制作用，将需由政府直接提供的无使用者付费项目的融资、建设和运营，或者由政府负责提供的公共服务事项，选择具备条件的社会资本或者项目公司承担，合作期满后将资产及其附属设施、相关资料等无偿移交给政府，并由政府根据 PPP 合作项目合同约定向社会资本或者项目公司支付合理费用的项目运作方式。例如，医院、养老机构、学校、核电站等项目更适合服务引进，政府方保留核心服务功能，通过购买服务等方式与社会资本开展合作。

（四）PPP 项目落地情况

通过对明树数据搜集的中国 PPP 项目数据信息的分析，可以看出，近年来中国 PPP 项目数量和投资额总体呈现增长趋势。尤其是 2000 年以来，增长势头明显，速度加快，但发展过程具有明显的波动性，已成交的中国 PPP 项目时序分布如图 1 所示。

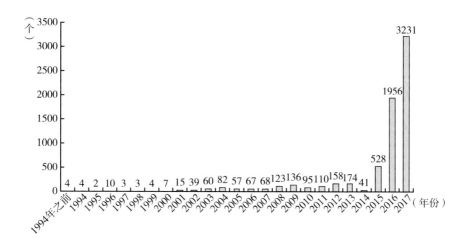

图 1　中国 PPP 项目时序分布

1. 模式分布情况

根据明树数据最新数据，按照三种回报机制统计，截至 2017 年 12 月末，

使用者付费项目为 5163 个，投资 5.16 万亿元，分别占入库项目总数和总投资额的 34.4% 和 28.5%；政府付费项目为 5444 个，投资 5.11 万亿元，分别占入库项目总数和总投资额的 36.2% 和 28.2%；可行性缺口补助项目（即政府市场混合付费）为 4416 个，投资 7.83 万亿元，分别占入库项目总数和总投资额的 29.4% 和 43.3%，具体情况如图 2 所示。

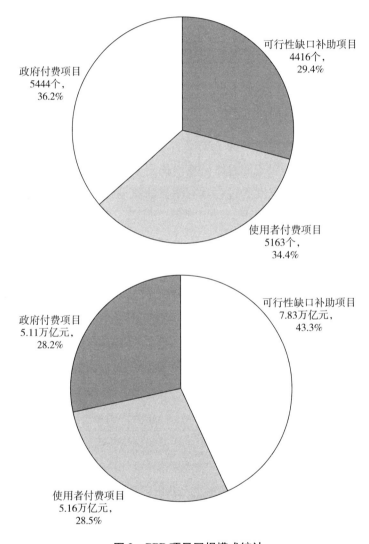

图 2 PPP 项目回报模式统计

2. 区域分布情况

2014 年以前，中国 PPP 项目空间分异严重，东部地区多、中西部地区少，如图 3 所示。PPP 项目最多的前三省份是福建、广东、江苏，最少的是西藏、青海、海南，如图 4 所示。

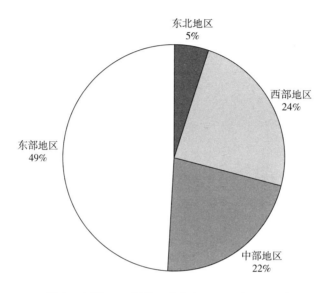

图 3　中国 PPP 项目区域分布（2014 年以前）

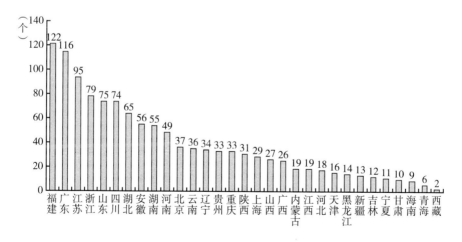

图 4　中国各省 PPP 项目数量分布（2014 年以前）

2014 年至 2017 年 12 月底，中国 PPP 项目依然存在空间分异，但是不同于 2014 年以前，特征为：西部地区多、东北地区少，如图 5 所示。PPP 项目最多的前三省份是山东、新疆、河南，最少的省份是西藏、天津、上海，如图 6 所示。

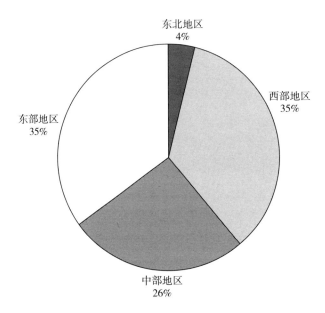

图 5　中国 PPP 项目区域分布（2014～2017 年底）

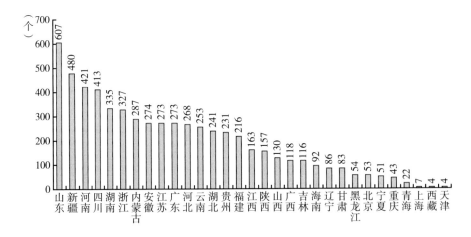

图 6　中国各省 PPP 项目数量分布（2014～2017 年底）

3. 行业分布情况

2014 年以前，水务（包括供水和污水处理等）是中国市场化程度最高的基础设施行业，也是 PPP 应用最多、最广泛、最成熟的行业，占全部统计案例的 55%；其次是市政（包括垃圾处理和供热等）和交通（包括高速公路、铁路、桥梁等），分别占全部统计案例的 27% 和 15%，如图 7 所示。

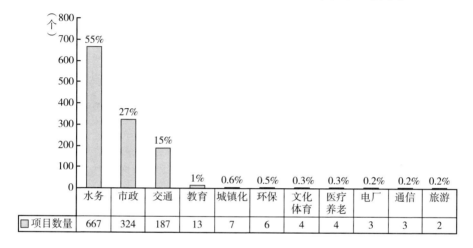

	水务	市政	交通	教育	城镇化	环保	文化体育	医疗养老	电厂	通信	旅游
项目数量	667	324	187	13	7	6	4	4	3	3	2

图 7　PPP 项目数量行业分布（2014 年以前）

2014 年至 2017 年 12 月底，市政工程是应用 PPP 模式最多的行业，占全部统计案例的 42.3%，其次是交通运输和城镇综合开发，分别占比 13.7% 和 7.3%，如图 8 所示。从投资额来看，市政工程是投资额最多的行业，占全部统计案例的 30.8%，其次是交通运输和城镇综合开发，分别占比 30.6% 和 13.9%，如图 9 所示。

4. 社会资本分布情况

中国 PPP 项目社会资本方具有鲜明的阶段性。2014 年以前，PPP 项目社会资本方主要为国企、外企、民企、外企合资、混合所有制等，如图 10 所示。2000 年之前，国企作为投资人的项目仅 9 个，而同期外企作为投资人的项目为 17 个，占全部案例的 56.6%。进入 21 世纪之后，国企和民企作为投资人的项目所占比重急剧上升，外企作为投资人的项目所占比重则呈明显下滑态势，以 2013 年为例，全部 174 个统计案例中，国企有 78 个，占 44.8%，民企有 93 个，占 53.4%，外企仅 3 个。

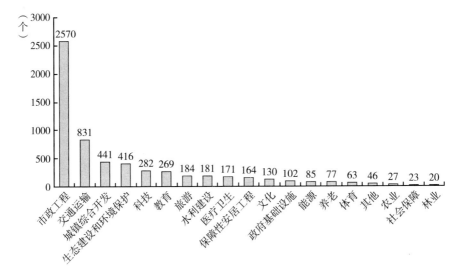

图 8　PPP 项目数量行业分布（2014~2017 年底）

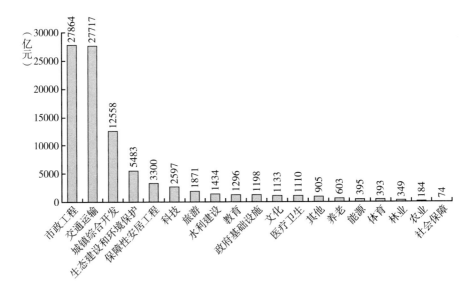

图 9　PPP 项目投资额行业分布（2014~2017 年底）

从 2014 年至 2017 年 12 月底的统计数据来看，现阶段中国 PPP 项目社会资本方主要为国企、民企以及极少数外资企业等。与国外 PPP 项目不同，现阶段中国国企在 PPP 的投资人中占据主导地位。

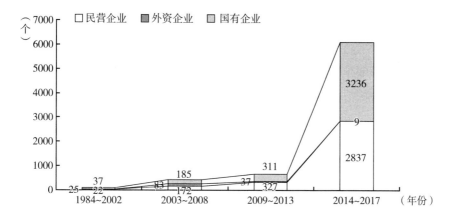

图 10　PPP 项目社会资本方构成

5. 地方 PPP 发展环境

为科学、客观地评估中国各地 PPP 发展环境，清华 PPP 研究中心从政府治理、财政保障、营商环境和发展需求四个维度构建了中国 PPP 发展环境评价体系（包括 33 个指标），并以 289 个地级以上城市为对象，编制发布了"2018 年中国城市 PPP 发展环境指数"，以期为各级政府、社会资本和中介服务机构等提供参考，更好地引导 PPP 项目的投资、建设和运营，促进 PPP 事业的可持续发展。2018 年我国地方政府 PPP 发展环境指数得分及排名情况如表 4 所示。未来，清华 PPP 研究中心将对 PPP 企业指数、国别指数、咨询机构指数等评价体系进行理论研究并相继推出。

表 4　2018 年中国城市 PPP 发展环境指数（前 20 名）

2018 年排名	城市	2018 年得分	分项指数							
			政府治理		财政保障		营商环境		发展需求	
			得分	排名	得分	排名	得分	排名	得分	排名
1	北京	100	95	8	94	3	91	4	79	66
2	天津	99	90	39	92	7	87	9	87	17
3	青岛	95	98	2	84	21	79	24	91	8
4	杭州	93	81	146	89	11	88	6	82	43
5	宁波	91	81	152	88	12	83	16	86	23
6	武汉	91	100	1	83	26	78	31	82	42

2018 年排名	城市	2018 年得分	分项指数							
			政府治理		财政保障		营商环境		发展需求	
			得分	排名	得分	排名	得分	排名	得分	排名
7	上海	91	86	80	100	1	93	3	52	265
8	重庆	89	85	94	79	46	73	48	100	1
9	深圳	89	88	63	93	4	97	2	50	270
10	郑州	88	91	30	81	33	74	46	90	12
11	广州	88	89	51	74	74	100	1	68	180
12	潍坊	87	92	19	78	49	68	78	96	4
13	苏州	85	83	114	83	24	90	5	65	206
14	烟台	85	95	7	84	22	71	56	77	87
15	厦门	84	81	147	93	6	88	7	55	257
16	济南	84	91	32	81	31	81	20	70	155
17	长沙	83	91	29	68	128	83	17	82	49
18	东营	83	93	16	80	38	80	21	67	190
19	贵阳	82	89	50	83	27	72	53	76	90
20	济宁	81	94	9	75	62	68	77	83	38

从表 4 可以看出，北京目前暂列第一位（PPP 指数分值为相对值，非绝对值），四个分维度发展相对均衡；上海在政府治理、财政保障、营商环境维度上的得分都非常高，接近满分，但发展需求维度排名相对靠后，主要原因在于其很高的城镇化率和较少的 PPP 入库项目；重庆在政府治理、发展需求维度上接近满分，但是财政保障得分为 79 分、营商环境得分为 73 分，主要原因在于较高的地方债务水平和较高的宏观税负水平。总体来看，截至 2018 年，中国 PPP 发展环境总体呈现出城市等级越高、PPP 发展环境越好的特点。

6. PPP 服务 "一带一路" 建设的情况

在全球经济转型发展的大背景下，中国提出的 "一带一路" 倡议成为中国对外开放的新起点，更是带动周边国家经济发展新动能的双赢举措，"一带一路" 倡议正得到沿线国家的热切关注与参与，亚欧大陆联动的经济社会协调发展也将成为未来全球经济发展的重要板块和增长极。据统计，2016 年全年"一带一路"沿线 66 个国家和地区的核心基建领域的投资总额超过 4930 亿美元。自"一带一路"倡议于 2013 年推出以来，区内的项目投资金额一直处于上升趋势，复合年增长率达到 33%，并且这一趋势还在持续。由此可见，"一带一路"沿线国家在基础设施建设领域的需求潜力巨大，也为 PPP 模式的探索和应用提供了广阔的空间。国家发展改革委与联合国欧洲经济委员会就"一带一路"PPP 合作签署了谅解备忘录，习近平总书记在 2017 年 5 月"一带一路"国际合作高峰论坛开幕式上指出，要建立稳定、可持续、风险可控的金融保障体系，创新投资和融资模式，推广政府和社会资本合作模式。

2015 年，国家发展改革委、外交部、商务部联合发布了《推动共建丝绸之路经济带和 21 世纪海上丝绸之路的愿景与行动》，确定以交通、能源、通信为重点的基础设施互联互通是"一带一路"建设的优先领域。据估算，"一带一路"基础设施投资总规模或达 6 万亿美元。① 传统上财政资金是基础设施建设的主要资金来源，但金融危机之后，发达经济体面临财政赤字和政府去杠杆化的压力，发展中经济体的财政体系并不能满足未来基础设施建设的资金需求，同时现有金融市场、国际组织也无法为此提供足够支持。因此，引入新的投资主体、创新融资渠道是解决基础设施建设资金紧缺问题的当务之急，PPP 是目前公认的有效解决基础设施融资难题的途径。欧美发达国家中，私人部门以 PPP 方式参与基础设施建设取得了显著增长，发展中国家也出现了 PPP 形式的基础设施建设项目。

在"一带一路"框架下，虽然中国企业正积极"走出去"，但"一带一路"沿线国家差别巨大，蕴藏着大量投资风险。② 中国国内开展 PPP 项目的历史不长，尚在探索阶段，盲目开展海外基础设施项目的 PPP 投资存在很多风险。要做到趋利避害，须对这些国家已有 PPP 项目进行研究，寻找那些有助于项目成功的因素。此外，为促进发展中国家基础设施投资，中国倡导成立了

① 国家发展改革委、外交部、商务部：《推动共建丝绸之路经济带和 21 世纪海上丝绸之路的愿景与行动》，2015 年 3 月，http：//www.xinhuanet.com/gangao/2015-06/08/c_127890670.htm。

② 徐念沙：《"一带一路"建设中国企业走出去的思考》，2016 年 7 月 26 日，http：//www.xinhuanet.com/world/2016-07/26/c_129179170.htm。

亚洲基础设施投资银行。

目前，"一带一路"沿线国家或地区经济的发展并不平衡，沿线公路、铁路、港口等基础设施分布也不均匀，严重地制约了"一带一路"区域经济合作的升级。根据亚洲开发银行的估算，仅亚洲的跨境地区性基础设施建设项目就需要每年投入 2870 亿美元。由于来自政府财政、官方援助和多边开发银行的资金支持都很难在目前水平上大幅增长，PPP 项目融资被认为是弥合巨额资金缺口的有效方式。从 2016 年数据来看，"一带一路"沿线国家 PPP 项目融资总规模为 4930 亿美元，其中土耳其、印度、泰国、老挝和越南是项目融资规模较大的国家，能源和交通则是项目融资最普遍的行业。

四　我国 PPP 事业发展中的关键问题和挑战

（一）法律制度与体制机制有待完善

自 2013 年以来，尽管国家出台了很多 PPP 相关政策，然而现阶段仍然缺乏明确的顶层管理机构，缺乏顶层文件（上位法），部委之间的政策缺乏完整性，同一个部委的政策也缺乏连续性，政策之间的效力和层级尚不明朗。例如，2016 年底由国家发展改革委首先联合中国证监会发布了资产证券化相关文件，到了 2017 年，财政部又出台规范性的要求；2014 年财政部出台 PPP 操作指南，给出 PPP 项目操作流程，而 2016 年国家发展改革委又出台工作导则，给出传统基础设施领域的 PPP 操作流程。同时，PPP 模式的出现，使得很多项目的前期审批程序陷入混乱，有的项目甚至不知道是否该聘请监理，还有的项目不知如何使用建设管理机制，是否要进行审计、是否要走财政评审程序等，使得项目在竞争环节陷入困惑。例如，是按政府采购流程还是按招投标流程选择社会资本？该用最低价中标法还是综合评分法等，这些都给 PPP 项目的实践带来了诸多困惑。

自 1982 年我国新宪法颁布以来，中国的立法思路一直受到政府职能转变、理顺政府和市场关系的影响，PPP 领域的立法也该如此。然而，现阶段中国 PPP 相关政策存在脱离中国法律发展历史整体框架的问题，仅以实用主义角度出台各类应景的政策，法律身份、合同效力、争议机制等问题都没有给出明确的法律依据，现阶段中国 PPP 事业尚处于"无法可依"的尴尬状态。

（二）PPP 内涵上的认识差异和不统一

虽然 PPP 的形式在古代和近代的中国以及西方国家都出现过，例如中国唐朝就出现用民间集资的方式建造四川乐山大佛，19 世纪 50 年代法国的一些城市的供水设施由民间企业来筹资建设，但这些都不是现代意义上的 PPP。

现代意义上的 PPP 主要诞生于 20 世纪 90 年代的英国。1992 年，英国财政部在英法海峡隧道等基础设施上试行 PPP/PFI（Private Finance Initiative，私人主动融资）。到 1997 年，英国工党布莱尔政府上台，认为 PPP 的精神内涵与其执政理念相符，遂大力推广 PPP/PFI 模式。英国政府对 PPP/PFI 模式的实施范围、操作流程、核心机制、评判原则、组织架构、标准合同、绩效考核等实施 PPP 的一系列关键要素进行了规范，并在基础设施和公共服务类项目上进行了有效应用。欧盟、世界银行、亚洲开发银行等国际组织/机构以及传统英联邦国家在借鉴英国的 PPP/PFI 基础上加以简化改良，逐步向欧洲、美洲、亚洲和非洲国家推广使用。

现代 PPP 是在一系列规范操作框架下发展起来的。虽然土耳其前总理厄扎尔在 1986 年提出了 BOT 模式，我国从 1986 年开始也实施了广东沙角 B 电厂等一批 BOT 项目，并在 20 世纪末 21 世纪初达到高潮，但是在国家层面并没有出台相应的系统性的操作规范，对项目实施过程中的监管更是缺乏，并形成了不少 BT（Build Transfer，建设－移交）类项目，现代 PPP 所倡导的风险共担、利益共享、物有所值、绩效付费等基本概念和理念在这些项目中几乎很少见到。所以，不能简单地把 BOT 等同于 PPP。2004 年之后，随着当时的建设部 126 号文出台，我国的 PPP 就以"特许经营"为基本形式出现在大量的交通、水务、环境和能源等项目上。同样，从中央到地方出台的各类特许经营管理办法或条例也鲜有涉及 PPP 的基本原则，操作流程也不够完善和规范，直至 2015 年国家发展改革委才牵头六部委出台了《基础设施和公用事业特许经营管理办法》。所以，也不能把特许经营简单地与 PPP 等同起来。在这样的认识背景下，学术界、实务界都没有拿出一个权威的解释，即 PPP 到底应该包括哪些内涵，并应该如何做出合理的分类等。在此基础上，一些关于 PPP

的重大理论认识问题至今无法取得共识。主要包括以下四个方面。

1. PPP 是否应该包含特许经营

经过几十年的应用与实践，国外已经对 PPP 与特许经营的内涵与关系有了明确的认识。一般而言，特许经营主要针对用户付费类垄断型公用事业。在英国，PPP/PFI 与特许经营的实施范围严格区分，PPP/PFI 主要是指政府付费类公共服务项目。欧洲大陆和英联邦国家继承了这样的分类，但是世界银行把政府付费类（PPP/PFI）与用户付费类（特许经营）归于一个统一的更大的 PPP 框架中。在我国，财政部 113 号文明确规定，PPP 是指政府购买服务的一种模式，属政府采购范畴，但是又将用户付费纳入 PPP 范畴。用户付费适用的很重要的领域就是特许经营的范围。由于用户付费不可避免地涉及政府定价问题，这属于国家发展改革委和地方发改委管辖的范畴，所以国家发展改革委坚持将特许经营纳入大的 PPP 框架中，但是随后出台的《PPP 条例（征求意见稿）》只字未提特许经营，这就给基层实践者带来很多困惑。

2. PPP 项目合同性质该如何界定

PPP 的项目合同性质涉及 PPP 作为一项经济活动如何定性，即是企业间的市场行为，还是政府的行政行为。按照一般的认识，对企业间市场行为的法律救济可以最终诉诸人民法院，而对政府行政行为的法律救济只能走行政程序，这是广大 PPP 项目中的社会资本所不愿意看到的。随着 2015 年国务院六部委推出的 25 号令的颁布，最高人民法院出台了对特许经营合同的司法解释，认为特许经营合同属于行政合同，法律救济应该走行政程序。然而财政部 113 号文和《PPP 条例》（征求意见稿）认为 PPP 合同为民事合同，法律救济应该诉诸法院。根据相关立法进展获悉，PPP 项目合同性质至今未定，这给社会资本参与 PPP 项目带来了更多困惑。

3. PPP 项目是否必须包含融资

虽然融资是 PPP 项目中非常重要的一环，但是经过二三十年的实践，国外已经对 PPP 的内涵有了更加深刻和趋同的认识，即推行 PPP 的目的主要是利用社会资本的专业能力，提供更加优质高效的公共服务。融资只是社会资本专业能力中的一部分，也就是说，没有融资，也能称为 PPP 项目，例如单纯的公用基础设施的运营管理和服务，只要社会资本能够充分展示出专业能力。然而，我国目前推出的所有 PPP 项目，融资是其中最重要的内容，例如《PPP

条例》（征求意见稿）明确必须要求PPP项目有融资，并且融资规模大、门槛高，这就使真正专业的民营企业和运营类企业望而却步，大量的缺乏运营经验和技能的建设类央企蜂拥而至。这也是大量PPP项目存在政府支付义务固化，而真正按绩效付费项目占比不多的重要原因。

4. PPP项目是否必须招投标

PPP模式所应用的领域不可避免地涉及基础设施和公共建筑的建设，这就离不开我国固有的基本建设程序，离不开采用《招标投标法》。我国大力推行PPP之后，财政部113号文虽然规定了PPP操作流程，但是对基本建设程序并未进行很好的衔接，更多的是强调必须满足"两评一案"的要求，所有相关文件并未涉及项目建议书、工程可行性研究等必要内容与环节。在选择社会资本环节，认为PPP是政府采购工作的一部分，适用政府采购法，可以采用竞争性磋商和单一来源采购等方式选择社会资本，进而给了地方政府和社会资本规避公开招投标环节且出现"两标并一标"等投机做法的借口。反过来，这也给地方政府合规合法地实施PPP项目造成了困难。

（三）PPP管理机制尚未理顺

国外PPP推进比较好的国家，从国家层面到地方层面都有一套行之有效的工作机构和工作机制。各级政府积极制定基础设施规划，不断完善PPP项目采购流程。但在中国，中央和国家层面尚缺乏统一、高效的PPP组织管理架构。

1994年，当时的国家计委牵头试点若干BOT项目，各地方政府根据自身发展意愿自行开展PPP项目。2000年以后，当时的建设部牵头推动市政领域市场化改革，推出特许经营合同范本，当时的国家计委也出台了相应的管理办法，北京市等个别地方政府也出台了地方条例。2014年以来，国家相关部委都在推进PPP管理工作，但由于缺乏统一的组织管理架构和政策体系，使地方政府在实践时感到无所适从。

在地方政府层面，PPP实践工作的牵头部门不统一，有的在财政部门，有的在发改部门，有的在行业主管部门，还有的在招商部门，而且省级政府与市级、县级政府等上下级之间管理部门也不一致。多部门主导以及上下主导部门的不一致，必然带来PPP工作的困扰和低效。

（四）PPP 重融资轻运营的问题严重

2014 年 10 月 2 日，国务院出台《关于加强地方政府性债务管理的意见》（国发〔2014〕43 号）（以下简称《意见》），是这一轮 PPP 发展中的一场重头戏。国家对于地方政府融资平台做出了规范融资、控制总量等要求。在这样的背景之下，国务院出台了国发〔2014〕60 号文，开始鼓励地方政府采用 PPP 模式。可以看出，各地政府在融资平台受限后，又把 PPP 模式看作吸引社会资本、化解地方政府债务的工具，而忽略了 PPP 模式更为实质性的功能——引入社会资本运营经验和效率，提高公共服务供给水平，导致各地频频出现"明股实债""过桥融资"等问题。此外，中央财政部门给 PPP 项目的税收优惠、财政补贴等政策，在一定程度上扭曲了地方政府和市场主体的行为，导致许多地方政府和社会资本将大量不适合采用 PPP 模式的项目包装成假 PPP 项目，来申请各种财政资金补助，甚至出现"骗补"和"套取财政补贴资金"行为。

从当前 PPP 实际运作情况来看，很多 PPP 项目是总承包施工模式的延伸，这又和这一阶段很多施工企业希望摆脱低端竞争、过度竞争的局面，上升到"以投资带动工程"的经营策略有关。因此，很多 PPP 项目只不过是在施工任务的基础上增加了企业出资的环节，即政府向企业"变相"融资的环节，具体表现为包含施工任务的交易结构、合作期限较短，较少涉及运营详细安排等。

（五）国企参与过多、民企参与不积极

按照国际通行理念，PPP 中的第二个"P"为 Private Sector，指的是私营部门。PPP 本意是吸引民营企业（含外资）参与公共服务供给，利用民营企业的效率和创新来提升公共服务供给水平。但从我国实践来看，当前主导我国 PPP 项目的社会资本方是同属公共部门的、以央企为主的国有企业。2014 年 1 月至今，民营企业中标 PPP 项目的金额为 2.23 万亿元，仅占总金额的很小一部分。

调研发现，地方政府与国有企业尤其是央企更容易建立起信任，而对民营企业则存在竞争歧视，人们普遍认为民企沟通成本过高、容易短期投机、偷工减料等；民营企业对地方政府的 PPP 制度环境和政府信誉也缺乏信心，这些都制约了民营企业的参与。此外，民营企业的资金实力相比国有企业较弱，相比国有企业，民营企业更有动机"赚快钱"，只看经济效益，再加上缺乏基础

设施运营管理经验，在某一地方没有长期的社会资源积累和一定的政治地位，不愿意将大规模资金长期积压在单一项目上。以上原因导致中国的 PPP 并非"公私合营"，而是"公公合营"。

不仅如此，由于国有企业的经营业绩一般能成就推动业绩的当事人，包括企业领导、团队负责人及团队相关人员等，因此，国企参与 PPP 的动机相比民企来说，更重视当下交易的达成，并不精确地测算长期的投资回报，甚至个别测算假设条件可能永远无法实现。民企则不然，由于民营企业投入的资金都是关乎切身利益的钱，因此民营企业的测算会更加保守、更加在乎资金的安全性。综上所述，国企的投资意愿更容易和当下的地方政府达成一致，民企则相对更难，这也进一步导致了国企参与过多、民企参与不积极。

（六）政府能力建设滞后

对于绝大多数地方政府而言，PPP 属于新鲜事物，国内从经济学、法学和政治学等视角研究 PPP 相关理论也才刚刚开始，地方政府普遍缺乏 PPP 相应的理论知识和实践经验。很多地方政府面对上级政府下达的 PPP 任务时，存在经验不足，管理机构不健全，流程缺失，制度不齐等问题，导致 PPP 项目实施效率低下、交易成本较高，直接影响了 PPP 项目的实施效果。

一些地方政府仍习惯运用行政化手段实施 PPP 项目，在既有的政绩考核体系下，更加重视建设项目的落地以完成任务，缺乏运用经济手段、市场手段和法律手段来管理 PPP 的能力，尤其是在 PPP 项目的磋商谈判、价格测算、资产处置、合同管理、服务监管等方面存在不少问题，由此导致很多 PPP 项目的合同设计不规范、绩效考核标准不科学、监督管理机制不健全，为 PPP 项目的运营和监管埋下了长期隐患。

五 推进我国 PPP 事业健康发展的建议

（一）统一思想，凝聚共识，树立正确的 PPP 发展理念

1. 要对 PPP 有一个理性的认识

PPP 经过包括我国在内的世界多个国家近 30 年的实践，已经形成一定的

共识，并已逐步演化成一个普遍规律。这个共识就是，PPP 对一个国家的基础设施和公共服务而言，既有优势，也有不足。不是一个模式就能解决所有问题，PPP 不是万灵药。成功的 PPP 项目确实不仅能够带来资金和效率，为政府和公众提供物有所值的长期的公共服务，但是这需要一系列的配套条件，否则项目很难持续正常地开展下去。这个条件又与一个国家和地区的社会经济技术发展水平，相关制度、体制和机制的配套与完善以及市场与行业发展水平紧密相关，缺一不可。否则，只可能在零星的项目和个别行业上得以实践。各国实践表明，PPP 项目投资无论在数量上还是资金规模上只占整个国家相应投资的一小部分（一般在 10% 左右），即使英国也没有超过 15%。在我国，近二十年宽泛意义上的 PPP 项目总额也只有七八万亿元，占比远低于同期的其他投资方式。制约 PPP 广泛应用的原因除了外部因素以外，PPP 的内部因素，包括前期工作流程冗长，交易成本高，合同边界相对僵化以及对政府能力要求高等是影响 PPP 大规模运用的重要原因。所以，我国发展 PPP，要对 PPP 模式有一个理性认识，不能唯 PPP 论和泛 PPP 论。如同各国所积累的经验那样，首先要弄清楚为什么要用 PPP，PPP 适用于和不能适用于什么样的范围和领域，在什么条件下开展 PPP 项目，如何用 PPP 把项目做好而不是将项目当作 PPP 的试验场。否则，一旦 PPP 项目失败，对地方政府和社会公众而言，都是严重的损失。所以，发展 PPP，一定要行稳致远，谨慎前行。

2. 要正确认识我国 PPP 的目标和意义

大量的 PPP 案例表明，虽然 PPP 具有融资功能，但凡是仅仅将 PPP 模式当作融资工具的项目最后都免不了失败或调整交易结构。实施 PPP 的主要目的是充分利用社会资本的专业能力把项目做好，提供更好的、更有效率的公共服务。社会资本的专业能力不仅包括规划、设计、融资、建设、运营、服务能力，还包括对这些专业能力的整合。仅仅将 PPP 当成平滑政府债务，甚至是全面取代传统融资平台强有力的融资工具，是值得商榷的。目前在我国 PPP 实践中出现诸多问题，追根溯源，就是与此有关。所以，以融资为目标的 PPP 发展路径应该做出调整。

当前，世界经济尚未从金融危机中走出来，货币泛滥是当前经济的一大特征。在我国，在基础设施和公共服务领域，并不是缺乏资金，而是效率、效益和质量均有待提高。国际经验表明，要提高效率、效益和质量，基础设施和公共服务的供给和交付模式就要改变。这个模式就是从传统的资金、规划、设计、建设、运营和服务各个环节互相割裂向各个环节整合转变，使基础设施从投资建设导向向运营服务导向转变。这个转变模式就是 PPP，这也是国际基建市场的发展趋势。在我国，基础设施领域长期处于重建设、轻运营，更轻服务的粗放经营阶段，各个环节严重割裂，全寿命周期的效率较低，公共服务质量经不起严格的检验。成功的 PPP，社会资本不仅能整合各个环节和内外资源，并且承担了主要风险，政府按照运营和服务绩效付费。经过近 30 年的发展，在我国，无论国有企业还是民营企业，其在基础设施和公共服务供给等方面的各项专业能力都有了翻天覆地的进步，只要体制机制转变，这些市场企业在基础设施和公共服务领域就会发挥更大的效力，政府的风险就会降到更低。这个体制机制就是 PPP。所以，我国发展 PPP 的首要目标就是通过 PPP 模式充分发挥社会资本的专业优势来提供优质高效的基础设施和公共服务。

在我国，发展 PPP 还有更多的边际效应和意义。PPP 除了可以促进传统基建行业和公共服务行业转型以外，还可以重新调整政府和市场的边界，引入竞争机制，在基础设施和公共服务领域发挥市场决定性作用。反过来，PPP 可以改善政府对公共产品和服务的供给和管理方式，促进政府行政体制改革，打造更加专业和诚信的政府。PPP 模式中的信息公开、风险分担和利益共享机制也促使政府在公用基础设施和公共服务领域引入现代社会公共治理的理念和制度。政府通过借鉴 PPP 模式中一系列良好的机制和做法，如公共采购、定价调价、运营监管等，逐步对传统的公用事业和公共服务行业的体制机制进行改革与完善，这样，PPP 的边际效应不仅能体现在项目本身上，更可辐射至整个公用事业和公共服务行业。

我国发展 PPP 更大的意义在于，通过 PPP 加快我国传统基建行业向高端化升级，提升我国整体基建行业的国际竞争力和专业能力，更好地服务于我国"一带一路"倡议。"一带一路"沿线国家（无论是发展中国家还是较发达国家）对基础设施的需求都很大，仅亚洲到 2030 年之前就需要投资 7 万亿 ~ 8 万亿美元。在较发达国家，基础设施需要进一步升级和更新改造，PPP 是国际基础设施供给的重要方式。国际建筑巨头在二十年前完成从建筑承包商向 PPP 投资商和运营商转型之后，纷纷参与国际重大基建项目的竞争以获取高额利润。中国基建行业，无论是国有企业还是民营企业都应该通过 PPP 方式加快

转型，提升集咨询、规划、设计、建设、投资、管理、运营和服务于一体的综合专业能力，向"一带一路"沿线国家输出，成为国家竞争力的重要组成部分，目前，在我国本土发展 PPP，正好为这些企业提供训练场。

3. 要对我国 PPP 的客观条件有正确的认识

必须要看到，由于我国各地经济发展不平衡，再加上在基础设施、公用事业和公共服务领域长期以来是由中央和各地政府主导，市场和法制环境等主客观条件尚不能与 PPP 发展充分匹配。制约和影响我国大规模发展 PPP 的主要因素包括五个方面：一是制度环境；二是行业环境；三是市场环境；四是技术环境；五是行政环境。制度环境的不足除了表现为围绕 PPP 项目本身的法制建设滞后以外，还表现为与之相配套的法律和制度也需要完善，如税收、土地、工商等。行业环境不足主要表现为各专业领域存在大量制约社会资本实施 PPP 的不合理制度和政策，利益固化。市场环境不足主要是指促进 PPP 顺利实施的配套市场建设滞后，其中最重要的是金融市场和资本市场，债权市场过度发达，股权市场严重滞后，而 PPP 就是要发挥和提升社会资本的股权投资和融资能力以及风险管理能力。技术环境不足是指与 PPP 模式相适应的综合承包商和服务商以及专业的中介机构严重缺乏。行政环境不足是指与 PPP 模式相配套的政府行政能力建设滞后，特别是东部与中西部差别巨大。这些条件和环境的完善不是一朝一夕的事，需要长期艰苦的努力和扎实的工作。

4. 要对我国 PPP 的发展阶段有清醒的认识

综合上述判断，结合我国近 30 年来在发展 PPP 方面的实践和存在的问题，总体上我国目前 PPP 发展尚处于初级阶段，对 PPP 的优势和相关机制还在普及、消化和尝试阶段，对 PPP 的劣势还处在争议甚至是试错观察阶段。所以，无法用"运动"的方式发展 PPP，实际上也"运动"不起来。先要对前期建成运营几年之后的项目绩效进行评估，好的地方要及时总结推广，对不足的地方和问题要及时中止并加以完善。总之，发展 PPP 是一个长期艰巨的任务，要时时刻刻坚持实事求是，不能操之过急。

（二）优化分工协同，重塑 PPP 的部门职责和管理体系

PPP 实践比较成功的国家，一般在国家或中央政府层面都有专门的部门和机构。英国推动 PPP 的部门和机构是财政部以及财政部专门设立的 Partnership

UK（PUK）。虽然同是财政部，但是英国的财政部与中国财政部不是同一个概念。英国实行的是大部制，其财政部的职能更加综合，类似于中国的国家发展改革委和财政部的总和。英国财政部，又称 HM 财政部（HM Treasury），通称财政部（The Treasury），负责开展和执行英国政府的公共财政政策和经济政策，主要职责是控制公共支出，确定英国经济政策方向，维持经济强劲与可持续增长。法国中央政府分别设立了负责经济发展工作的经济部和负责财政采购管理的财政部，经济部负责 PPP（包括特许经营和政府采购类 CP）项目的产业政策、行业规划制定，对 PPP 项目进行费用效益分析及经济可行性评估；而对于涉及政府购买服务的 CP 项目以及需要财政补贴的特许经营项目，财政部门需要从财政资金支付管理的角度进行监管。2005 年，法国专门成立了服务与合伙合同项目的工作小组（MAPPP），主要负责项目获得预算部批准前的评估工作。

鉴于中国国情以及 PPP 本身的综合性、复杂性和艰巨性，更需要重塑 PPP 管理部门之间的关系。虽然发展改革部门和财政部门在推进 PPP 模式中的重要性不容置疑，但要真正实现"PPP 提高公共服务供给的质量和效率"的宗旨，应进一步加强行业主管部门在 PPP 管理中的实质性作用，建议行业主管部门负责提出 PPP 项目、实施 PPP 项目和监管 PPP 项目；发展改革部门负责 PPP 项目的立项审核、项目入库，主要审查项目是否适用 PPP 模式、是否符合经济社会发展规划、是否符合公共利益等；财政部门则应该按照 PPP 项目的模式、特点和运营要求，从财政的角度给予支持和保障，包括财政承受能力评估、物有所值评价、防控债务风险、规范财务运作等。这样可以把发改系统的规划、策划与推进能力与财政系统的规范、评价与把关作用结合起来，有利于 PPP 模式积极而又稳健的推广应用。

（三）加强制度建设，创建良好的 PPP 制度环境

PPP 模式的成功推广首先要有良好的制度环境，这也是 PPP 推广较成功的国家的必由之路。PPP 制度建设是一个相当复杂的系统工程，需要进行多层次的构建。虽然近年来中央部委针对 PPP 出台了大量的文件，其中也不乏制度与体制机制安排，这也是本轮 PPP 以来的重要成果，但是这些制度与体制机制还是存在不少可以商榷与改进之处。横向看，系统性不足，特别是在 PPP

事项上的部委关系、央地关系，以及政府和市场关系等方面没有做出明确的规定。纵向上看，前后文件还存在不一致、不连续甚至是矛盾之处，尚有不少补丁需要打上去，这样不仅是可操作性存在问题，操作的有效性也要打折扣。所以，还要对这些制度进一步梳理，需要从 PPP 善治的角度对 PPP 的各项制度进行设计与建设。

1. 顶层制度的设计与建设

PPP 的顶层制度设计要回答和解决三个方面的重大问题。一是国家推进 PPP 的明确的和可实现的目标，达到这些目标的手段、时间表，PPP 项目的范围，什么样的项目可以做 PPP，政府承诺和可接受的 PPP 项目的基本边界条件以及重大制度安排，如政府与市场的关系等。二是在推进 PPP 进程中中央各部委的职责、职能，甚至是权力范围。什么地方需要各自负责，什么地方需要合作；还有政策制定、法律和规范的制定等。三是明确在推进 PPP 过程中中央和地方的职责、职能和权利。一定要发挥地方特别是省级政府的作用，省级政府具有对上承接中央政策、对下推动地方制度和能力建设的作用，可以推进和监管 PPP 项目实施。在中央和地方的关系上，一定要明确什么地方中央要立规矩、什么地方各地可以根据自身发展的实际做出适度的调整和创新，既不能"一刀切"，更不能事前无规范、事后乱监管。

2. 项目层面的制度设计与建设

围绕 PPP 项目实施的制度设计目前有很多，瑕疵也不少，还需要花大力气完善。项目层面的制度设计安排是多层次的。首先，对于 PPP 项目实施过程中重大的框架性概念要进行制度性安排，如政府付费、用户付费、可行性缺口补贴，产出标准、物有所值、绩效付费、风险分担等都要做出明确规定，列出详细的操作要点。目前这部分的安排是定义模糊，在操作方面也没有明确的规定。其次，根据这些概念整合成 PPP 的操作流程和 PPP 标准合同等框架性制度，这些框架性制度安排既要借鉴原有的基本建设程序，还要符合 PPP 项目的基本特点，其中最重要的特点是政府提要求，社会资本提方案，贡献专业力量。再次，围绕 PPP 项目的有效实施，还要建立每个环节的操作导则，包括如何进行 PPP 项目的工程设计，如何进行合同管理，如何选择中介机构等。最后，要围绕 PPP 项目，对项目的利益相关者形成制度性安排，如业主、实施机构、社会资本、项目公司、其他股东、联合体、投资方和融资方等各方的责任、权利和义务等。

3. 行业层面的制度设计与建设

目前，我国在行业层面推动 PPP 的政策最为缺乏，虽然部分行业出台了推行 PPP 的若干文件，如水利和交通部门等，但仅是原则性的文件，没有具体操作细则。PPP 项目涉及的其他领域，特别是公共服务领域，甚至连文件都没有，各地同类项目都是一事一议。更为重要的是，这些领域对 PPP 可行的商业模式尚未取得共识。所以，建议加快行业部门出台并完善 PPP 的相关制度、体制和机制，重点是明确政府、社会资本、用户以及其他利益相关者的责权利，明确可行的商业模式、操作导则和方向性原则。

4. 配套制度设计与建设

PPP 相关配套政策尚不健全，包括土地、股权管理、税费政策等方面，而且，PPP 的回报机制尚不稳定，退出机制尚不健全，这些配套制度往往成为 PPP 项目的绊脚石。因此，我国 PPP 的发展应更加重视配套政策体系的健全，不仅应重视政策框架的逻辑性，还应关注政策的可落地性和地方政府的可接受性，以妥善处理 PPP 发展中的央地关系、政府和市场的关系等。

（四）加强示范引领，有序推进 PPP 模式的应用推广

PPP 成功实践的国家在推进项目中，几乎都抱有十分谨慎的态度，对项目的前期工作做得非常细致与深入，这样项目在实施过程中可以将问题和风险降到最低。所以，这些国家的 PPP 项目一旦启动，成功率非常高，一般落地率能达到 90% 以上，这与我国目前 PPP 项目落地率 20%～30% 形成鲜明的对比。以英国为例，从 1992 年开始，英国就开始了 PPP/PFI 实践，用了整整五年时间来摸索，其中的主要工作就是中央政府出面牵头做了若干重大示范项目，如英法海底隧道等。另外，在前期工作方面，对 PPP 项目咨询建立了咨询的一般规范与流程。例如，将项目的前期分析、研究和咨询分为三个阶段：第一是战略方案阶段，此阶段主要任务是研究项目要不要做，要不要按照 PPP 模式来做；第二阶段为框架方案阶段，在此阶段就要研究如果要按照 PPP 模式，一些框架性的问题是什么，如何解决；第三阶段是详细方案阶段。我国目前做的 PPP 咨询，则直接进入第三个阶段，即实施阶段，而且也不详细。与此同时，英国政府也完善了 PPP 推进机构，从原先的财政部 PPP 行动小组（Treasury

PPP Taskforce）转变为更强大、综合和专业的 Partnership UK（PUK），PUK 除了推动 PPP/PFI 政策制定以外，在项目的前期咨询方面也发挥了重要作用。

为此，借鉴国外成功经验，针对当前我国 PPP 存在的问题，提出三项建议。

1. 推动 PPP 大咨询

将一段式 PPP 咨询向三段式 PPP 咨询过渡。三段式 PPP 咨询结合了我国传统的工程可行性研究的范式：第一阶段是政府部门启动，研究项目的可行性和必要性，但是不一定要提出项目的技术方案和技术路线，只是研究 PPP 模式的可行性和必要性。这部分研究主要以政府专业部门为主，也可以借鉴一部分专业的咨询公司力量。第二阶段是在前期研究论证的基础上，结合多部门研究 PPP 的框架性问题，包括商业模式比较、制度障碍突破、采购方式安排等，特别是绩效指标与支付机制，这部分也要借助咨询公司的力量。第三阶段是详细实施方案阶段，这部分主要在前期两段研究的基础上，将成果转化成实施方案，这部分可以由咨询公司来完成，也可以与优选的社会资本共同完成。

2. 国家级 PPP 管理机构

目前财政部 PPP 中心的职能过于单一，专业覆盖面也不够，建议成立多部委和国家开发银行联合的国家级 PPP 管理机构，其中国家发展改革委和财政部是主要的政策推动者。除了政策和数据统计以外，国家 PPP 管理机构就是牵头组织实施或直接承担国家示范项目的 PPP 大咨询机构，监督项目实施，并且成立运营管理部门，对国家示范项目进行长期跟踪分析研究。

3. 国家级示范项目

由国家发展改革委牵头，国家 PPP 管理机构实施，重新梳理 10~20 个国家级 PPP 示范项目，从大咨询开始，到项目采购、融资、谈判、签约的整个过程都务必透明，而且明确各类项目的商业模式，供全国同类项目示范参考。国家级示范项目应该在各个领域里有一个或两个项目，由中央和项目所在的省级政府共同协作，由国家 PPP 管理机构牵头实施，提供前期研究和咨询服务。国家级示范项目进入建设和运营阶段以后，还要对运营阶段的绩效进行考评、公示。如果出现项目边界调整，相关的情况也要公示。

（五）加强能力建设，提升政府和社会资本参与 PPP 的能力

虽然 PPP 模式有很多优势，但是如果实践者能力跟不上也是枉然。成功的 PPP 项目，除了制度和体制机制模式得当以外，项目的相关利益方，特别是政府的能力建设至关重要。由于我国在基础设施领域长期是政府主导，在地方，更是由当地政府部门主导，都是在政府体系内封闭运作，即依靠当地国有企业。这样，不仅是信息不透明，而且政府相关部门的专业能力也有不足，在基本建设程序的执行、项目建成前与建成后的监管等方面的能力都有所欠缺，还有不少值得提高和完善的地方。PPP 是传统模式上的升级版，不仅要以政府对传统基建和运营管理能力为基础，而且需要政府部门在面对外来的社会资本时，需要与社会资本共同解决项目特许经营期之前和之后各种复杂的问题，化解风险，对政府能力提出相当高的要求。对社会资本而言，由于长期以来我国基础设施和公共服务在政府和地方国有企业内部封闭运作，这就间接导致社会资本的能力不足，特别是运营和融资以及方案策划等方面的能力欠缺。在中介机构方面，目前随着此轮 PPP 而诞生的大量咨询公司，其专业能力和素养根本满足不了市场需求，即使是一些著名的咨询公司也处于低层次复制阶段，更无力提供运营阶段的咨询。在更加专业的公共服务领域，如医疗和教育等，能够提供专业的 PPP 咨询的机构和专家更少。所以，加强 PPP 各方的能力建设，已经刻不容缓。

通过案例对比研究，政府方面需要建设的能力包括但不限于：识别并选择项目，模式和方案设计，选择和制定采购方案，把握市场动态，选择适当合作伙伴评估企业项目和方案，选择适当合作伙伴实施项目监管与支付，项目合同谈判与再谈判，过程监管（特许经营），成本监审（特许经营），定价和调价（特许经营）等能力。社会资本需要建设的能力包括但不限于：识别并评估项目及风险，提出项目模式和方案建议，提出细化项目方案，选择适当合作伙伴和整合项目竞争性对话与谈判识别并评估项目，提出项目模式和方案建议项目履约实施与风险管理，项目合同变更的再谈判，对政府政策和决策的影响，项目运营成本的控制，与政府部门保持良好合作等能力。对于中介机构而言，除了必需的 PPP 专业知识以外，还需拓展行业的专业知识，加强专业能力建设，要大力培养专业的细分行业领域的咨询公司，而不是全才。另外，中介机构和专家的职业操守和行为准则也是非常重要的，需要尽快确立并加以监管。

对于如何开展 PPP 项目各方能力建设，本文有如下建议。

1. 实施国家培训计划

近三年来，我国从中央到地方都开展了大量的 PPP 模式的培训和项目推广工作，其中还包括各个咨询与培训机构组织的各类培训。但是，由于 PPP 在我国是新生事物，各种咨询与培训机构对 PPP 的理解参差不齐。所以，建议实施国家培训计划，开展多层次、多专业的 PPP 培训。其中比较重要的对策包括明确专业的培训机构，中央相关政府部门制定国家 PPP 培训计划和实施大纲，不仅对政府部门培训，还要对各类中介机构以及社会资本进行培训。此外，还要定期考察培训质量和成效，加大对政府部门内部的专业团队的培养力度。在高校要设置 PPP 相关课程，培养 PPP 人才。

2. 推进项目示范，重视项目中后期评估

PPP 项目重视全寿命周期管理，项目建成以后的后续运营管理是决定 PPP 项目成败的关键，同时 PPP 项目的边界往往会在项目的中后期有比较明显的变化，需要政企双方妥善处理。项目的中期和后期评估对审视项目前期方案设计、项目前期采购的成效、项目中期和后期社会资本的实施绩效以及政企双方的合作成果，最终维持项目持续稳定的运行有良好的正面作用，也对政府和专业机构汲取 PPP 项目成败的经验有现实好处，有助于加强 PPP 参与方的能力建设。

3. 建立多层次、多专业的能力建设体系

在政府能力建设方面，可以通过着力建设各地专业的 PPP 中心和 PPP 推进机构来完成，包括配备专业的人才，形成运作导则、项目要点和规程、操作指南。各地的 PPP 中心和推进机构不仅要对项目采购阶段进行管理，而且要负责项目运营阶段的管理。对于社会资本的能力建设，可以通过组织专业论坛等方式培养，市场机制会激励社会资本不断学习和整合资源。中介机构的能力建设可以通过建立行业协会这样的载体来完成。

（六）以 PPP 为契机，逐步推动多层次改革

随着 PPP 推进的深入，越来越需要系统性和多层次的改革，才能把 PPP 项目顺利做好。反过来，通过一个地方 PPP 项目的实施，从而带动多方面的理念和体制机制的改革，使局部提升与系统完善形成良性互动。以 PPP 为契机，可以推动并切实需要开展的改革包括传统公用事业改革、政府行政管理体

制改革、国资国企改革、社会公共治理变革和金融体系改革五个方面。

1. 传统公用事业改革

传统的基础设施和公用事业是 PPP 的主战场。虽然改革开放四十年来，我国以政府和国有企业为主导的公用事业在设施与服务供给方面取得了巨大的进步，在相当大的程度上进行了以公益性和市场化并举为方向的改革，但是还是存在不少问题。由于是政府和国企主导，公用事业行业内还存在着较为普遍的政企不分，价格机制不完善，企业长期亏损，运行效率不高，政府监管欠缺等问题，公共服务供给质量与发达国家相比还有一定的差距。针对这些问题，引入 PPP 的一些良性机制就可以逐步解决和完善。例如，通过政府和公用事业企业间签订特许经营协议，明确双方责权利。借鉴 PPP 的定价机制，既要明确特许经营者的收益水平，促进持续投资，也要通过竞争等方式约束成本，进而完善整个公用事业的价格体系。参考 PPP 项目的合同和绩效监管，逐步建立政府对公用事业的监管体系，从而为公众提供高质量的服务。

2. 政府行政管理体制改革

PPP 最核心的思路就是政府提要求，社会资本提供设施和服务，最后政府按照经过检查的绩效付费。这样政府既能化解风险、整合资源，又能实现公共目标而不必亲力亲为。同时政府通过推进 PPP 项目的实施，可以提升自身的专业能力、服务能力和监督能力。正如当年英国在推进 PPP/PFI 模式之后形成的完善的政府公共服务体制机制一样，如果 PPP 模式能够按照正确的方式持续下去，必定会对一个地方政府的行政管理体制带来新气象乃至变革。这种变革与党的十八大和十九大以来所倡导的精神是高度一致的。主要包括：市场是资源配置的决定性因素，政府要做好放、管、服。按照 PPP 模式，就是要明确政府与市场的边界，政府就是放开项目的第一道改革对象，由社会资本充分发挥专业优势，而加强事中和事后管理。更为重要的是，要促使权力政府向真正的行政政府、专业政府转变，从而使更多的专业人才充实到公务员队伍，使政府和市场能够实现良性互动。

3. 国资国企改革

PPP 的字面意思是公共部门与私人部门合作。在经济学概念中，公共部门与私人部门的本质区别就是是否以利润为导向。如果不是以利润为导向，那就是公共部门；反之，以利润为导向，则为私人部门。在西方私有制背景下，企

业为私人部门，而在我国，在公有制背景下，只要国有企业仍然是以利润为导向，那么就可以被归为私人部门。所以，在我国，如果国有企业真正能够以利润为导向，以效率为目标，进而按照市场原则运作，那么我国的 PPP 还是能够体现公共部门与私人部门的合作精神的。通过近三年的尝试，虽然我国国有企业，特别是央企，确实积极参与了本轮 PPP 的市场竞争，促进了自身的转型，拓展了业务，为做大做强打下了基础，但是还是要在现代企业治理结构、投资与战略决策、薪酬与激励机制、绩效管理以及国内外市场拓展能力建设等多方面进行进一步改革，乃至向民营企业学习。只有这些企业的专业能力增强了，绩效确实提升了，PPP 的理念和精神深入日常经营活动中了，才能真正把 PPP 项目做好，才能在项目的全寿命周期上做好资源配置，才能真正从建设转向运营，才能参与国际 PPP 市场的竞争。

对地方国企而言，存在两种不同类型的实体：一是地方融资平台，地方融资平台最大的问题就是经营模式与能力单一，仅以融资目的为主。融资平台可以引入 PPP 的工作机制和理念，拓展自身的业务链，将自身从融资平台向建设平台和运营平台转化，提升风险管理和绩效管理的水平，这样才能与外来的社会资本共同把项目做好、做扎实，而不仅仅是作为当地政府的出资者代表，从而也能在项目上获得应有的收益，促进自身的转型和可持续发展。二是垄断性地方公用事业类企业，通过引入 PPP 机制，甚至在本地相同领域引入社会资本和 PPP 项目，会对本地垄断企业产生绩效比较竞争，形成鲇鱼效应，促进地方公用事业体制机制改革和公用事业类企业的改革，提高企业运营绩效，反过来，也会使当地的 PPP 项目水平上一个新台阶，而不是把本地的公用事业类企业排除在市场之外，这样可以提升自身的公共服务水平。

4. 社会公共治理变革

PPP 打破了基础设施和公共服务供给的单主体模式，向多主体模式转变。所谓单主体模式，就是由政府主导决策，本地国有企业或平台公司按照政府的意志提供的方式。这种模式的优势是能够快速建成项目，最大的问题是项目建设与运营过程中，所有的风险向政府集中。所谓多主体模式，就是政府、市场（主要是社会资本及项目公司和其他利益相关者）以及社会公众用户多方参与项目决策，实现共赢，也使风险向各方分散与共担的模式。这种模式的不利之处就是会使项目的进展缓慢。公共事务由多方共担，体现了社会公共治理的理念，不是由政府独家包办，而是寻求现代社会中各主体间平等对话并建立合作关系。在现代化的社会公共治理理念与实践中，基础设施和公共服务的最终对象是公众用户，所以公众用户会对项目的决策提出意见和建议，政府也会加以倾听，甚至是直接参与决策。如果公众用户不认可，项目就没有服务对象，也就不存在物有所值。在项目进入运营阶段，社会公众对项目发挥监督和绩效评价作用，遇到 PPP 项目需要调价，社会公众还可以发表调价意见，甚至在听证阶段就不通过调价方案。所以，在现代社会治理体系中，一方面，PPP 项目要尽量做到信息公开，运作透明，另一方面社会公众对项目的理解、接受和支持也非常重要。

由于 PPP 对于我国而言还是个新事物，在此领域的社会公共治理更是从头开始，所以，如何建立一个行之有效的 PPP 项目社会公共治理制度体系，体制和机制对 PPP 模式的成功实践有积极的意义。例如，即使公众参与，也需要建立一个能够代表公众利益的，有组织的、专业的非营利性的公众团体，需要有一个完善清晰公众表达意见和评价的流程、载体和通道。无论是政府、社会资本，还是项目公司都要建立工作机制，回馈公众呼应，管理项目可能出现的社会风险，完善以项目与服务为核心的社会责任制度等。总之，针对 PPP 项目的社会公共治理体系的建设和完善还有相当长的一段路要走，需要各方有组织、科学、专业和系统地推动。

5. 金融体系改革

PPP 推广与实践成功的国家都离不开完善的金融体系和发达的资本市场。以英国为例，英国在 20 世纪 80 年代中期开展了名为"大爆炸"的放松金融监管行动，实际上是完成从银行主导转型为市场主导的金融体系改革。这一改革直接和间接地促进了十年之后的 PPP/PFI 模式的应用与发展。

在银行主导的金融体系中，银行体系发达，企业外部资金来源主要通过间接融资，银行在动员储蓄、配置资金、监督公司管理者的投资决策以及在提供风险管理手段上发挥主要作用。银行主导型的金融体系当中，银行在将储蓄转化为投资、分配资源、控制企业经营、提供风险管理工具等方面起着领导作用。银行运用自身在资金、人才、信息等方面的优势，广泛参与经济生活，促进经济发展。市场主导型金融体系是以直接融资市场为主导的金融体系。

在市场主导型金融体系中，资本市场比较发达，企业的长期融资以资本市场为主，银行更专注于提供短期融资和结算服务。在市场主导型金融体系中，证券市场承担了相当一部分银行所承担的融资、公司治理、减少风险的功能，资金通过金融市场实现有效配置，使有限的资金投入最优秀的企业，金融市场自发、有效率地配置资源，从而促进经济发展。

简单而言，银行主导型金融体系以债权融资和间接融资为主，市场主导型金融体系以股权融资和直接融资为主。正是由于转向了市场主导型金融体系，英国国内涌现了大量的以主动投资为目的的私人资本，国际资本也开始关注并参与英国市场，与此同时，大量国际优秀的中介机构也进入英国。撒切尔政府的国有企业和公用事业市场化改革首先借助了转型后的英国金融市场，国际资本大量投资于英国公用事业和国有企业。PPP/PFI 模式引进以后，各类国内外私人资本以股权的形式投资项目，并且项目的权益资本的大部分也是另外融资获得。各类中介机构也为私人资本提供评估、审计、财务、法律和技术等方面的服务。在项目完成建设进入运营阶段以后，各类项目公司的股权交易兴盛。

反观我国，目前我国的金融体系还是以银行主导型为主。近年来，虽然中央大力推行 PPP 模式，但是金融体系并不能与之有很好的匹配，引发了诸多问题。例如，项目的特许经营期与银行贷款周期不能匹配；银行贷款利率居高不下；项目融资难；"名股实债"始终被视为违规；保险、养老等资金难以进入 PPP 项目；参与 PPP 的金融资本一放就乱，一管就死；国有企业从银行融资方便，民营企业融资困难；等等。所以，如果要继续有效推广 PPP 模式，就要逐步进行金融体系改革，向市场主导型金融体系转变，鼓励更多的私人资本主动投资 PPP 项目，鼓励开展广义的资产证券化，鼓励开展项目的股权交易，同时促进国有商业银行市场化改革，引入竞争机制，提高商业银行参与项目的能力，建立金融中介体系。

理论研究篇

Theoretical Research

B.2
中国 PPP 的研究热点及趋势

王守清　王盈盈　冯珂*

摘　要： 本文阐释了中国国情下PPP的概念及内涵，分析了近期我国PPP研究领域的14个热点问题，包括特许价格决策、特许期决策、物有所值、PPP立法、关键成功因素、项目治理、风险分担、绩效评估、再谈判、再融资、实务期权评价、政府监管、退出机制等。最后，本文结合PPP发展趋势，提出了未来我国PPP相关研究的四个潜在热点。

关键词： PPP　研究热点　特许价格决策　政府监管

---

* 王守清，清华大学建设管理系教授、博士生导师，清华大学国际工程项目管理研究院副院长，清华大学政府和社会资本合作研究中心首席专家，清华大学恒隆房地产研究中心政企合作研究室主任；王盈盈，清华大学政府和社会资本合作研究中心高级研究助理，清华大学公共管理学院博士研究生；冯珂，清华大学建设管理系博士研究生。

一 我国国情下的 PPP 概念及内涵阐释

（一）PPP 概念及广义 PPP、狭义 PPP 的定义

PPP（Public - Private Partnership），在国际上通常被称为"公私合作/合营/伙伴关系"。在我国，因为过去此类项目的主要参与者是作为独立法人的央企或国企，故将 PPP 译为"政企合作/合营/伙伴关系"更为准确。类似于 PFI，PPP 的本质是"政府向社会购买服务"，而不是政府投资建设提供这些服务的设施。目前，不同国家/地区和国际机构对 PPP 的定义都有所不同，对 PPP 的具体模式和分类尚无一致的看法。以下列举几种具有代表性的 PPP 的定义。

（1）英国财政部：PPP 为两个或者多个部门之间的协议，目的是确保它们可以实现共同或一致的目标或合作完成公共服务工程。它们之间有一定程度的共享权利和责任，并联合投资资本，共担风险和利益。

（2）加拿大 PPP 委员会：PPP 是公共部门和私营部门基于各自的经验建立的一种合作经营关系，通过适当的资源分配、风险分担和利益共享，以满足公共需求。

（3）澳大利亚：PPP 是政府和私营部门之间的长期合同，政府支付私营部门代表政府或辅助政府满足政府职责所提供的基础设施和相关服务，而私营部门要负责所建造设施的全寿命期可使用状况和性能。

（4）德国：PPP 是长期的、基于合同管理下的公共部门和私营部门的合作以结合各方必要的资源（如专门知识、经营基金、资金、人力资源）和根据项目各方风险管理能力合理分担项目存在的风险，从而有效地满足公共服务需要。

（5）美国：PPP 为公共部门和私营部门伙伴之间的一种合同协议，PPP 相比传统的方式而言，允许更广泛的私营部门参与。协议通常包含一个政府机构和一个私营公司达成修复、建造、经营、维护和（或）管理一个设施或系统。尽管公共部门通常保留设施或系统的拥有权，私营部门在决定项目或任务如何完成等方面拥有额外的决策权。

（6）欧盟委员会：PPP 为公共部门和私营部门之间的一种合作关系，双方根据各自的优劣势共同承担风险和责任,以提供传统上由公共部门负责的公共项目或服务。

(7)世界银行(学院):PPP 为一种私营部门和政府部门之间的长期合同关系,用以提供公共设施或服务,其中私营部门承担较大风险和管理职责。

(8)亚洲开发银行:PPP 是在基础设施和其他服务方面,公共部门和私营部门的一系列合作关系,其特征有:政府授权、规制和监管,私营企业出资、经营并提供服务,公私长期合作、共担风险、提高效率和服务水平。

总体而言,广义 PPP 泛指公共部门与私营部门为提供公共产品或服务而建立的长期合作关系;狭义 PPP 则更加强调政府通过商业而非行政的方法,如在项目公司中占股来加强对项目的控制,以及与企业合作过程中的优势互补、风险共担和利益共享。现在,国际上越来越多地采用广义 PPP 的定义作为公共部门和私营部门之间一系列合作方式的统称,包括 BOT、PFI 等。无论是从广义上来说还是从狭义上来说,PPP 本质上是公共部门和私营部门为基础设施和公用事业而达成的长期合同关系,公共部门由在传统方式下公共设施和服务的提供者变为规制者、合作者、购买者和监管者。

另外,由于我国存在国有、集体、私营等多种经济主体,对于 PPP 的理解,还有一个重要问题需要澄清,即我国 PPP 中的"私"并不是单指私营经济主体;经济主体的外在形式只是资本性质的载体,所谓"公"与"私"的区别更应强调的是资本目的的"公"与"私"。在我国,"公"应该指追求社会公益性,"私"应该指追求经济利益,两者的根本区别不是经济主体性质之间的区别,而是追求公共利益与追求经济利益的区别。当前,国有企业是国内 PPP 市场上最重要的主体,具有较高程度的逐利性,并非以追求公共利益为最高目的,因此可以认定为 PPP 中的"私营投资主体",除非该国企是直接受签约方政府直接管辖操控的,且应限制国企在项目公司中的股份。基于我国实际,建议将 PPP 称为"政企合作",既简洁直接,也易于与国际接轨。

(二)PPP 与特许经营(Concession)的区别与联系

为了澄清 PPP 与特许经营(Concession)之间的区别与联系,首先需要明确二者的定义。根据王强(2016)的观点,特许经营诞生于法国,后经英国发扬光大,接着 PPP 在英国诞生了,而且概念发生了变化。法国的"特许经

营"指的是社会资本直接向使用者收费，在英国，PPP 则锁定在需要政府付费的项目上。这几个概念引入国内时，由于内涵、外延的混淆，导致国内一度将特许经营和 PPP 混为一谈。其实，无论是特许经营，还是 PPP，都是基础设施和公用事业建设运营的一种区别于过去政府主导的供给方式，世界各国没有统一的定义和模式。而且，特许经营在我国应用了 20 多年后，其内涵已经比英文"Concession"扩大了。

首先，中文的"特许"与传统意义上的"行政许可"并不完全相同。因为是通过竞争招投标选定的社会资本方，签订合同后由社会资本方按合同约定去实施项目，则面临如下两种情况：（1）如果社会资本需要向公众收费，就需要政府的"特许"，因为公共产品的收费权归政府；（2）即使不需要向公众收费的项目，但因为提供公共产品的终极责任人是政府，也需要履行一定程序（如招投标等）交给社会资本代替政府去提供公共产品，这也可以理解为广义的"特许"但非行政许可，是通过合同约定的许可，政府还需要严格监管，以避免社会资本方提供的服务不符合要求甚至撂挑子。

"经营"也不是一般意义上的经营，其本质更接近"运营"的概念，不一定意味着向公众收费，即使是政府支付，也是用了政府（本质上是纳税人）的钱，需要社会资本方在合同期内好好干，以满足合同要求，特别是产出和绩效要求，以保护公众利益。另外，我国的 PPP 中的第二个"P"（央企/国企主导）与国际上的第二个"P"（真正的私企）本质不同，因此没有必要按国外的 PPP 或别扭的"政府和社会资本合作"去讨论。

从上述这几点去理解"特许经营"，就能理解我国的特许经营与 PPP 的差距并不大，都是提供公共产品的一种创新模式（可以说是介于 0 和 1 之间的一种模式，如果 1 代表完全由政府提供公共产品的模式，那么 0 代表完全由市场提供商业产品的模式）。不管如何定义特许经营和 PPP，我国 90% 甚至更多的 PPP 项目本质上就是特许经营。其实，在国际上，政府、业界和学术界对 PPP 都没有统一定义，何况还有英国和日本等的 PFI，世界银行、德国和阿根廷等的 PSP（Private Sector Participation，私营部门参与），中国台湾地区的"促进民间参与"等其他很多相关用语。因此，我国没有必要刻意去区分或学国外，只需立法中明确 PPP 的用词及其定义和内涵/原则即可。我国的《基础设施和公用事业特许经营法》（征求意见稿）和基于此稿修改和简化得到的《基础设施和公用事业特许经营管理办法》对特许经营做了较好的定义："特许经营是指政府采用竞争方式依法授权（建议把这个"授权"改为"选择"更好，可淡化"特许"的意思）中国境内外的法人或者其他组织，通过协议明确权利义务和风险分担，约定其在一定期限和范围内投资建设运营或运营基础设施和公用事业并获得收益，提供公共产品或者公共服务。"

二 我国近期 PPP 相关研究热点

随着 PPP 模式在公共基础设施和公共服务行业的不断应用，其相关领域的知识成为许多学者的研究热点。近年来，许多学者对 PPP 领域学术研究的发展和演变趋势进行了梳理总结。伍迪等（2014）整理了国家自然科学基金 1986~2012 年授予的 PPP 相关研究项目，对项目的年度数量、支持金额、研究范围等进行了时序分析，并采用 P – P – P（Project – Partnership – Process）维度分类法从 3 个维度进行了总结和分析。Zhang 等（2016）分析了 2005~2014 年间中国学术期刊和国外学术期刊上 PPP 主题的相关研究，并在研究方法、研究主题和研究发现三个方面进行了对比。宋金波等（2016）使用 Cite Space 软件对 2000~2015 年 Web of Science 数据库中有关 PPP 主题的已发表文献进行了分析，并通过共同作者网络分析、引文分析、共词分析及聚类分析等方法对 PPP 领域的研究现状和未来研究趋势进行了总结。通过对相关研究的分析可以看出，我国 PPP 研究领域近期存在着以下 14 个热点问题。

（一）特许价格决策（Concession Price）

对绝大多数使用者付费或政府付费项目，如污水处理厂、高速收费公路或发电厂等，项目的特许价格与需求量是影响项目总体收益水平的关键因素。学者们针对 PPP 项目中特许价格的决策、最低需求担保对特许价格的影响等问题展开了研究。许叶林等（2012）使用系统动力学的方法研究了高速公路 PPP 项目在制定可行性方案期间特许价格的决策方法。Niu 等（2013）研究了在需求不确定条件下，BOT 项目中收费价格、客流量和特许期三个要素的帕累托解集。Zhou 等（2016）针对污水处理 BOT 项目，研究了最低需求担保和特许价格调整机制对该类项目收益的影响。

（二）特许期决策（Concession Priod）

PPP 项目特许期的设计对于保证项目经济可行性，确定项目未来收益和成本在公共部门和社会资本之间的合理划分至关重要。Ng 等（2007）将运营成本、收入和收益作为不确定性因素，在项目公司可接受的最低回报率、项目公司的期望回报率、政府允许的最高回报率三种约束下，模拟出项目的净现值并求解出特许期。Zhang 等（2011）通过对项目投资、建设期和运营期内净现值的模拟，在给定项目公司可接受的最低回报率、政府允许的最高回报率条件下，求解出特许期的上下限。Zhang 等（2016）同时考虑了 BOT 项目的财务收益和社会效益，设计出了一个能同时决定项目生命周期和最优特许期的优化模型。

（三）物有所值（Value for Money，VfM）

2015 年 12 月 18 日，财政部发布了《PPP 物有所值评价指引》（财金〔2015〕167 号），我国 PPP 项目的物有所值（Value for Money，简称 VfM）评价正式踏上实践之旅。金永祥（2014）提到，VfM 是国外决定是否采用 PPP 模式建设基础设施项目的一种决策工具。实践中，要准确计算出政府付出的代价不仅需要考虑显性的财务数据，还要考虑不同体制下政府提供的一些支持条件所转换的财务量化数据。王守清（2015）认为，虽然目前 PPP 项目的物有所值评价面临着数据缺乏、假设过多等问题，但仍应作为未来的一个政策导向，从现在开始逐步积累数据并完善。在实践方面，王盈盈等（2015）、刘璇璇等（2015）、刘慧慧等（2016）分别在轨道交通、高速公路、综合管廊领域建立了 VfM 定量评价中的 PSC、LCC（在我国政府文件中为"PPP"值）值计算公式，为我国合理有效地推广 VfM 评价体系提供了参考。

（四）PPP 立法（PPP Legislation）

PPP 项目主要被用于提供基础设施或公共服务。为了保证项目的顺利实施，有必要建立一套完备的法律体系，从而能有效地对项目全寿命期内的建设运营进行监管，并清晰地界定所有项目干系人，尤其是政府和社会资本在此过程中享受的权利和承担的义务。目前，许多国家已经建立了针对 PPP 模式的专门法律，如美国、韩国、巴西等。虽然中国政府也累计发布了涉及 PPP 实施方面的 50 多部法规，但现有法规仍存在着相互冲突、缺乏国家层面的 PPP 立法等缺陷。于安（2016）认为，为了解决 PPP 项目落地率低的问题，更好地激发社会资本的投资活力，有必要逐步完善能兼顾投资人利益与公共利益的法律制度环境。

我国过去二三十年 PPP 实践所积累的经验与教训表明，构建国家层面的 PPP 法律和制度体系迫在眉睫。结合 PPP 模式和基础设施的自身特点以及 PPP 在中国的应用历史和发展现状，PPP 法律和制度体系的构建应当至少遵循以下四个原则：（1）强调物有所值；（2）重视政企合作；（3）重视顶层和框架设计；（4）强调动态公平分担风险。

（五）关键成功因素（Critical Success Factor，CSF）

不少学者针对不同国家/地区、不同行业、不同实施阶段或参与者，研究了影响 PPP 项目成功实施的关键因素。Kwofie 等（2016）通过文献调研初步识别出 16 个影响加纳公共住宅 PPP 项目成功交付的主要因素，并通过问卷调查最终确定了 6 个影响力较大的关键因素。张红平等（2016）在文献调研和问卷调查的基础上，识别出影响 PPP 项目实施的三大影响因素和 18 个可测量指标，并用 AHP 方法分析了各指标的权重，用 Dematel 方法计算了各因素的相互影响程度，最终加权计算出各因素在系统中的综合影响度并进行了排序。Osei - Kyei 等（2017）发现在 PPP 项目运营阶段，不同利益相关者，包括公共部门、私营部门和学术界对于影响项目成功的关键因素认知中存在的差异，研究结果对于提升 PPP 项目干系人在运营期间的合作效率具有一定借鉴意义。

（六）项目治理（Project Governance）

与传统政府采购模式相比，PPP 模式能提高效率的一个重要原因是引入了社会资本的专业能力和市场配置资源的效率，这些优势的发挥需要以控制权和收益权的让渡为前提。然而，采用 PPP 模式的项目多为（准）公共产品/服务，在这一领域存在市场失灵，且其公益性和企业的逐利性存在天然的矛盾，因此不能将控制权过多让渡给企业。效率对市场化的要求和公平对政府控制权的要求构成了 PPP 项目控制权配置的矛盾。在项目治理和不完全契约理论的

框架下，有学者在 GHM、HSV、BG、FM 等模型的基础上，加入私营部门的价格决策、招投标机制等因素，分析特定行业的最优所有权结构。

笔者团队的刘婷通过汇总代表性的相关研究，得到了 16 个影响/决定 PPP 项目最优控制权配置的主要因素，包括各方投资重要性程度、对生产成本即服务质量改进的影响、各方对项目价值的评价高低、公共部门和私人部门的投资比例、公共化程度、项目公司维护成本的控制水平、项目公司的风险管理水平、项目价值的可度量程度、合作关系的长期性、项目的复杂程度、客观的特殊需求、项目所在地的私有化程度、PPP 合同的类型、各方之间的信任度、各方的不可替代程度和各方对项目预期收益的满意程度。

（七）风险分担（Risk Allocation）

PPP 项目的实施过程中面临着各种各样的风险，合理的风险分担是保证项目成功的重要因素。笔者团队长期从事该方面的研究。柯永建（2010）通过文献综述和案例分析，将中国 PPP 项目实施中的风险因素作为研究对象，最终识别出 37 个风险因素。冯珂等（2015）通过对 1994～2013 年中国 31 个典型 PPP 项目的分析，识别出 7 种具有代表性的特许权协议动态调节措施，包括政府补贴、收益分配、价格调整、特许期调整、退出机制、再融资、再谈判，还结合案例分析了其在项目中发挥的作用。结合 PPP 项目风险分担的原则，他提出了特许权协议动态调节措施的选择框架。

（八）绩效评估（Performance Evaluation）

PPP 项目以提高公共产品供给的效率为主要目标，在实际操作中也需要有效而完善的监控指标来为公共部门在项目监管中的绩效评价提供依据。张万宽等[1]通过文献回顾和深度访谈，识别出一系列绩效影响因素和绩效评价指标，并通过在若干转型国家中的问卷调研得到了 PPP 绩效影响的 7 个因素和 PPP 绩效评价的 4 个维度。袁竞峰等[2]通过文献阅读构建了 PPP 项目的 KPI 概念指

---

[1] 张万宽、杨永恒、王有强：《公私伙伴关系绩效的关键影响因素——基于若干转型国家的经验研究》，《公共管理学报》2010 年第 3 期。

[2] 袁竞峰、季闯、李启明：《国际基础设施建设 PPP 项目关键绩效指标研究》，《工业技术经济》2012 年第 6 期，第 109～120 页。

标，并通过问卷调查评价了这些指标的重要性。王超等①通过分析绩效形成机理，结合文献梳理出 PPP 项目的关键成功要素，并进而对 PPP 项目过程模块进行了分析，提取出关键绩效指标，建立了相应的 PPP 项目绩效评价指标体系。

（九）再谈判（Renegotiation）

Estache 等②分析了拉丁美洲的一些交通类 PPP 项目，认为当项目的特许经营是通过多维拍卖的方式竞标时，项目特许期内的再谈判风险就会相应增加。另外，良性的政府治理，尤其是完备的反腐败法规，有助于解决再谈判的问题。熊伟和张学清③设计了一套公共部门与私人部门之间的再谈判框架，并针对三种常用的补偿方式，即收费调整、特许期延长和政府补贴，提出了对应的定量补偿模型。Cruz 等④基于对公路项目中再谈判案例的研究，将引起再谈判的原因分为外部原因（如项目的外部环境变化、招标过程、资本结构、项目特点、政策体系等）和内部原因（风险分担协议、项目终止条款、再平衡条款、决定再谈判的关键绩效指标）两类。

笔者研究团队分析了我国 20 世纪 90 年代以来 38 个发生了重大再谈判的 PPP 项目⑤，通过对再谈判结果的统计可以发现，我国的 PPP 项目再谈判的结果以政府回购为主，一是因项目的市场需求量大于预期或政府过度担保，项目收益过高，政府发起再谈判后在保障企业合理利润的前提下回购项目；二是企业以项目收益过低为由发起再谈判，这种情况下的政府回购其实是政府为项目的失败买单，不仅产生了巨大的交易成本，更有违公平原则。

---

① 王超、赵新博、王守清：《基于 CSF 和 KPI 的 PPP 项目绩效评价指标研究》，《项目管理技术》2014 年第 8 期，第 18 ~ 24 页。

② Estache A，Guasch J L，Iimi A，et al. "Multidimentionality and Renegotiation：Evidence from Transport – Sector PPP Transaction in Latin America"，*Working Papers Ecares*，2008.

③ Xiong W，Zhang X. "Concession Renegotiation Models for Projects Developed through Public – Private Partnerships"，*Journal of Construction Engineering & Management*，2014，140（5）：04014008.

④ Cruz C O，Rui C M，Cardoso P.，"Empirical Evidence for Renegotiation of PPP Contracts in the Road Sector"，*Journal of Legal Affairs & Dispute Resolution in Engineering & Construction*，2015，7（2）：05014003.

⑤ 刘婷、赵桐、王守清：《基于案例的我国 PPP 项目再谈判情况研究》，《建筑经济》2016 年第 9 期，第 31 ~ 34 页。

（十）再融资（Refinancing）

再融资一般是指上市公司通过配股、增发和发行可转换债券等方式在证券市场上进行的直接融资，应用到 PPP 中的再融资则不再是特指上市公司。由于 PPP 项目合同复杂、特许期长、关联方多等特点，其在未来很长的合同期内发生再融资行为的概率很大，因此对于 PPP 再融资的研究也是一个重要领域，然而由于 PPP 项目需要兼顾社会效益，导致其再融资问题更加复杂，理论研究成果也相对较少。中国知网数据库显示，截至目前，相关的研究文献为 8 篇。总的来说，PPP 再融资的研究还处于借鉴国外经验、搭建理论框架的阶段，尚未细分到行业领域的实证研究。现阶段对于再融资的研究成果中，梳理出的再融资方式值得借鉴，包括：（1）变更融资条件；（2）新增融资工具；（3）重组项目公司。

（十一）实物期权评价（Real Option Evaluation）

实物期权是一种期权，它是管理者对所拥有实物资产进行决策时所具有的柔性投资策略。PPP 项目的特点决定了其决策可以使用实物期权方法。梁伟等[1]根据北京地铁 4 号线 PPP 项目遇到的实际问题构建模型，并通过将实物期权理论引入解决车站停车场建设规模决策，计算了引入实物期权后不同方案的期望净现值。季闯、袁竞峰等[2]提出了基于模糊实物期权的 PPP 项目价值评估一般步骤，推导出模糊实物期权价值计算模型。熊伟等[3]将再谈判条款看作 PPP 项目合同中实物期权，并用期权理论对再谈判的价格进行了定价。

（十二）政府监管（Government Regulation）

笔者认为，PPP 项目的监管应分为两个阶段：一是项目的立项和特许经营者选择时期的准入监管；二是项目建设运营期的绩效监管（包括质量、价格、

---

[1] 梁伟、王守清：《实物期权在城市轨道交通 PPP 项目决策中的应用》，《工程管理学报》2012 年第 2 期，第 23 ~ 27 页。

[2] 季闯、程立、袁竞峰、李启明：《模糊实物期权方法在 PPP 项目价值评估中的应用》，《工业技术经济》2013 年第 2 期，第 49 ~ 55 页。

[3] Xiong W, Zhang X. "The Real Option Value of Renegotiation in Public-Private Partnerships", *Journal of Construction Engineering & Management*, 2016, 142 (8): 04016021.

服务水平和财务方面的监管）。笔者建议，从政府管理 PPP 项目的角度出发，结合政府对 PPP 合同的监管机制，PPP 项目的监管主要分两个阶段、三个方面，监管框架如图 1 所示①。

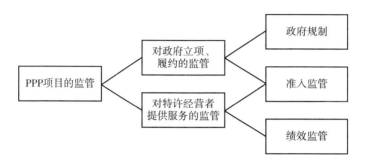

图1　PPP 项目的监管框架

笔者团队成员刘婷等对国际上包括澳大利亚、南非、英国等国家和中国香港的 PPP 监管体系进行了梳理和对比，为我国 PPP 监管体系建设提供了借鉴。② 这些国家/地区的 PPP 监管体系如表 1 所示。

表1　澳大利亚等国和香港地区的 PPP 监管体系

类　别 ＼ 国家或地区	澳大利亚	英国	南非	中国香港
PPP 主管部门	国民基础设施部/地方财政部	财政部/国家审计署和公用事业管理委员会	国民财政部 PPP 小组/地方政府部门	政务司效率促进组
组织类型	中央部门/地方部门	中央部门/下属机构	中央专项小组/地方	中央专项小组
职能	发布政策和指导文件/发布地方管理办法和实施监管	发布政策、指导文件，并实施监管	发布政策、指导文件，并实施监管	发布指导文件，协助政府其他部门
政策体系	中央政策、指导文件＋地方特殊要求	中央政策、指导文件	指导文件	中央政策、指导文件
文件类型	技术文档、案例模型、FAQ	技术文档、案例模型、Excel 模型	案例模型	技术文档、案例模型

---

①　王守清、刘婷：《PPP 项目监管：国内外经验和政策建议》，《地方财政研究》2014 年第 9 期，第 7 ~ 12 页。

②　王守清、刘婷：《对加强我国 PPP 项目监管的建议》，《经济研究参考》2014 年第 60 期，第 14 ~ 15 页。

以上国家或地区都有单一的中央部门负责 PPP 项目的政策制定和准入监管。此外，政府还聘请、授权或与第三方合作，让公众和媒体以及放贷方等也参与监管，世界银行、亚洲开发银行等国际多边机构也会对其放贷或援助项目的招投标、财务状况和环境影响等进行监管。为了加强我国 PPP 项目监管，应从以下方面推进相关工作：（1）推动国家层面的 PPP 立法和 PPP 指南制定；（2）设立中央和省级 PPP 机构，并重点考虑项目立项和审批时的相关要点；（3）建立统一的项目信息发布机制、公众参与机制与监督机制。

（十三）退出机制（Exit Mechanism）

PPP 项目的非正常退出可定义为："项目参与一方在特许经营合同规定的移交工作完成前，通过经济或法律程序全面终止在项目中的权力、责任和义务"。根据不同的合同关系把"退出"分为项目公司与公共部门间的合同关系终止和项目公司的股东从项目公司退出。根据社会资本方的退出意愿又可将"退出"分为主动退出和被动退出。APMG 机构认为项目提前终止是由于违约或不可抗力引起的合同关系与服务导致的停止。

盛和太（2013）认为，不同社会投资人自身的专业优势赋予了他们在 PPP 项目中的股权比例随项目阶段的改变而降低委托代理成本、提高项目的效益，因此，不同类别的社会资本方退出 PPP 项目的方式和时段是不同的。黄华珍[1]认为，社会资本退出 PPP 项目的方式有公开上市、股权转让、股权回购、清算、发行债券票据、资产证券化等。受到市场环境阻碍、交易体系不健全、风险隔离困难、适用条件严苛等因素的限制，资产证券化是未来可操作性最强的退出方式。周雪松[2]和崔敏[3]分别指出了构建 PPP 项目退出机制对于吸引社会资本投资 PPP 项目的重要性。

（十四）职业伦理（Professional Ethics）

为了促进 PPP 模式的健康、可持续发展，在完善相关法规、政策以及合

---

[1] 黄华珍：《PPP 项目资产证券化退出机制的法律分析》，《招标采购管理》2015 年第 11 期，第 41~42 页。

[2] 周雪松：《破解 PPP 发展难题须建立退出机制》，《中国经济时报》2016 年 11 月 30 日，第 1 版。

[3] 崔敏：《PPP 应建立沟通机制和退出机制》，《中国企业报》2016 年 8 月 23 日，第 5 版。

同机制以外，还应重视从业人员职业伦理规范的建设与执行。[①] 职业伦理是指特定职业者基于职业需要和职业逻辑而应当遵循的行为准则，是企业中人与人之间的职业道德关系，因此一般是道德层面上的。[②] 基础设施和公用事业领域的建设、运营和维护属于全过程建设项目管理的范畴。因此，建设项目管理领域四大国际机构 PMI、IPMA、FIDIC、CIOB 的职业伦理对 PPP 职业伦理有借鉴意义。

作为 PPP 领域的专业人士，特别是咨询师/律师，应推广和落实"物有所值"理念，体现专业性和独立性，根据实际情况合理选用适当的 PPP 模式和做法。从干系人的角度看，PPP 项目参与方众多，成功的标准是实现"共赢"，即公众满意、政府获得好评、投资者得到合理的回报、银行收回贷款和本金，因此，政企双方及其咨询方，特别是律师更应保证决策过程的公正、公开、透明，保证交易合规合法，并兼顾长远公平，不仅要考虑当事人的利益，还应考虑公众利益，促使 PPP 项目在签约后能持续健康发展。

三　我国未来 PPP 研究热点

（一）我国投资人"走出去"投资国际 PPP 项目的实践惯例

2013 年以来，习近平总书记在出访中亚和东南亚国家期间，先后提出了共建"丝绸之路经济带"和"21 世纪海上丝绸之路"的重大倡议。随着"一带一路"建设加快推进和我国从资本净流入国向资本净流出国转变，中国施工企业和投资机构通过 PPP 模式参与海外工程建设项目逐渐成为常态。中国投资人在拥抱"一带一路"倡议带来的投资机遇的同时，也需要面对进行海外 PPP 项目投资所带来的风险和挑战。具体来讲，一方面，"一带一路"沿线国家与我国在政治制度、风俗习惯、宗教信仰等方面存在较大差异，给 PPP 项目的顺利实施带来了挑战；另一方面，我国建筑施工企业虽然具备了承接大

---

① 王守清、刘婷：《PPP 项目实施中的职业伦理要求研究》，《建筑经济》2016 年第 8 期，第 37~41 页。

② 〔法〕爱弥尔·涂尔干：《职业伦理与公民道德》，渠东等译，上海人民出版社，2006。

型工程的建设能力，但仍存在国际化经营经验不足、风险管理专业人才欠缺等短板。未来研究中可针对国际 PPP 项目的特点，在以下方面进一步深入分析：（1）金融企业参与国际 PPP 项目的投融资策略及路径；（2）建筑施工企业参与国际 PPP 项目的风险评估及应对；（3）国际 PPP 项目成功案例的总结和推广。

（二）基于大数据分析推动 PPP 实证研究，发现 PPP 理论机制并构建绩效指标

促进 PPP 模式的科学、规范和可持续发展离不开 PPP 项目信息的透明公开。加强 PPP 项目的信息公开，对于充分提高 PPP 项目供给效率，降低项目运营成本，促进社会公众参与监督等都有着重大意义。2016 年，财政部 PPP 中心发布了财政部 PPP 平台项目库信息大数据。随着 PPP 项目大数据的逐步完善，基于对大数据的挖掘和分析将为 PPP 项目决策提供更多的依据。未来研究应基于大数据挖掘，推动中国 PPP 的实证研究，发现 PPP 的内在理论机制，逐步构建 PPP 绩效评估的指标体系。

（三）以公共治理理论和模型研究我国 PPP 项目

PPP 涉及政府与社会资本间长达几十年的长期合作关系，在项目的建设和运营阶段还会涉及施工方、金融机构、设备供应商、运营商等诸多市场主体，所提供的产品也以涉及普通民众的公共产品和公共服务为主。从这个角度看，PPP 也是一个由多方主体共同参与长期合作、各方利益持续博弈的公共治理问题。[1] 未来相关研究可从公共治理理论出发，运用多种治理工具，深入剖析中国 PPP 项目治理的内部运作机制、成效和问题，以深化对中国 PPP 治理模式的认识。

（四）PPP 知识体系构建

未来可从以下方面着手，逐步完善 PPP 领域的知识体系构建：（1）划分

---

[1] 〔瑞士〕芭芭拉·韦伯、〔德〕汉斯·威廉·阿尔芬：《基础设施投资策略、项目融资与 PPP》，罗桂连等译，机械工业出版社，2016。

不同维度下的 PPP 知识体系及知识点。PPP 知识体系非常复杂，为了系统地归纳 PPP 知识体系，展示所有知识，可通过文献阅读、专家访谈的研究方法，建立基于干系人维度、阶段维度、知识领域维度、层级维度、项目类型维度这五个维度的知识体系框架，并对知识点进行相应的划分。（2）对比分析各维度的 PPP 知识体系。通过对比分析总结出各维度下知识体系框架的优缺点，并进行完善。随后，可通过德尔菲法，对每个维度下的知识体系框架进一步完善、评分，最后选择出逻辑性、适用性最佳的维度。（3）针对具体维度进行知识填充。在上一步所选定的维度下，通过文献阅读、专家访谈的方式，对知识点进行进一步划分，形成较为完整的 PPP 知识体系，并以与干系人相关的章节为例，详细填充知识内容，作为后续完善知识体系的范例。

参考文献

［1］柯永建、王守清：《特许经营项目融资（PPP）：风险分担管理》，清华大学出版社，2011。

［2］The European Commission. Guidance for Successful PPP. 2003.

［3］Jerry Zhao，"Advancing Public Interest in Public – Private Partnership of State Highway Development"，Research Report，University of Minnesota，2011，http：// www. pwfinance. net/document/research_ reports/Research% 20Mis c% 20Advancing. pdf.

［4］王守清、柯永建：《特许经营项目融资》，清华大学出版社，2008。

［5］王守清：《特许经营的内涵及其与 PPP 的联系与区别》，http：//blog. sina. com. cn/s/blog_ 6421df790102wqwj. html，2016 年 7 月 9 日。

［6］王强：《特许经营立法之理论与现实》，http：//www. cn – hw. net/html/PPPzhu anqu/PPPguandian/2016/0531/53554. html，2016 年 5 月 31 日。

［7］叶继涛：《特许经营和 PPP 到底是个什么关系》，http：//www. v2gg. com/ lady2016/guanyuaiqing/20160531/127064. html，2016 年 5 月 31 日。

［8］伍迪、王守清：《PPP 模式在中国的研究发展与趋势》，《工程管理学报》2014 年第 6 期，第 75～80 页。

［9］Zhang S，Chan A P C，Feng Y，et al. "Critical review on PPP Research-A search from the Chinese and International Journals". *International Journal of Project Management*，2016，34（4）：597 – 612.

［10］Song J, Zhang H, Dong W. "A review of emerging trends in global PPP research: analysis and visualization", *Scientometrics*, 2016, 107（3）: 1111 – 1147.

［11］Xu Y, Sun C, Skibniewski M J, et al. "*System Dynamics（SD）- based concession* pricing model for PPP highway projects". *International Journal of Project Management*, 2012, 30（2）: 240 – 251.

［12］Niu B, Zhang J. "Price, capacity and concession period decisions of Pareto - efficient BOT contracts with demand uncertainty", *Transportation Research Part E Logistics & Transportation Review*, 2013, 53（1）: 1 – 14.

［13］Zhou Q, Sun Y, Lu D. "Concession Price Adjustment Decision in Wastewater Treatment BOT Project", *International Journal of Innovation*, *Management and Technology*, 2016, 7（5）: 192.

［14］Ng S T, Xie J, Cheung Y K, et al. "A simulation model for optimizing the concession period of public-private partnerships schemes", *International Journal of Project Management*, 2007, 25（8）: 791 – 798.

［15］Zhang X, Abourizk S M. "Determining a reasonable concession period for private sector provision of public works and service", *Canadian Journal of Civil Engineering*, 2011, 33（5）: 622 – 631.

［16］Zhang X, Bao H, Wang H, et al. "A model for determining the optimal project life span and concession period of BOT projects", *International Journal of Project Management*, 2016, 34（3）: 523 – 532.

［17］金永祥：《浅议 VFM 在 PPP 项目中适用问题》，《中国建设报》2014 年 6 月 20 日，第 6 版。

［18］王守清：《物有所值评估是做好 PPP 的前提》，《新理财/政府理财》2015 年第 12 期，第 38 ~ 39 页。

［19］王盈盈、冯珂、尹晋、王守清：《物有所值评价模型的构建及应用——以城市 轨道交通 PPP 项目为例》，《项目管理技术》2015 年第 8 期，第 21 ~ 27 页。

［20］刘璇璇、任冶：《高速公路 PPP 项目 VFM 评价模型及其应用研究》，《湖南交 通科技》2015 年第 4 期，第 155 ~ 158 页。

［21］刘慧慧、孙剑、李飞飞：《城市地下综合管廊应用 PPP 模式的 VFM 评价》，《土木工程与管理学报》2016 年第 4 期，第 122 ~ 126 页。

［22］张剑智、孙丹妮、刘蕾等：《借鉴国际经验推进中国环境领域 PPP 进程》，《环境保护》2014 年第 17 期，第 71 ~ 73 页。

［23］Wang, B. A. , 2014a. "Actively promote the application of PPP model to improve the public service level". *China State Financ.* 9, 11 – 13（in Chinese）.

［24］于安：《优化法治推动 PPP 领域社会投资》，《紫光阁》2016 年第 8 期，第 58 ~ 59 页。

［25］ Kwofie T E, Afram S, Botchway E. "A critical success model for PPP public housing delivery in Ghana", *Built Environment Project and Asset Management*, 2016, 6 (1): 58 – 73.

［26］ 张红平、叶苏东:《基于 AHP – DEMATEL 的 PPP 项目关键成功因素相互关系研究》,《科技管理研究》2016 年第 22 期, 第 203 ~ 207 页。

［27］ Osei – Kyei R, Chan A P C. "Perceptions of stakeholders on the critical success factors for operational management of public-private partnership projects", *Facilities*, 2017, 35 (1/2).

［28］ 张喆、贾明、万迪昉:《PPP 合作中控制权配置及其对合作效率影响的理论和实证研究——以中国医疗卫生领域内的 PPP 合作为例》,《管理评论》2009 年第 9 期, 第 29 ~ 38 页。

［29］ 孙慧、范志清、石烨:《PPP 模式下高速公路项目最优股权结构研究》,《管理工程学报》2011 年第 1 期, 第 154 ~ 157 页。

［30］ 柯永建:《中国 PPP 项目风险公平分担》, 博士学位论文, 清华大学, 2010。

［31］ 冯珂、王守清、伍迪等:《基于案例的中国 PPP 项目特许权协议动态调节措施的研究》,《工程管理学报》2015 年第 3 期, 第 88 ~ 93 页。

［32］ 李佳嵘、王守清:《再融资在国外 PPP 项目中的应用及对我国的启示》,《第八届中国项目管理大会论文集》, 中国(双法)项目管理研究委员会主办, 北京, 2009。

［33］ 刘宇文:《PPP 项目再融资最优资本结构研究》, 博士学位论文, 清华大学, 2012。

［34］ 陈晓红、郭佩含:《基于实物期权的 PPP 项目政府补偿机制研究》,《软科学》2016 年第 6 期, 第 26 ~ 29 页。

［35］ 李明顺、陈涛、滕敏:《交通基础设施 PPP 项目实物期权定价及敏感性分析》,《系统工程》2011 年第 3 期, 第 67 ~ 73 页。

［36］ 杨宏山:《整合治理:中国地方治理的一种理论模型》,《新视野》2015 年第 3 期, 第 28 ~ 35 页。

制度建设篇

System Construction

B.3

PPP 的制度与能力建设

摘　要：　本文从 PPP 项目的分类展开，分析了政府付费类和特许经营
类 PPP 项目的实施关键要点，阐述了 PPP 制度与能力建设的
内涵和重大意义。结合国内和国际案例，本文重点分析了两
类 PPP 项目的制度和能力建设要点，概括总结我国 PPP 的制
度与能力建设的成绩与不足，最后对我国 PPP 的制度与能力
建设提出建议。

关键词：　PPP　政府付费　制度和能力建设　特许经营

---

* 王强，上海城投集团战略企划部高级主管，上海社会科学院 PPP 研究中心秘书长。

一 制度与能力建设在推行 PPP 模式中的重要意义

（一）PPP 的基本概念

PPP 是一个舶来品，虽然在古代和近现代历史上零星出现过民间资本参与政府基础设施建设的案例，但是更加规范的、符合当代理念和要求的 PPP 自 20 世纪八九十年代首先在英国诞生以来，已经逐步传播到全世界。经过 30 多年的不断实践、完善，PPP 已经成为全球基础设施、公用事业和公共服务领域解决政府资金不足，应用市场机制和手段的重要方式，并已在国际上形成长期性的发展趋势。

从国内外 30 多年的 PPP 实践来看，PPP 模式的种类多样，并且在定义上有广义和狭义之分。狭义的 PPP 专门指公共部门（多数情况下指政府机构）委托私营部门（多数情况下指市场企业）提供基础设施和公共服务，并由公共部门通过财政向私营部门支付。狭义的 PPP 类似于政府向市场企业购买服务。广义的 PPP 模式除了政府付费以外，还包括由市场企业提供基础设施和公共服务，并由用户消费者向市场企业进行支付的项目，以及更加复杂的项目。既包含政府付费，又包含用户付费，还包含市场企业基于项目进行其他业务开发经营获利的情况。但是，无论是广义还是狭义 PPP 模式或项目，都要具备三个基本特点，PPP 的关键特征包括三个方面：

一是私营部门利用自身的专业优势和能力优质高效地长期提供公共服务；

二是公共部门的大部分风险向私营部门转化，私营部门通过管理风险和提供公共服务获得盈利；

三是公共部门和私营部门针对本项目签订长期协议，明确双方责权利。

（二）PPP 项目的分类及其关键点

1. PPP 项目的分类

虽然 PPP 有广义和狭义之分，但是通过各国实践，PPP 项目主要分为两类：一是主要由政府向社会资本付费的政府购买型；二是主要由消费者和用户向社会资本付费的政府管制型。根据世界银行 PPIAF（Public Private

Infrastructure Advisory Facility）的解释，政府购买型也称为 Availability - based
PPP（以服务绩效可用性为基础），政府管制型也称为 Concession PPP（以特许
经营权为基础）。

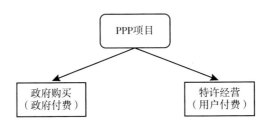

图 1　PPP 项目两大分类

　　简而言之，PPP 项目主要分为两大类，即政府购买和特许经营（见图 1）。
在实际运作中，特别是投融资机制方面，会出现两类 PPP 相互融合的情况。
例如，在市政排水和污水处理的 PPP 项目中，排水公司可以向居民用户收取
一部分污水处理费，并将收取的污水处理费首先移交至政府相关部门，政府再
通过财政补贴，结合污水处理费一并拨付给排水公司和污水处理公司，这在国
内已经成为普遍的做法。虽然其中有用户付费的成分，但不能改变最终由政府
付费的实质。在其他一些 PPP 项目中，虽然社会资本主要是通过用户付费的
方式来获得回报，但是为了吸引社会资本，政府会对项目的资本性投资进行一
定比例的补贴，同样不能改变特许经营项目中用户付费的实质。除了政府购买
和特许经营类 PPP 项目以外，按照项目收入来源分，肯定还有其他 PPP 类型，
如社会资本开发本项目以外的其他经营收益获利，但在传统的市政基础设施和
公用事业领域，主要还是以政府购买和特许经营为主。

　　2. 两类 PPP 项目的实施关键要点

　　政府购买类和特许经营类 PPP 项目实施关键要点对比如表 1 所示。

（三）制度与能力建设的意义

　　基础设施和公共服务引入市场机制，或者更进一步由市场企业来提供，是
近 30 年来世界范围内的一个重要趋势，这对无论是发达国家还是发展中国家
来说都是新的事物、新的命题。政府、企业和用户都要构建新的游戏规则。

表1　两类 PPP 项目实施要点对比

要点	政府购买类 PPP 项目	特许经营类 PPP 项目
关系	政府与社会资本是商业购买关系，两者是平等的交易主体。由于涉及公共利益，社会资本要保障公共服务按质按量、及时高效地提供，政府对社会资本按照服务绩效及时支付，弥补社会资本的成本并给予一定的盈利	政府将公用事业的经营权在一定时期内转授给社会资本和市场企业。政府与社会资本形成行政授权与被授权关系。由社会资本和市场企业对公用事业进行垄断经营并向用户收费
协议	政府通过市场竞争招标等方式选择社会资本，并与社会资本签订 PPP 项目协议，由社会资本在一个较长的经营期内提供基础设施和公共服务，政府通过财政支付。政府与社会资本的责权利在 PPP 项目协议中约定	政府与社会资本或市场企业签订特许经营协议。社会资本与市场企业为特许经营者提供服务后向用户收费。三者形成企业供给、用户付费、政府监管的权责关系。政府与社会资本的责权利在特许经营协议中约定
边界	在一个较长的经营期内，项目的边界清晰而稳定。项目的边界包括服务范围、服务的数量和质量及其标准是稳定的，并且需要通过 PPP 项目协议固定	项目在一定时期内由社会资本垄断经营。项目的边界并不严格固定。项目的服务范围、服务数量会随着城市规划变化进行调整，服务的质量和标准也会随着国家行业规划进行升级和改变。特许经营协议中要有灵活的变更机制
支付	政府对社会资本的支付是以社会资本的服务绩效为基础的，即支付水平与服务绩效水平挂钩。支付水平与服务价格以及调价机制在 PPP 协议中约定。政府根据协议通过支付与扣款对社会资本的服务绩效进行合同监管	社会资本向用户收取的服务费价格是服务得以持续保障的核心，也是调节企业与用户关系、激励企业绩效、惩罚企业违规违约的砝码。政府拥有确定价格的最终权力，定价权是政府实施过程监管的有力工具，激励企业在项目边界不固定的条件下持续投资，提高运营绩效

1. PPP 制度与能力建设内涵

限于篇幅，本文讨论的 PPP 制度与能力建设仅限于政府及其公共部门部分，这也是 UNECE 所提出的 PPP 善治框架的核心部分。PPP 的制度建设有两层含义：一是相关利益各方形成的组织架构，包括政策制定方、相关法律和规范的制定方、项目的推动实施方、项目的评价、审计与监管方、项目最终服务的对象等；二是在这个组织架构中围绕 PPP 项目，这些利益相关者内部和彼此之间的游戏规则，包括指导 PPP 主要工作，明确项目各方责权利分配原则的基本法律、配套法律、法规；基础设施和公用事业各子行业以及相关行业

（如金融等）的法律、管理规范和规章，PPP 项目具体导则、实施细则，PPP 标准合同等。

PPP 的能力建设主要是指政府为了成功实施 PPP 项目而与社会资本和市场企业对接的专业知识、管理与实施能力以及团队组织。政府在知识和能力不足的情况下还可以引入外部资源。另外，PPP 的能力建设根据不同的项目种类也有不同的侧重点。

2. PPP 制度与能力建设的重大意义

自从 PPP 在 20 世纪八九十年代被推行以来，各国在推动基础设施实施和引入社会资本的同时，越来越多的国家发现与 PPP 相关的制度和能力建设的重要性，并将之置于 PPP 工作的首位。PPP 的制度与能力建设有如下重要意义。

（1）有助于提高社会资本的政策预期，降低风险预期

在 PPP 模式下，政府务必制定有效的政策来吸引社会资本投资基础设施和公用事业，并且通过明确各项制度、创新各种机制来提高社会资本对 PPP 项目的政策预期，甚至是将部分制度和机制上升至法律层面，提升政府 PPP 政策的稳定性，明确对社会资本参与 PPP 项目以后合理合法利益的保障，降低社会资本对风险的预期。

（2）有助于推动项目顺利落实，找到合适的社会资本

完善的 PPP 制度、机制和政府的专业能力、管理水平是 PPP 项目成功的重要保障。特别是政府良好的、全面的专业能力对 PPP 项目的遴选、项目实施方案和采购方案的设计与安排，最终为项目选择合适的社会资本以及对后续运营服务的监管都是必需的。即使是选择中介机构的外包服务，政府也需要对服务的质量和成果有专业的判断和决策能力。

（3）有助于成为项目后期监管的有力工具，提高运营管理水平

在 PPP 模式下，社会资本和市场企业提供的是基础设施全寿命周期的运营服务。除了项目前期设计、规划、融资和建设以外，后期的运营服务是整个项目成败的最为关键的部分。作为业主方的政府不仅要行使支付义务，还要承担对运营绩效监管的职能。与此同时，项目在后期还会遇到各种不确定，这就需要政府转移各类风险，甚至与社会资本启动并完成再谈判，保障 PPP 项目持续稳定运行。

（4）有助于取得全社会对政府相关政策的理解与支持

UNECE 所推行的 PPP 善治原则将"以人为本"（Put People First）放在

重要的位置，并且要求 PPP 的各项制度、流程和机制公开，争取公众的评议。政府制定 PPP 制度后并公之于众，有利于强化公众及用户对 PPP 游戏规则的理解并参与修订不完善之处；在保护自身利益的同时，有助于达成政府、企业和社会公众用户的三方谅解，支持项目早日落地、建成和平稳运行。

（5）有助于推动全行业全面转型升级

PPP 模式强调发挥社会资本和市场企业的专业优势，整合资源，提高风险管控能力以及提供优质高效的公共服务，这对传统模式下运作的市政基础设施和公用事业行业是难以做到的。完善的 PPP 制度、操作流程和运作机制，以及在项目实施中业主方的专业能力和管理水平，不仅是单个市场企业的指导原则和工作要求，而且会影响整个行业的转型和行业游戏规则的改变，使全行业走上更加适应市场需求，全面提升经营能力的轨道上来。

二　PPP 制度建设的要点

（一）政府支付类 PPP 项目的制度建设

1. 各相关利益主体及其责权利的安排

在政府层面，PPP 各相关利益主体包括宏观政策和管理部门、基础设施各行业政策与管理部门、中央和地方的立法部门、PPP 政策与项目推动部门（国家和地区）、财政和金融主管部门、国家层面的审计部门和政策建议部门。中英两国 PPP 顶层体系对比如表 2 所示。

表 2　中英两国 PPP 顶层体系对比

类别＼国家	英国	中国
宏观政策与管理	副首相、财政部	国家发展改革委、财政部
行业政策与管理	如英国地区、农村、环境部（Defra）、英国公路署	如住房和城乡建设部、交通部
立法	中央和地方议会	全国人大、国务院法制办
PPP 政策与项目推动	合作英国（Partnersip UK）政府采购办公室（OGC）	财政部 PPP 中心、地方政府采购平台

类 别　国　家	英国	中国
财政与英国金融	财政部、英格兰银行	中国人民银行、证监会、银监会、保监会
国家审计	国家审计办公室（NAO）	国家审计署
监督与建议	英国议会	全国人大、全国政协

2. 相关的法律法规以及 PPP 项目实施导则

英国并不存在明确的 PPP 法，主要依靠《公司法》等市场企业惯常使用的法律条文来规制，此外还有《地方政府法（合同）法》、公共部门合同规章和公用事业合约规章等约束各方在 PPP 事务上的行为。为了避免 PPP 和特许经营概念的混淆，联合国国际贸易法委员会在 1996 年颁布《私人融资基础设施项目立法指南》，对一个国家的 PPP 立法提出了框架性建议，并分别在 2001年、2004 年和 2006 年进行修订。主要内容包括一般立法和制度框架；项目风险与政府支持；特许经营者的选择；基础设施的建设和运营；争议解决；项目协议的持续、延长和终止以及立法与其他法律的关系等。

除了 PPP 的上位法以外，在具体操作中各国针对 PPP 项目的关键要点也出台了实施导则。例如，英国在 2000 年前后出台了 7 个 PPP/PFI 的技术导则（Technical Note），内容涉及 PPP 项目的会计准则、项目招标信息公布；外部顾问的聘用与管理；与中标人合作；公共部门比较值（PSC）的构建；长期合同的管理和 PPP 项目的设计品质等。另外在不同种类的项目上各行业主管部门还出台了不同的操作准则与规则，如养老、学校和医疗项目。

3. PPP 项目操作规程与实施要点

PPIAF 在 2016 年底首次公布了《PPP 采购比较（2017 版）》，总结了 PPP 项目的一般操作规程，并提出了最佳实践。PPIAF 总结的 PPP 操作规程包括四个部分，即 PPP 项目准备、PPP 项目采购、PPP 自提方案和 PPP 合同管理。其中项目准备、项目采购和合同管理对我国有重要的借鉴意义，PPP 项目民间自提在其他国家也并不普遍。这些说明，项目准备、项目采购和合同管理为 PPP 项目实施的基本组成部分，也是保障 PPP 项目顺利高质实施的基本制度。英国审计署（NAO）在 1999 年提出要提升 PPP 项目质量，建议增加项目评估。

（二）用户支付类 PPP 项目的制度建设

1. 各相关利益主体及其责权利的安排

用户支付类 PPP 项目的主要特点是社会资本和市场企业拥有垄断经营权和对用户的收费权。这些项目往往集中在水务、燃气、供暖等市政公用设施领域。在创新领域也可以设计用户付费的机制，如养老项目，但是在制度安排上还是要考虑用户的支付能力和调价意愿。限于篇幅，用户付费类（特许经营）PPP 项目的制度建设的讨论仅限于水务、燃气等特许经营类项目。

2. 相关法律法规、操作规范、特许经营合同

对于市政公用事业特许经营类 PPP 项目，除了有政府和社会资本签订的特许经营协议规制以外，上层的法律法规是至关重要的。例如在水务领域，英国有《水法》和《水工业法》，这些法律首先在顶层上规定了政府、水务企业和用户（无论是个人还是机构）的一般责任、权利、义务以及主要事项的操作原则。在我国各大城市和省会城市均颁布实施了供（排）水管理办法或供（排）水管理条例，不仅明确了地方水务主管部门的职责，规范了供排水企业的行为，多数还明确了用户付费的原则和方式，甚至包括水费定价原则。除了上层法律以外，政府主管部门还要对各公用事业行业制定行业服务操作规范、标准等，要求进入本地服务的企业遵照执行。

政府与社会资本签订特许经营协议也要在上述法律、法规和规范的框架下实施，原则上不能产生冲突。特许经营协议要明确在本项目中社会资本经营服务的范围；服务的标准；政府主管部门和社会资本各自的责、权、利；特许经营期限；定价原则和机制（要与行业管理办法相匹配）；政府补贴和支持；协议变更；信息报送与公开，争议解决等。

（三）特许经营类 PPP 项目需要建立的主要制度

除了垄断经营权和收费权以外，特许经营类市政公用事业 PPP 项目还有一个特点就是，服务的边界处于经常性变化和调整之中。服务边界包括服务的质量、服务的数量和特许经营合同下的服务范围内部区划的调整，这就需要制定一些制度激励持续投资、保障运营、促进绩效。

（1）价格制度：明确服务价格的定价原则（如定价公式）、调价机制（调

价公式）和工作程序。

（2）监管制度：除了政府主管部门需要对特许经营企业提供的服务进行行业监管（包括服务质量、环保、安全等）外，还要建立对特许经营和企业成本监管的制度，主要包括定期进行成本监审，并明确进入价格的成本边界。

（3）信息报送与公开制度：除了绩效指标定期公开以外，特许经营企业的投资、生产和服务计划都要定期向政府主管部门报送备案。经监审的成本也需要定期向公众公布，作为调价的依据。

（4）绩效考核与比较制度：为了降低特许经营企业由于垄断而带来的低效率和成本不合理，政府主管部门可以对企业实施定期绩效考核和横向比较制度，包括对服务绩效指标考核后的横向比较以及经营成本的横向比较，促进政府主管部门对企业的真实绩效和成本水平的把握，提高信息的透明度，有利于定价决策。

三 PPP 能力建设的要点

（一）政府支付类 PPP 项目的能力建设

政府实施机关在开展政府付费类 PPP 项目过程中，在 PPP 项目的实施前期、中期和后期需要具备不同的能力。

1. 政府在项目前期需要具备的能力

（1）识别并选择项目的能力

并不是所有的基础设施和公共服务类项目都在初始阶段适合 PPP 模式。实施机关首先要了解自身承担风险的能力，明确需要向社会资本转移的风险，并能排列出 PPP 项目的先后实施次序。一般而言，能够按照 PPP 模式实施的项目边界清晰，商业模式和技术路线成熟，收入稳定。政府实施机关要对拟按照 PPP 模式实施的项目的边界、可能的商业模式、技术路线、收入和现金流状况有清晰的把握。

（2）模式和方案设计的能力

虽然适应 PPP 项目的商业模式相对成熟，但是每一个 PPP 项目都有各自的特点。政府实施机关还要对 PPP 项目的经营模式和具体实施方案做一个详细的设计、比选和优化，其中还要包括项目各种风险的识别、自身风险承担能力的确认以及风险转移方案的设计。虽然这其中的部分工作可以借助咨询顾问来完成，但是最终还是需要通过政府及其实施机关来决策。

2. 政府在项目中期需要具备的能力

（1）选择和制定采购方案的能力

政府完成实施方案设计后，在进入招商阶段之前，需要研究和制定采购方案。采购方案的目的是为 PPP 项目最终找到合适的社会资本。主要包括明确采购对象（目标企业）、采购方式（直接招标还是竞争性磋商或对话）、采购策略（如何保持适度的竞争压力，并能够找到理想的采购对象），采购流程和采购期限与成本等。

（2）把握市场动态趋势的能力

PPP 是政府和市场企业的合作，对待市场，政府要"知己知彼"，对市场的一般情况要有正确的把握。需要了解的市场情况包括适合 PPP 项目的主流技术、市场的平均成本、对能够承担项目的市场主体的特点以及优劣势有清晰的把握、对市场上的主要融资方式与融资成本以及趋势有基本掌握。对市场情况的了解，需要政府相关部门的长期跟踪和积累。

（3）选择适当合作伙伴的能力

采购方案既定，政府及其实施机关就要组织一套精干的班子实施采购，最终要使理想的采购对象入围，并通过竞争性谈判使理想的采购对象压低报价，接受政府的条件。采购班子覆盖的专业力量尽可能全面，并且要有经验丰富的人员参与。采购班子不仅要明确和清晰描述采购要求（甚至细化）和目标，明确合理报价范围，并且要在投标人提出的各种方案中选择最优或者次优但更加适合的选项。除此以外，实施机关还要有能力组织更加专业的团队（包括外部专家）组织竞争性谈判和对话，并对项目合同的关键问题与最后入围的社会资本展开谈判。

3. 政府在项目后期需要具备的能力

（1）项目实施监管与支付的能力

项目进入后期实施阶段，政府和实施机关的主要工作就是按照社会资本运营服务的绩效进行支付。首先，实施机关要对社会资本的日常绩效达标情况有精准的评估，并结合评估的成果和项目合同的支付标准对社会资本进行支付或

扣款，务必做到服务达标后及时付款，并保持自身拥有可持续的、及时的支付能力。

（2）项目合同谈判与再谈判的能力

PPP 进入实施阶段以后，特别是项目的中后期阶段，往往会遇到项目条件的重大变更，或者本身的项目合同不够完备导致对合同的执行有重大影响，这就要启动项目合同的谈判和再谈判。与项目采购阶段不同，此时社会资本就会处于优势地位，议价能力就会大幅提升。政府和实施机关就要提高自身谈判和再谈判的能力，尽可能通过事先约定的各项机制保持谈判的优势地位，甚至是在项目的部分环节设定再招标的权利，继续保持对社会资本的竞争压力。此外，对再谈判不能达到双方目标的情形，政府还要具备争议解决的能力。

（二）用户付费类 PPP 项目的能力建设

用户付费类 PPP 项目往往采用特许经营模式，并且多数集中于网络型市政公用事业领域。在特许经营模式下，由于存在投资和运营服务边界调整的情形，政府主管部门实施对项目的过程监管而不是类似于政府付费类 PPP 项目的最终绩效监管。所以，围绕过程监管，政府需要具备如下能力。

（1）过程监管能力

过程监管是政府主管部门不仅对企业的产出绩效进行监管，还要对企业递交的特许经营期间重大的投资和经营计划进行专业审核，使特许经营企业的投资和生产经营符合特许经营合同的要求，同时满足政府的预期。

（2）成本监审能力

由于实施了过程监管，政府主管部门需要对企业进入定价范围的成本进行定期监审，了解企业成本的合理性，并使之成为定价的基础。虽然此部分工作可以通过外聘审计公司来完成，但对最终结论的判断还需要政府主管部门掌握，并且政府首先要明确进入监审的企业成本的范围，既要约束企业的垄断经营，又要激励企业提高绩效。

（3）定价和调价能力

对服务价格的确定和调整是特许经营项目过程监管的核心。虽然初次价格可能是通过招标来确定的，但是政府主管部门还是需要明确定价和调价公式、调价机制、调价周期以及调价工作机制。调价工作机制包括调价工作的组织和程序。除此之外，政府还要对公众用户的支付能力和相关舆情有正确把握，并做好引导宣传工作。

（4）把握市场动态趋势能力

如同政府支付类 PPP 项目，为了对特许经营者的真实绩效和经营成本进行正确评估，政府还要对行业的主要技术和趋势、行业的主要绩效指标的平均水平、平均成本有客观把握，为定价和其他决策提供依据。

四　对我国 PPP 制度与能力建设的建议

（一）我国 PPP 制度与能力建设的成果与不足

1. 我国近年来 PPP 制度与能力建设的成果

2014 年以来，经过中央和地方政府的共同努力，我国已经初步建立起 PPP 的制度与能力建设体系，并且其中的内涵也逐渐丰富、充实。主要的成果如下。

（1）法律

为了推动我国 PPP 事业的发展和基础设施领域的投融资体制改革，发挥市场在资源配置中的决定性作用，从 2014 年下半年开始，国务院、国家发展改革委、财政部连续发文，从各个层面建立我国 PPP 的制度框架。这些指导意见和管理办法不仅建立了我国 PPP 项目的制度原则，并且成为项目实施过程中的法律依据，成为政府引进社会资本、推动 PPP 相关立法的基础。

（2）中央和地方的 PPP 操作导则

在具体操作方面，财政部和国家发展改革委对 PPP 实践中的重大事项均做出了规定。财政部颁布的操作规范和导则有《政府和社会资本合作模式操作指南》《政府和社会资本项目财政承受能力论证指南》《政府和社会资本合作物有所值评价指引》等；国家发展改革委颁布了《政府和社会资本合作通用合同指南》《传统基础设施领域实施政府和社会资本合作项目工作导则》等。

（3）中央和地方的 PPP 中心

在中央政府层面，设置专门推动和协调 PPP 事务的专业机构是 PPP 模式实施成功国家的重要经验。我国在 2014 年成立了财政部 PPP 中心，该中心的

主要工作是为中国 PPP 建立制度框架、监督 PPP 项目的开展和监督，提供适当的政策支持。与此同时，我国各省级政府也组建了 PPP 中心或者相应的实施机构，推动落实各省的 PPP 项目。2015～2016 年，财政部 PPP 中心先后组建了 PPP 项目信息平台和 PPP 专家库，并出台了相应的管理规则，这对于促进 PPP 项目的信息公开具有积极意义。

（4）PPP 各行业配套办法和实施细则

除了国家发展改革委和财政部以外，其他部委也纷纷出台各个基础设施和公用事业行业推动 PPP 模式的办法和配套政策。交通运输、环境环保、能源水利、教育医疗以及国土资源等多个领域都积极引入 PPP 模式，并形成了项目开发的一些基本原则。

2. 我国 PPP 制度与能力建设的不足

PPP 在我国还是一个新生事物，如何正确地吸收和领会 PPP 的精髓，如何将国外业已投入实践的 PPP 模式结合我国的实际情况落地生根并成为主流模式，还有较长的路要走。尽管近年来我国在这方面已经有不错的成绩，但是尚有不足之处。

（1）顶层制度设计尚需完善，PPP 与特许经营的内涵与范围尚不清晰

虽然目前 PPP 项目落地的速度正在加快，各种操作性的文件也陆续推出，但是截至目前，PPP 模式的顶层制度设计还需要进一步完善。除了需要明确政府相关部门的作用和职责以外，还需要明确政府和社会资本与市场企业之间的地位和职责，其中包括争议解决途径等重大问题。另外，同样是引入社会资本，政府购买型 PPP 与特许经营之间的边界、内涵与适用领域与范围尚不清楚，给项目实施带来困难。政府和社会资本的职责定位不清晰，也是造成两者不明晰的重要原因。

（2）各部委对具体问题的认识和处理不统一，专项导则较为缺乏

由于 PPP 在我国是新生事物，对 PPP 模式的理念、适用范围、实施流程和关键环节的要求等具体问题，相关部委的认识并不精确和统一，相关政策也不尽相同，这对我国 PPP 制度与能力建设目标的实现带来一定的影响。另外，PPP 项目实施的各业务环节和各行业 PPP 项目实施的导则还需要进一步明确，否则 PPP 项目的实施水准参差不齐，也会严重影响 PPP 项目的实施成效。

（3）中介公司的专业水准普遍较低，对政府部门人员的培训不到位

由于我国近年来大量推出 PPP 项目，加之地方政府要求项目尽快落地，缩短项目的前期工作所耗用的时间，因此涌现了大量的咨询公司以及其他的中介机构。中介机构专业积累程度不足，专业水准普遍不尽如人意，同时也给政府部门人员的培训质量带来不利影响。

（二）对我国 PPP 制度与能力建设的建议

从各国实践经验来看，PPP 的制度和能力建设对一国推进 PPP 模式的成功与否具有重大意义。同样，我国也要将 PPP 的制度与能力建设放在特别重要的位置上，甚至比推动项目落地更加重要。

1. 实施国家培训计划

近三年来，我国从中央到地方开展了大量的 PPP 模式的培训和项目推广工作，其中还包括各个咨询与培训机构组织的各类培训。建议实施国家培训计划，开展多层次、多专业的 PPP 培训。其中比较重要的对策包括明确专业的培训机构，中央相关政府部门制订国家 PPP 培训计划和实施大纲，不仅要对政府部门进行培训，而且要对各类中介机构以及社会资本进行培训，还要定期考察培训质量和成效。此外，还要加大对政府部门内部专业团队的培养力度，在高校要设置 PPP 相关课程，从基础上培养 PPP 人才。

2. 加大行业专题研究

随着 PPP 项目的开展，原先在传统模式下的基础设施和公用事业潜在的问题就会暴露出来，比如公用事业的服务价格机制、监管制度、政府项目决策流程等，这都需要中央层面结合地方实践，开展专题研究，研究的成果就可以用于 PPP 项目的制度、机制和模式设计。这些研究都需要提前完成，并对成熟的成果进行交流，形成政策。加大专题研究，将有效降低 PPP 项目决策的随意性，提高项目决策水平。

3. 提高项目管理水平

做好 PPP 项目的关键是项目管理，不仅要选择社会资本，还要严格考察设计、建设和运营单位。要不断提升 PPP 项目的实施和管理水平，包括细化和完善各个环节操作要素，优化项目的实施流程，完善各行业 PPP 项目的操作规则，形成可行和可持续的运作模式，切实提高 PPP 项目的质量。

4. 重视项目中后期评估

PPP 项目重视全寿命周期管理，项目建成以后的后续运营管理是决定 PPP 项目成败的关键，同时 PPP 项目的边界往往会在项目的中后期有比较明显的变化，需要政企双方妥善处理。项目的中期和后期评估对审视项目前期方案设计、项目前期采购的成效、项目中期和后期社会资本的实施绩效以及政企双方的合作成果，最终维持项目持续稳定的运行有良好的正面作用，也对政府和专业机构汲取 PPP 项目成败的经验有现实好处，有助于我国 PPP 的制度与能力建设。

B.4
我国的 PPP 政策环境及法制建设

刘世坚*

摘　要： 本文从中国 PPP 的相关政策环境和法律制度的概况入手，对 2014 年以来 PPP 的重要政策法规进行了全面梳理，并加以评述。在此基础上，本文总结了中国 PPP 可持续发展所面临的若干问题，并就此提出了 PPP 的系统性立法建议。

关键词： PPP　政策环境　立法

一　我国的 PPP 政策环境

（一）概述

2013 年党的十八届三中全会明确提出"允许社会资本通过特许经营等方式参与城市基础设施投资和运营"，2014 年下半年，随着《国务院关于加强地方政府性债务管理的意见》（国发〔2014〕43 号文）、《国务院关于深化预算管理制度改革的决定》（国发〔2014〕45 号）、财政部《关于印发〈地方政府存量债务纳入预算管理清理甄别办法〉的通知》等文件的出台，政府与社会资本合作模式（下称"PPP 模式"）成为地方政府投资兴建基础设施和公共服务项目的首选模式。

尽管如此，PPP 法制建设依然存在较大问题，突出表现为立法层级较低、上位法缺位、部委协调不顺、PPP 模式与现行法律法规及政策框架之间存在冲

---

* 刘世坚，北京清控伟仕咨询有限公司总经理，中国 PPP 咨询机构论坛副秘书长。

突等方面。2016 年 7 月 7 日，国务院常务会议确认了国家发展改革委和财政部在 PPP 领域的主管职能分工，即前者负责传统基础设施领域，后者负责公共服务领域。两部委随之再度发力，出台了多个重磅文件。同时，PPP 的立法工作也由国务院法制办牵头进行。

（二）主要政策文件评述

1. 中央及国务院层面

（1）《国务院关于加强地方政府性债务管理的意见》（国发〔2014〕43号，下称"国发 43 号文"）

国发 43 号文由国务院于 2014 年 9 月 21 日发布并实施。国发 43 号文围绕建立规范的地方政府举债融资机制展开，明确政府及其部门的举债方式，剥离了融资平台公司的政府融资职能，明确提出要推广使用 PPP 模式。该文件是规范地方政府性债务管理非常重要的一份文件，与 2014 年颁布的预算法有关内容相互呼应与衔接。出于控制地方政府债务无序增长的目的，国发 43 号文明确禁止了以往地方政府广泛采用的平台融资模式，将 PPP 模式列为地方政府合法融资的主要方式之一。

（2）《关于创新重点领域投融资机制鼓励社会投资的指导意见》（国发〔2014〕60 号，下称"国发 60 号文"）

国发 60 号文由国务院于 2014 年 11 月 16 日发布并实施。该文提出七大领域鼓励社会资本进行投资，同时规定支持开展特许经营权、购买服务协议预期收益质押贷款等融资创新机制，并鼓励金融机构对民间资本举办的社会事业提供融资支持。国发 60 号文首次以国务院发文的形式，倡导在若干重点发展领域（不限于城市基础设施建设领域）创新投融资体制，吸引和鼓励社会资本（特别是民间资本）参与投资。国发 60 号文对 PPP 模式的专章论述，以及与之有关的政策措施的后续安排，是 PPP 模式相关政策依据的重要来源。

（3）《关于在公共服务领域推广政府和社会资本合作模式指导意见的通知》（国办发〔2015〕42 号，下称"国办发 42 号文"）

2015 年 5 月 19 日，国务院办公厅转发了财政部、国家发展改革委、中国人民银行三部委发布的国办发 42 号文。该文件鼓励在能源、交通运输、水利、环境保护、农业、林业、科技、保障性安居工程、医疗、卫生、养老、教育、文化等公共服务领域采用 PPP 模式，吸引社会资本参与。国办发 42 号文强调了政府与社会资本在 PPP 模式中的平等地位，提出订立合同的双方应平等协商，法律地位平等，权利义务对等，互惠互利；注重全生命周期的绩效评价与监管以及公众知情和监督；为地方融资平台公司参与 PPP 项目指明了出路；提出在立法、财税、土地、金融、预算等方面予以支持或配套。在一定程度上，国办发 42 号文是对 2014 年下半年至 2015 年初出台的 PPP 相关政策法规的一次全面总结与深化，集中体现了财政部等部委对 PPP 模式的理解与定位。

（4）《中共中央、国务院关于深化投融资体制改革的意见》（中发〔2016〕18 号，下称"中发 18 号文"）

中发 18 号文由中共中央、国务院于 2016 年 7 月 5 日发布并实施，文中两次提及"政府与社会资本合作"，堪称截至目前国内提及 PPP 的最高层级政策性文件。该文首次提及通过"特许经营"和"政府购买服务"等方式鼓励政府和社会资本在交通、环保、医疗、养老等领域合作。该文提出，未来政府资金的投向将以非经营性项目为主，对确需支持的经营性项目，政府主要采取资本金注入方式投入，也可适当采取投资补助、贷款贴息等方式进行引导。

2. 国家发展改革委

（1）概述

国家发展改革委对 PPP 模式的推广主要着眼于促进政府投融资体制改革。尽管从已经出台的规范性文件来看，财政部的相关规范性文件较为全面、系统并具备较强的实操性，但国家发展改革委从项目端入手，在推动项目落地、优化管理、提高审批效率等方面更具优势。特别是在国务院常务会议确认两个部委在 PPP 领域的主管职能分工之后，国家发展改革委已着手在其主管的传统基础设施领域大力推广 PPP 模式，出台了若干重要文件，并在推动 PPP 项目与资本市场对接方面进行了积极尝试，引起业内极大反响。

（2）《关于开展政府和社会资本合作的指导意见》（含《政府和社会资本合作项目通用合同指南》）（发改投资〔2014〕2724 号，下称"2724 号文"）

2724 号文由国家发展改革委于 2014 年 12 月 2 日发布并实施。该文是国家发展改革委在 PPP 领域出台的一份纲领性文件，对 PPP 项目的适用范围、操作模式、工作机制等进行了规范，并同步发布了《政府和社会资本合作项目通用合同指南》。2724 号文开创性地将 PPP 项目分为经营性项目、准经营性项

目和非经营性项目三个类别，基于项目收费对投资成本的覆盖程度以及不同类别的项目分别建议了不同的适用模式，思路更为明确。2724 号文与财政部 113 号文（见下文）相比，在 PPP 项目的发起准备实施程序、操作模式、分类方式、出发点和适用范围等方面存在一定差别。

（3）《基础设施和公用事业特许经营管理办法》（国家发展改革委、财政部、住房和城乡建设部、交通运输部、水利部、中国人民银行令第 25 号，下称"25 号令"）

25 号令由国家发展改革委、财政部、住房和城乡建设部、交通运输部、水利部、中国人民银行六部委于 2015 年 4 月 25 日联合发布。相对于 2004 年前建设部发布的《市政公用事业特许经营管理办法》（中华人民共和国建设部令第 126 号，下称"126 号令"），25 号令总结了 126 号令以来特许经营项目的实践经验，并吸收了以往特许经营项目中被长期忽视的平等性、去行政化等诉求，既体现了对投资者权益的保护，也体现了控制政府支出、重视经营绩效等理念。由于效力层级所限，虽然 25 号令无法一次性解决特许经营乃至 PPP 项目发展所需要的制度建设问题，但对 PPP 项目各方了解特许经营模式的适用范围、基本要素和操作方式具有较好的指导意义。

（4）《关于切实做好传统基础设施领域政府和社会资本合作有关工作的通知》（发改投资〔2016〕1744 号，下称"1744 号文"）

在 2016 年 7 月 7 日国务院常务会议确定由国家发展改革委负责传统基础设施领域 PPP 工作后，国家发展改革委于 2016 年 8 月 10 日印发了 1744 号文，对能源、交通运输、水利、环境保护、农业、林业以及重大市政工程等基础设施领域推进 PPP 工作做出框架性的规定，提出建立基础设施 PPP 项目库、建立发展改革委与相关部门对项目的联审机制，要求将项目与是否适合 PPP 纳入可行性研究论证及决策，鼓励探索从多角度建立社会资本投资合理回报机制，特别强调了构建社会资本多元化退出机制，以及发挥金融机构的作用。

（5）《传统基础设施领域实施政府和社会资本合作项目工作导则》（发改投资〔2016〕2231 号，下称"2231 号文"）

2231 号文由国家发展改革委于 2016 年 10 月 24 日发布。该文明确了传统基础设施领域 PPP 项目的操作流程，并力图解决困扰 PPP 操作实践中的一些焦点和难点问题，如一般性政府投资项目审批流程的简化、项目法人变更、二次招标豁免等。该文还提出在现有投资项目在线审批监管平台（重大建设项目库）基础上，建立各地区、各行业传统基础设施 PPP 项目库，并逐步建立国家发展改革委传统基础设施 PPP 项目库。2231 号文体现了"简捷高效、科学规范、兼容并包、创新务实"原则，是当前传统基础设施领域 PPP 项目实施的主要指导性文件。

（6）《传统基础设施领域政府和社会资本合作（PPP）项目库管理办法（试行）》（下称"《管理办法》"）

《管理办法》由国家发展改革委于 2016 年 12 月 21 日发布。该文落实了 2231 号文第六条的规定，对传统基础设施领域的"PPP 项目库"做出进一步细化的操作规定，具体包括填报单位、填报信息、对信息的审核和项目推介等。据此，国家发展改革委和财政部分别建立了独立的 PPP 项目库。

（7）《关于推进传统基础设施领域政府和社会资本合作（PPP）项目资产证券化相关工作的通知》（发改投资〔2016〕2698 号，下称"2698 号文"）

2698 号文由国家发展改革委、中国证监会于 2016 年 12 月 21 日发布。其发文依据是中发 18 号文和国发 60 号文，发文目的在于创新 PPP 项目融资方式，适用范围则是在传统基础设施领域。根据该文，资产证券化制度对接的主要是 PPP 项目存量资产，这为盘活存量资产，打通 PPP 项目融资渠道提供了很好的思路。该文也对可进行资产证券化的 PPP 项目范围和条件进行了说明，明确了三大保障机制（风险监测、违约处置和市场化增信）的建设。2698 号文对于完善 PPP 项目的融资方式、激发市场主体的积极性大有裨益。但从实务角度来看，PPP 项目的资产证券化还有若干技术性问题（例如基础资产的界定、风险隔离、增信和出表等）需要解决，相关配套政策法规也有待修改与完善。

3. 财政部

（1）概述

国发 43 号文之后，财政部从地方债控制和预算管理切入，从组织、立法和示范项目三个层次依次推进 PPP 相关工作，相继出台了一系列文件，从概念梳理、适用范围、操作流程，以及政策红线的划定等几个方面给予 PPP 项目参与各方，特别是地方政府非常明确具体的指导意见，从而获得各省份的积极响应，PPP 的发展态势也为之一新。目前，财政部提出并倡导的 PPP 项目实

施方案、财政承受能力论证和物有所值评价已经成为绝大多数 PPP 项目的标配，PPP 项目的政府支出责任纳入中期财政规划和地方政府预算的要求也逐渐得到认可和执行。除部门规章和规范性文件之外，财政部也曾就 PPP 立法做出尝试，于 2016 年推出《政府和社会资本合作法》（征求意见稿）。

（2）《关于印发〈政府和社会资本合作模式操作指南（试行）〉的通知》（财金〔2014〕113 号，下称"113 号文"）

113 号文由财政部于 2014 年 11 月 29 日颁布，该文是针对 PPP 项目全生命周期的规定，阐述了 PPP 项目识别、准备、采购、执行、移交各环节的操作流程，是财政部此前有关 PPP 模式制度化设计的阶段性总结，并很快成为地方政府、咨询机构实施 PPP 项目的主要依据之一。但该文件确立的以财政部门作为 PPP 项目牵头部门的评审机制与国内长期以来的由发改部门负责项目审批的管理体系之间存在协调方面的问题。

（3）《关于印发〈政府和社会资本合作项目政府采购管理办法〉的通知》（财库〔2014〕215 号，下称"215 号文"）

215 号文由财政部于 2014 年 12 月 31 日颁布。215 号文对 113 号文中"项目采购"做了呼应和落实，在政府采购的整体法律框架下，全面规范了政府和社会资本合作（PPP）项目政府采购行为。215 号文明确了 PPP 项目采购方式包括公开招标、邀请招标、竞争性谈判、竞争性磋商和单一来源采购。为保证 PPP 项目采购的成功率以及项目采购的质量和效果，215 号文在采购程序中为 PPP 项目采购设置了强制资格预审、现场考察和答疑、采购结果确认谈判等环节。

（4）《政府和社会资本合作项目财政承受能力论证指引》（财金〔2015〕21 号，下称"21 号文"）

21 号文由财政部于 2015 年 4 月 7 日发布。21 号文规定了 PPP 项目全生命周期过程中财政支出责任的计算公式，并明确要求年度 PPP 项目（包括新旧项目）的财政支出占一般公共预算比例不超过 10%。

（5）《PPP 物有所值评价指引（试行）》（财金〔2015〕167 号，下称"167 号文"）

167 号文由财政部于 2015 年 12 月 18 日发布。根据 167 号文，物有所值评价是判断是否采用 PPP 模式代替政府传统投资运营方式提供公共服务项目的一种评价方法，包括定性评价和定量评价。

（6）《关于组织开展第三批政府和社会资本合作示范项目申报筛选工作的通知》（财金函〔2016〕47 号，下称"47 号文"）

47 号文由财政部联合十九部委于 2016 年 6 月 8 日发布。自 2014 年财政部推出首批 PPP 示范项目以来，示范项目的评审和复制对 PPP 模式的推广起到了较好的作用。与此前不同，第三批 PPP 示范项目的申报筛选由财政部与相关行业部委横向联合开展，注重与"十三五"期间重大问题、重点项目的有机衔接，鼓励行业破冰、区域集群和模式创新。

（7）《财政部关于在公共服务领域深入推进政府和社会资本合作工作的通知》（财金〔2016〕90 号，下称"90 号文"）

90 号文由财政部于 2016 年 10 月 11 日发布。90 号文提出要严格区分公共服务项目和产业发展项目，在能源、交通运输、市政工程、农业、林业、水利、环境保护、保障性安居工程、医疗卫生、养老、教育、科技、文化、体育、旅游等公共服务领域深化 PPP 改革工作，并要求开展两个"强制试点"，即在垃圾处理、污水处理等公共服务领域，新建项目"强制"应用 PPP 模式，对有现金流、具备运营条件的项目，"强制"实施 PPP 模式识别论证。

（8）《政府和社会资本合作项目财政管理暂行办法》（财金〔2016〕92 号，下称"92 号文"）

92 号文由财政部于 2016 年 9 月 24 日发布并实施。92 号文延续了 90 号文下的适用范围，对 PPP 项目财政预算管理做出了明确规定，并和《预算法》等法律法规进行衔接，解决了以往 PPP 项目签约和预算批准周期错配的问题，并允许在不影响所提供服务稳定性和公共安全的前提下，运营期内社会资本方可以全部或部分退出。

（9）《财政部驻各地财政监察专员办事处实施地方政府债务监督暂行办法》（财预〔2016〕175 号，下称"175 号文"）

175 号文山财政部于 2016 年 12 月 20 日发布。该文延续了国发 43 号文以来财政部对地方政府和融资平台公司融资行为的限制性要求，并对实践中大量存在的不规范融资行为做出了严格限制，也是自《财政部关于进一步做好政府和社会资本合作项目示范工作的通知》（财金〔2015〕57 号）发布以来，对财政部多个文件中提到的"保底承诺、回购安排、明股实债"等"伪 PPP"项目的特征进行明确阐述的一份文件。

二 我国的 PPP 法制建设

（一）概述

PPP 项目在我国的发展已经进入了一个前所未有的全新阶段——机遇与挑战并存，希望与困惑同行，问题与答案相克相生。面对这样一种错综复杂的局面，PPP 模式要实现可持续发展，应当着重解决以下几个方面的问题。

1. 顶层设计

PPP 模式与我国现有的法律法规体系存在较多冲突。随着 PPP 模式适用范围的迅速扩大，以及相关项目的推进与落地，由上述冲突所引发的诸多合规性问题逐渐浮出水面。有关部委为 PPP 模式颁发的规范性文件不足以解决此等冲突，有时甚至会不自觉地成为更新冲突的始作俑者。这无疑与政策制定者的初衷不符，但在 PPP 上位法出台和体系性立法完成之前，这有可能将是一个长期存在的问题。就此，我们建议逐步完成 PPP 领域高位阶立法及配套法规制度建设，而不能把太多希望寄托于部委规范性文件之上。

2. 法律冲突

（1）与招标投标法、政府采购法的冲突

社会资本的遴选程序。虽然竞争性磋商在一定程度上缓解了冲突，但又有被滥用的现象，且与特许经营相关法规存在矛盾。

二次招标豁免。目前市场上普遍存在的竞争性磋商和二次招标豁免并行的操作存在违规风险。

政府购买服务适用。政府购买服务和 PPP 模式的适用范围存在混淆，实践中大量存在政府购买服务被滥用以规避 PPP 相关审批和监管的问题。

（2）与行政许可法、行政诉讼法、合同法、仲裁法的冲突

特许经营权、PPP 项目合同下政府方对项目公司的其他授权（不直接体现为特许经营）是否属于行政许可，或在某种程度上具备行政许可的性质，有待明确。我们认为，无论是从行政许可的定义和 PPP 的定位来看，还是从简政放权的政策导向来看，均不宜做此认定。

PPP 项目合同/特许经营协议的合同性质，特别是特许经营协议是否可以

适用合同法的一般规则，有待明确。我们认为，可以明确将 PPP 项目合同/特许经营协议界定为平等主体之间的民事合同，但政府部门（包括 PPP 项目实施机构）并不因此自动丧失其针对项目公司的法定行政权力。或者退而求其次，基于后法优于前法、特殊法优于一般法的原则，直接明确 PPP 项目合同/特许经营协议的特殊合同性质。如果 PPP 项目合同/特许经营协议被界定为特殊性质的合同，则该等合同项下的争议不属于行政争议（法律明确列举的行政争议事项除外），双方可以自行选择争议解决方式。仲裁庭或民事诉讼法院也应有权对该等合同项下的争议性质依法加以裁定。

（3）与土地管理法的冲突

目前国土资源部已就有关问题做出了局部突破，如土地的有偿使用原则与 PPP 项目的公共服务属性之间的关系；土地开发权益作为 PPP 项目收益来源的合法性问题；土地使用权取得和社会资本确认环节的衔接等，仍有待立法的进一步明确。

（4）与项目核准及审批制度的冲突

PPP 项目属于政府投资项目还是企业投资项目？具体如何界定？这些问题关系到特定 PPP 项目走审批还是走核准，也关系到立项和报建主体的明确。可以考虑通过部门联审机制解决，避免重复审批和多头管理的问题，同时防止"可批性研究"和"可通过论证"的弊端。

（5）与国有资产管理法的冲突

政府方出资、国有资产转让和社会资本公开遴选程序应协调统一。依据 PPP 项目合同/特许经营协议进行的股权回购、国有资产转让、项目公司移交股权或者项目设施等安排，应被视为符合国有资产管理的系列规定。

（6）与担保法、物权法、证券法的冲突

应明确允许基于特许经营权、PPP 项目收益权等进行的融资（质押贷款、项目收益债、资产证券化），并配套相应的管理制度，并为专门的、可以实现风险隔离及破产隔离的 SPV 立法留出接口。

3. 潜在争议

从各方汇聚而来的信息看，PPP 项目确实正在积累大量潜在争议，今后几年集中爆发的可能性正在增大。PPP 项目既不是普通的市场买卖，也不是零和游戏，公私双方的利益并不局限于项目本身，而与社会公共利益密切相关。从

根本上来说，PPP 项目中的任何风险，无论其分配机制如何，最后都是公私合作双方以及项目受众的共同风险；PPP 项目中的任何争议，无论其最终裁决结果如何，对于项目本身而言都是一种失败。

为了防止这样的风险和失败，首先，在 PPP 项目中推行仲裁或诉讼的前置程序很有必要，应尽可能通过双方协商或专家裁定的方式化解分歧，以保证公共服务的持续供应。其次，从公共利益出发，可以逐步建立对 PPP 系列合同进行制度性复核与督察的制度，并在必要时重启谈判。对此，PPP 合同应留有余地。

三 立法建议

以下是我们对 PPP 立法及其配套制度体系的建议，对不同层级的立法工作所能解决的问题做初步探讨。

（一）适合通过立法解决的问题

1. 总则

PPP 立法总则应对以下几个要点予以明确阐述，以收画龙点睛之效。

（1）立法目的

在立法目的上，促进 PPP 模式的规范有序发展是应有之义。除此之外，也建议从另外两个角度考虑 PPP 法的立法目的：一是推动投融资体制改革和政府治理模式的转型，二是解决 PPP 模式与现行法律法规之间的冲突。需要强调的是，我们认为 PPP 法（或 PPP 条例，下称"PPP 法"）应当致力于解决顶层设计问题，而不应局限于 PPP 项目操作法、工具法或投融资及运维管理法。

（2）PPP 定义

PPP 法应当对 PPP 进行定义，并对其分类予以明确。如对 PPP 实行双轨制管理，则可以分为特许经营类 PPP 项目与政府购买服务类 PPP 项目，并对各自的基本特征和要素予以概述。

（3）适用范围

建议对特许经营类 PPP 项目实行正面清单管理，对政府购买服务类 PPP 项目实行负面清单管理。在公共服务和产品的大框架之下，排除一些涉及国家基本职能（如国防、外交）或政府核心功能（如社保）的公共服务，以及纯市场化领域。

（4）管理部门

建议由国务院直接设立 PPP 联席管理机构，并在各省（自治区、直辖市）设立分支机构，对 PPP 项目进行综合管理。或者，在对 PPP 项目进行双轨制管理的前提下，由发改部门和财政部门分别对特许经营类 PPP 项目和政府购买服务类 PPP 项目进行综合管理，并由各行业主管部门按项目所属行业进行分管。当然，为了避免重复审批、多头管理的问题，联审联评机制也应当以适当的形式在这种模式下应用。

2. 项目实施

在项目实施层面，PPP 法应主要考虑以下几方面的问题。

（1）项目的发起

在政府发起 PPP 项目之外，社会资本主动发起的形式应该成为可选项，甚至可以逐渐成为主流方式之一。为此，相关政府信息（如区域发展规划、相关基础数据等）公开、实施方案征集与评比、社会资本补偿等配套制度也应有所考虑。

（2）社会资本的遴选

建议另起炉灶，不一定继续适用《招标投标法》和《政府采购法》，为建立一套专门适用于 PPP 项目投资人遴选的规则，可在 PPP 法项下留出接口。在遴选程序上，可以考虑参照近年来出台并行之有效的规范性文件，在 PPP 法中予以原则性规定。

在主体资格上，建议鼓励民营资本和外国资本参与，同时兼顾国家安全和反垄断的相关考量。对于一直都是焦点的融资平台及项目所在地国企的参与资格及身份问题，则不建议在 PPP 法中进行专门规定。

（3）项目公司的设立

需要明确 PPP 项目是否必须设立项目公司，并澄清政府方是否必须入股项目公司。从风险隔离的角度看，设立项目公司对政府和社会资本都是有利的，但不需要强制要求任何 PPP 项目都必须设立项目公司。

（4）PPP 合同

PPP 法应对 PPP 项目合同的性质、宗旨和原则予以简要描述，但无须在PPP 法中罗列合同基本条款或要点。

（5）监督管理

PPP 法可以在这个部分体现公共利益优先、绩效考核、信息公开、全生命周期监管等基本理念。值得强调的是，对于适用于公共产品与服务供应的 PPP 模式而言，公共利益优先原则应当受到充分重视，甚至应当优先于"物有所值"，被列为 PPP 模式的核心要素。在很大程度上，公共利益优先原则其实是 PPP 项目各方权利、义务以及诸多合同惯例的合法性的重要来源，包括社会资本的遴选方式、政府方出资代表的金股权、项目公司的普遍服务义务、政府的监管权、介入权和终止后的接收权、信息公开等。

3. 法律责任及争议解决

（1）法律责任

一方面，作为合同一方，政府和社会资本均应按 PPP 合同的规定承担违约责任。我们认为，作为授权方，县级以上人民政府应当对 PPP 项目实施机构的履约行为承担责任（即兜底，建议明确出来，或者部分兜底）。

另一方面，PPP 项目各方应依法承担行政及刑事责任。除非涉及双重或多重处罚，任何一方已在 PPP 合同项下承担违约责任，不应使其与之相关的行政或刑事责任得以豁免。

（2）争议解决

在 PPP 项目中，政府作为合同方以及行政监管方的双重身份，必然导致 PPP 合同项下的特定争议具有行政争议的色彩，或直接被民事法院或仲裁庭拒绝受理（如近年来出现的特许经营协议争议被仲裁庭拒绝受理的情形）。对此，PPP 法需要发出清晰无误的信号，针对有关 PPP 合同是否属于平等主体之间的民事合同，PPP 合同项下是否有特定争议需要通过行政诉讼的方式加以解决等问题，PPP 法均应给出明确的说法，给 PPP 项目参与各方一个稳定的预期。当然，为项目实施的稳定性和可持续性计，PPP 法也可以考虑设定诉讼或仲裁的前置程序，包括专家调解、联席机构审查与裁定等。

4. 配套保障

从立法配套层面，PPP 法应为成体系立法合理预留足够的接口。对于 PPP 法自身无法直接化解的 PPP 模式与现行法律法规之间的冲突，可以留待第二、第三层级的法律文件加以解决。

（二）适合通过法律解释、政策性规定和操作指引解决的问题

除了上述需要通过 PPP 法及其配套法规解决的问题之外，有些问题更适合通过相关法律解释、政策或操作指引加以详细阐释与具体规范。以下我们择其要点予以简述。

1. 基本边界

（1）基本原则与核心要素

PPP 的基本原则与核心要素，目前虽然已在一定范围内形成共识，但在实操层面，各参与方的理解和阐释其实多有差异，甚至大相径庭。因此，通过法律解释、政策和操作指引对 PPP 的原则、理念和要素进行详细阐述，以尽可能压缩曲解或误解的空间。

（2）正面清单和负面清单

如前文述及，建议以指导目录的形式不定期地发布和更新 PPP 项目的正面清单和负面清单，明确区分不同类型的 PPP 项目，厘清特许经营类 PPP 项目与政府购买服务类 PPP 项目，传统基础设施类 PPP 项目与公共服务类 PPP 项目之间的边界。

（3）项目类型

对于 PPP 项目的常见类型（如 BOT、BOOT、BOO、TOT 等），可以考虑通过操作指引的形式予以归纳和总结，并对其各自的边界、特性和要点进行阐释。

（4）信息公开

对于 PPP 项目而言，信息公开应该是大势所趋。近年来，相关部委也在这方面多有着力，PPP 项目的信息公开制度和体系的建立已见曙光。

2. 项目发起和实施

（1）项目发起和确认

在 PPP 项目的发起和确认方面，建议从项目落地指引的角度出发，重点考虑以下几方面的问题。

第一，项目性质的划分标准，即明确哪一类项目属于政府投资，哪一类属于企业投资，具体的标准是什么。

第二，可行性研究报告（适用于政府投资项目）和项目申请报告（适用

于企业投资项目），与 PPP 项目实施方案、物有所值及财政承受能力两个论证的衔接。

（2）社会资本发起项目的流程及配套措施

现有法规对此着墨不多，实操层面也无案例。我们认为，社会资本发起 PPP 项目应主要考虑以下几个方面的问题。

第一，社会资本的申请与建议。社会资本可以对 PPP 项目的开发和立项提出申请，并自行编制项目建议书，对项目的必要性、合规性及 PPP 模式相关可行性指标（如物有所值和财政可承受能力）进行初步分析，报 PPP 项目主管部门或联审机构评估与审定。

第二，在上述项目建议书获得政府认可的前提下，社会资本可以继续深化相关研究，以提出可行性研究报告或项目申请报告，并报相关主管部门审批或核准。为与 PPP 模式相匹配，该审核或核准可以仅针对项目本身，并先行发给 PPP 项目主管部门或实施机构，待今后 PPP 项目公司正式设立后自动承继。

第三，在可研报告或项目申请获批之后，社会资本可以继续制定项目实施方案，以报 PPP 项目主管部门或联席机构（通过聘请第三方咨询机构）评估，并开展两个论证（如适用）。如果政府方认为有必要，也可以就项目实施方案进行公开征集和评比，并以最后确定的实施方案为基础，启动社会资本的竞争性遴选程序。

第四，作为社会资本发起 PPP 项目的配套措施，除对传统立项及基本建设程序进行改革之外，政府方还需要向社会资本进行必要的基础信息及数据公开，并对社会资本因发起项目而承担的成本及费用予以合理补偿。

（3）实施机构、社会资本和项目公司

建议对 PPP 项目的主要参与方〔即实施机构、政府方出资代表（如有）、社会资本和项目公司等〕的主体资格、角色定位、基本权责进行说明。如地方融资平台和当地国企参与 PPP 项目的问题（是否可以网开一面以及相关前提条件）；社会资本需要具备的资质和能力问题（是否必须拥有项目建设和/或运营能力）；社会资本对项目的责任范围问题（是否仅限于对项目公司的出资）等，都需要有一个较为明确的说法。

（4）合同体系

对于 PPP 项目（或特许经营项目）的基本合同体系，应该说本来还是很清楚的，即以项目公司为主体签订的一系列合同（特许经营协议等），以及项目公司股东协议和章程。但是在 25 号令和 113 号文取消传统的"草签"安排（即由社会资本与项目实施机构签字确认相关合同条款与条件），并代之以社会资本与项目实施机构之间签署正式的"初步协议"或"项目合同"（以下统称"初步协议"）之后，很多不同的理解及做法开始出现。有认为"初步协议"和项目公司后续签署的 PPP 合同应当并行的，有认为"初步协议"在项目公司后续签署的 PPP 合同生效之日即自动失效或解除的，还有人认为 PPP 合同就应由社会资本（而非项目公司）与项目实施机构签署并执行。我们认为，其中第一种理解有明显的 BT 遗风，应予摒弃；第二种理解符合既往惯例及现实需要，可以考虑和"草签"安排选择适用；第三种理解有一定的启发性，但与现实情况存在较大差距，一方面可能抑制投资杠杆的正常应用，另一方面也可能促使政府寻求社会资本与项目公司承担连带责任的安排，这对 PPP 模式的推广应用可能形成阻碍效应。

（5）收费与价格

PPP 项目的收费及价格机制（特别是使用者付费项目），需要与目前的物价管理法规及制度安排相匹配，以期实现协商定价、依法调价及合理回报。

3. 监管

（1）监管体系

对于 PPP 项目的监管（包括行政、行业及合同监管，以及社会公众监督），特别是全生命周期的监督和管理，现有的一些法规还是略显简单，需要根据 PPP 项目的分类，以及主管、分管部门的设立或划分来进一步细化，辅之以相应的监管标准，以期建立一套针对 PPP 项目的全方位监管体系。

（2）禁区

经过近两年的实践，PPP 领域形成了一些所谓的"禁区"，例如"固定回报""明股实债""变相举债"等。但是对于禁区的具体边界，业内并无确切、统一的说法，以致于各种灰色操作屡禁不止，政策导向与市场偏好之间出现明显背离。

我们认为，上述"禁区"的划定意在防止社会资本获得固定回报，提前退出，以及与之相关的项目风险的不合理配置。需要正视的是，财务投资人目前参与 PPP 项目，受限于内部的风控审查，及其所携资金的基本诉求，通常

都是"不入虎穴，焉得虎子"，所谓的"禁区"也是不得不进。为了更加精准地划定禁区，并使其得到市场的实质响应，建议对"明股实债"一类的术语进行更为明晰的阐述，解析出其中违反 PPP 核心原则的基本要素，并对那些并不影响项目正常落地和执行的商业安排予以认可或放行，而不宜采取望文生义、一概封杀的政策。

4. 争议解决

可以考虑制定并强制适用诉讼或仲裁的前置程序。由 PPP 项目相关各方自行聘请第三方机构或专家对争议进行审理和裁定，或在 PPP 项目管理体系内增设部级、省级或行业协会性质的争议解决常设机构，以最大限度地降低争议解决成本及其可能给公共利益造成的损害。

四　小结

中国 PPP 模式的发展，有赖于我国法制体系的完善和政策的可持续性。过去近 20 年的特许经营模式实践之所以没能做到可持续发展，主要原因之一就是政策法规的可持续性不足。建设部 126 号令《市政公用事业特许经营管理办法》及其大量的复制品虽然在市政基础设施领域起到了巨大的推动作用，但因其自身位阶不高，牵头的建设部也仅为行业主管部门，所以也未能继续引领特许经营模式的深化发展。同时，我们也看到，部门规章、规范性文件及行业政策导向在我国能发挥巨大作用，希望通过高位阶立法及后续体系性立法解决 PPP 模式与现行法律法规及投融资机制之间存在的冲突，解决部门之间的协调问题，解决 PPP 模式与主要的政策方向、改革方向之间的契合问题，增强 PPP 政策法规的可预期性，为 PPP 长期规范的可持续发展打好基础。

B.5
完善我国 PPP 模式的顶层制度和政策

吴亚平*

摘　要：　目前，PPP 相关顶层制度和政策缺失或不明确在相当大程度
上影响甚至制约了我国 PPP 模式的发展，为此，本文提出研
究制定 PPP 产业指导目录、尽快确定 PPP 项目的社会资本方
范围、完善 PPP 项目相关土地使用政策、科学设定 PPP 项目
合理的投资回报率、建立健全 PPP 信息披露制度等若干政策
和制度完善建议。

关键词：　PPP 产业指导目录　土地使用政策　合理回报　信息披露

在基础设施和公共服务领域推广运用 PPP 模式，有利于推动政府职能转
变，为社会资本提供更多投资机会，发挥社会资本在技术、管理和资金等方面
的综合优势，提高公共服务效率。目前，我国 PPP 相关顶层制度和政策缺失
或不明确在相当大程度上影响甚至制约了 PPP 模式的发展。

一　研究制定 PPP 产业指导目录

PPP 模式虽然具有弥补"政府失灵"和"市场失灵"的优势，但也有其
适用和不适用的边界范围，并不是所有基础设施和公共服务项目都适合采用
PPP 模式。从国际、国内经验看，很多技术进步快的项目，特别是目标和产出
边界不容易界定的项目、经营或运营属性较弱的项目，都不太适合 PPP 模式。

---

* 吴亚平，国家发展改革委宏观经济研究院投资研究所体制政策室主任、研究员，中国注册咨
询工程师（投资）。

比如，市政道路之类的纯政府付费类项目，理论上很难实现真正的物有所值，不宜引入 PPP 模式，而最好采取传统的公建公营模式。又如，对既有国有企事业单位经营管理效率高的项目，重要的是解决融资问题，也没必要非得引入 PPP 模式。实践中，引入 PPP 模式在基础设施和公共服务领域并不是"包打天下"，而只是公建公营模式的有效补充。在一些 PPP 模式运用较好的国家，如英国和澳大利亚等，PPP 项目投资占全部公共投资的比重平均为 10% ~ 15%，项目数量占比只有 10% 左右。

为防止 PPP 模式运用领域的泛化，更好地引导地方政府规范运用 PPP 模式，把 PPP 模式关进"政府负有提供责任的笼子里"，建议国家发展改革委会同财政以及住建、能源、交通、水利、环保、文化、教育、体育、卫生等行业主管部门，研究制定适合采用 PPP 模式的 PPP 产业指导目录或类似正面清单。该 PPP 产业指导目录可参考国家现有利用外商投资产业指导目录的形式，明确提出运用 PPP 模式的基本原则和适用领域，列出鼓励、允许、限制和禁止四类 PPP 项目（目录只列出鼓励、限制和禁止三类，允许类项目可不在目录中列出），从而为各级地方政府研究和遴选 PPP 项目提供重要指导和参考依据。

地方政府可以根据国家 PPP 产业指导目录，结合本地城镇化发展特别是基础设施和公共服务发展需要，研究制定本地 PPP 产业指导目录。考虑到 PPP 项目集中在市、县两级政府层面，实践中，市、县两级政府也确实存在借 PPP 模式进行融资的强烈倾向而忽视引入 PPP 模式应坚持的效率优先原则，为防范市、县两级政府泛化使用 PPP 模式，建议市、县两级政府制定的 PPP 产业指导目录要报经省级发展改革部门会同其他有关部门批准后实施。

二 尽快确定 PPP 项目的社会资本方范围

对于 PPP 模式中社会资本方的定义，民营企业、外商投资者以及央企和外地国有企业无疑均属于社会资本方，实践中也不会产生歧义。但对于本地国有独资和控股企业，特别是融资平台公司能否作为本地 PPP 项目中的社会资本方，现行相关文件的规定比较模糊，并没有一个统一的定义，甚至不同文件之间还存在一定的矛盾。2014 年国家发展改革委在《关于开展政府和社会资本合作的指导意见》（发改投资〔2014〕2724 号）中提出，社会资本是符合条件的国有企业、民营企业和其他各类企业。这个定义显然比较宽泛，也给地方政府预留了一定的创新空间，但"符合条件"的要求在实践中可操作性较差。同年，财政部在《政府和社会资本合作模式操作指南（试行）》（财金〔2014〕113 号）中提出，社会资本是指已建立现代企业制度的境内外企业法人，但不包括本级政府所属融资平台公司及其他控股国有企业。按照财政部的文件规定，本地的国有独资和国有控股企业均不能作为本地 PPP 项目的社会资本方。比如，北京市的国有独资企业包括市属融资平台公司就不能参与北京市本级的 PPP 项目，北京市的国有控股企业也同样不能参与北京市本级的 PPP 项目。然而实践中，甚至在本轮推广 PPP 模式之前，本级国有企业如建筑类企业投资参与本地 PPP 项目并非没有先例。按照国务院办公厅 2015 年下发的《关于在公共服务领域推广政府和社会资本合作模式的指导意见》（国办发〔2015〕42 号）的规定，已经建立现代企业制度、实现市场化运营并明确今后不再承担地方政府举债融资职能的地方融资平台公司，可作为社会资本参与当地 PPP 项目。但其他国有独资或控股企业，42 号文没有明确，更没有提出相应的前提条件。从这三个文件对社会资本方的定义看，显然存在不明确甚至相互冲突之处。而合格社会资本方的问题如果不明确，又难免影响地方 PPP 模式的推广运用。

长期以来的实践证明，基础设施和公共服务领域乃至竞争性领域的国有企事业单位效率低下的最主要原因在于，其有别于政府的市场主体地位的缺失，特别是缺乏决策自主权。PPP 项目之所以有可能提高效率，除了社会资本方本身具有技术、人才和经营管理等优势外，关键还在于社会资本方以追求自身利益最大化为主要目的，并为实现此目的而自主决策、自担风险。对于国有独资和控股企业和事业单位（包括融资平台公司）而言，无论是否建立现代企业制度或实现市场化运营，从资产纽带关系看，其与地方政府必然都属于母子关系。其投资参与本地的 PPP 项目时，很难保持其独立的市场主体地位，特别是在重大投资和经营事项以及重大人事任免方面很难做出独立、自主的决策，这无疑会影响 PPP 项目的运作效率。实际上，我国目前在基础设施和公共服务领域大量的国有独资或控股企业，名义上也建立了现代企业管理制度，实现了市场化运作，有的甚至通过 IPO 或其他途径成为上市公司，但就是因为与地

方政府的责权利关系不明确而使得其难以真正成为自主决策、自担风险的市场主体。如果本地国有独资和控股企业（包括剥离了政府融资职能的融资平台公司）作为 PPP 项目的社会资本方，那么像很多公共服务类国有企事业单位一样，管理不善、效率不高的问题恐怕会再次上演。因而，我们认为，本地国有独资和控股企业特别是融资平台公司不应单独作为本地 PPP 项目中的社会资本方。考虑到实践中这类企业也有参与本地 PPP 项目的愿望，建议其可以联合其他社会资本方共同投资，但也不宜作为控股方。对于已经改制为混合所有制特别是非国有资本控股的国有企业，包括融资平台公司，无疑可以作为本地 PPP 项目的社会资本方。

如果地方国有独资企业和控股企业（包括融资平台公司）想投资参与 PPP 项目，实际上也有很多机会，比如其可以作为社会资本方，投资参与下级政府的 PPP 项目，或者投资参与其他行政区或外地的 PPP 项目。无论是与下级政府还是异地政府合作开展 PPP 项目，其"在商言商"，独立的市场主体地位和投资决策自主权基本都能得到保障。另外，地方国有企事业单位包括投融资平台公司还可作为政府授权机构和 PPP 项目发起人与社会资本合作开展 PPP 项目。

三　完善 PPP 项目相关土地使用政策

实践中，土地使用政策包括国有土地的招拍挂制度对 PPP 项目的适用性需要进一步明确。土地是重要的生产要素，也是地方政府可拿来与社会资本合作的重要资源，有的 PPP 项目反过来还有可能提高周边或沿线的土地价值。通过实施相关土地使用政策以及对项目周边或沿线部分土地资源的综合开发利用，地方政府可帮助社会资本分担部分风险和健全投资回报机制，从而有助于调动社会资本的积极性。建议国家有关部门可从以下三方面进一步明确 PPP 项目相关土地使用制度和政策。

其一，对建设用地需求较大的 PPP 项目，地方政府可根据项目具体情况，对项目实施直接从农村征地的政策，从而有效降低 PPP 项目的土地成本，调动社会资本的积极性。

其二，按照国土资源部的有关规定，部分基础设施和非营利性机构包括公共服务类国有企事业单位可享受相关土地使用优惠政策，包括国有土地划拨、国有土地协议出让或国有土地租用等。但在实践中，社会资本投资的同类或类似 PPP 项目，并不具备非营利性机构的性质，而是变成了营利性机构（公司）。建议国家有关部门可明确 PPP 项目仍然可享受与基础设施和非营利性机构一样的土地使用优惠政策，从而降低项目的土地成本。

其三，对于与周边或沿线土地商业开发进行"捆绑"开发的 PPP 项目，如体育场馆与周边商业设施"捆绑"开发项目、城市河道综合治理与沿线土地综合开发项目、轨道交通场站与周边土地综合开发项目等，其中用于商业开发的土地使用权出让，建议可与 PPP 项目社会资本方招标采购合并同时进行，而不必"另起炉灶"走国有土地招拍挂程序，否则恐难以确保商业开发用地真正与公益性项目进行"捆绑"开发建设。

四　科学设定 PPP 项目合理的投资回报率

PPP 项目的目标是提供社会公众所需的基础设施和公共服务，基础设施和公共服务的数量和质量是否达到预期也是政府对 PPP 项目进行业绩考核评价的重点。对于以营利为主要目的的社会资本方来说，其投资建设或运营 PPP 项目，与其投资产业项目甚至购买股票和债券等金融投资活动没有本质区别，其出发点和落脚点都是获得合理的投资回报。PPP 项目投资回报率的基准值或合理取值，无疑是社会资本方做出投资决策的重要依据，是其投资 PPP 项目需要回答的关键问题之一。对政府而言，PPP 项目投资回报率是研究策划 PPP 项目、制定 PPP 项目实施方案时要明确回答的重要内容，也是政府为 PPP 项目制定相关土地、价格和税收等政策以及确定政府付费或可行性缺口补助的重要依据。确定 PPP 项目合理的投资回报率，从而为地方政府和社会资本方建立一个谈判的"基准"，是十分必要的。

值得注意的是，PPP 项目的合理投资回报率要实行动态调整机制，随着我国经济发展水平和人均收入不断提高，无论是长期贷款基准利率、现价 GDP 增速还是政府债券利率，从长期看都存在逐步下降的趋势，因而 PPP 项目的合理投资回报率要相应向下调整。

建议作为投资主管部门的国家发展改革委会同财政以及住建、能源、交

PPP 蓝皮书

通、水利、环保、文化、教育、体育、卫生等行业主管部门，分别制定和发布政府付费类、可行性缺口补助类和使用者付费类 PPP 项目的基准投资回报率，从而为地方政府和社会资本方的 PPP 项目合作提供重要参考。

五　建立健全 PPP 信息披露制度

PPP 项目能否获得预期投资回报和安全稳定地提供公共服务，实现政府、社会资本和消费者（受益者）的"三赢"，固然与 PPP 实施方案是否科学可行、社会资本方是否择优选定以及相关 PPP 协议是否周密完善等密切相关，同时也需要政府强有力的监管和社会公众的有效监督予以保障。实践中，由于信息不对称的客观存在，无论是政府部门监管或社会监督，总是存在不到位或滞后的问题。为确保政府和社会公众及时、全面、准确地了解项目信息，提高政府监管和社会监督效果，推行强制性的 PPP 全过程信息披露制度至关重要。

社会公众作为 PPP 项目的消费者甚至直接付费者，有权了解 PPP 运作过程的相关重要信息。从扩大社会公众的知情权和参与权的角度，PPP 项目的必要性、选址、建设规模、建设内容、建设标准等重要信息，以及 PPP 运作方式和合作权限；社会资本的准入条件；社会资本的招投标过程；PPP 协议谈判的过程和结果；政府给予的投融资政策；PPP 项目服务数量、质量、成本、效益和资产负债等重要信息，都要及时、完整地向社会公众公开，从而确保 PPP 项目全寿命过程的透明、规范运作。

从更好地发挥政府部门监管和社会公众监督的作用看，"阳光是最好的杀虫剂"，建议 PPP 项目要像公开发行股票的上市公司一样，项目相关重大投资和经营事项、高管任免和离职等重大事件要及时通过主要媒体和网站向社会公开发布。同时，建议社会资本方或 PPP 项目公司要像上市公司一样定期在政府部门指定的媒体和网站发布季报、中期报告和年报、企业社会责任年度报告以及董事监事高管任免、重大建设和经营事项等，让社会公众和相关政府部门都能及时了解和掌握 PPP 项目的投资、融资、建设、运营的全过程特别是项目的价格（收费）、成本、营收情况和经营效益状况。这样做，不仅有利于政府部门更好地履行监管职责，更好地履行 PPP 项目相关协议，便于进一步发挥社会公众对 PPP 项目的监督作用，而且有利于防范 PPP 项目运作中经常出现的腐败等问题。

为更好地指导地方政府开展相关 PPP 信息披露工作，建议国家发展改革委会同有关部门尽快制定 PPP 信息披露指引，从 PPP 项目前期研究论证、项目联审、社会资本方招标、PPP 协议谈判到项目建设和运营的全过程，提出相关信息披露工作的要求和操作方法。

参考文献

［1］吴亚平：《投融资体制改革：何去何从》，经济管理出版社，2013。

［2］张长春：《政府投资的管理体制》，中国计划出版社，2005。

［3］吴亚平：《全面认识政府和社会资本合作模式》，《人民日报》2015 年 12 月 23日。

［4］吴亚平：《明确 PPP 项目的社会资本方范围和准入政策》，《中国投资》2016 年第 5 期。

［5］吴亚平：《加快建设全国 PPP 信用信息体系独立完成》，《中国投资》2016 年第 15 期。

［6］《国开智库》编辑委员会编著《新型城镇化投融资与 PPP 模式创新》，中国金融出版社，2016。

B.6
92号文、192号文、近期金融新规对 PPP 项目股权融资的影响

余文恭　涂星宇　王相华*

摘　要： PPP 项目具有资金规模大、投资周期长、投资回报低等特点，大部分项目需要股权融资，且银行理财资金是股权融资的主要来源。PPP 项目股权融资形成了"股+债"型资本金、明股实债、银行理财产品嵌套通道出资等固定的股权融资结构。92 号文、192 号文以及近期系列金融新规将影响上述股权融资结构，一些股权融资结构将被限制和禁止，PPP 项目股权融资需要更加规范地进行。

关键词： 股权融资　股东借款　明股实债　通道业务

一个 PPP 项目要能顺利运作，除了交易结构合规可行、边界条件清晰明确、合同条款公平合理以及财务测算细致准确外，PPP 项目是否具备可融资性，同样影响着项目可以达成的目标和任务。在 PPP 项目融资的诸多问题中，PPP 项目股权融资问题最为突出，尤其在 92 号文①、192 号文②（以下简称 PPP

---

* 余文恭，上海段和段律师事务所合伙人、上海远基企业管理咨询有限公司首席咨询师；涂星宇，上海段和段律师事务所律师；王相华，上海段和段律师事务所律师。
① 《关于规范政府和社会资本合作（PPP）综合信息平台项目库管理的通知》（财办金〔2017〕92 号文）。
② 《关于加强中央企业 PPP 业务风险管控的通知》（国资发财管〔2017〕192 号文）。

新政或是新政）以及近期相关金融新规①相继出台后，很明显的是，PPP新政对于目前实践中几种常见的股权融资模式，造成了不少的冲击与影响。以下将针对PPP项目股权融资的特性、新政前常见的PPP股权融资结构、新政对PPP股权融资结构的影响以及PPP股权融资怎么走四个方面进行分析说明。

一　PPP项目股权融资的特性

（一）PPP项目的特殊性

1. 资金规模大

PPP模式主要运用于公共服务和基础设施领域，适用于政府因无力承担财政支出而引入社会资本投资建设的项目，因此，这就注定了采取PPP模式的项目是总投资很大的项目。

根据财政部PPP中心公布的《全国入库项目（管理库）地区和行业分布》（截至2017年10月31日），全国入库项目总数为6806个，项目总金额为102003亿元。计算可知，平均每个项目总投资约15亿元，按照国务院对固定资产投资项目的最低资本金比例20%来看，平均每个PPP项目的资本金出资金额为3亿元，这对很多投资人而言，都是不小的负担。

2. 期限长，回报低

PPP项目的合作期限短则10年，长则30年，投资者获利退场要经过漫长的等待，这对市场上的很多投资人而言，PPP项目是吸引力较低的投资产品。此外，根据目前行情，PPP项目投资回报率在6%左右浮动，和其他投资标的比较，PPP项目投资回报率在整个投资市场处于中下游水平。

---

①　系列金融新规包括：（1）中国人民银行、银监会、证监会、保监会、外汇局《关于规范金融机构资产管理业务的指导意见》（征求意见稿），2017年11月17日发布。（2）中国银监会《关于规范银信类业务的通知》（银监发〔2017〕55号）。（3）中国银监会《关于印发商业银行委托贷款管理办法的通知》（银监发〔2018〕2号）。（4）中国银监会《关于进一步深化整治银行业市场乱象的通知》（银监发〔2018〕4号）。（5）中国证券投资基金业协会《私募基金管理人登记须知》，2017年12月15日更新。（6）中国证券投资基金业协会《私募投资基金备案须知》，2018年1月12日更新。（7）中国银监会《商业银行大额风险暴露管理办法》（公开征求意见稿），2018年1月5日发布。

（二）投资人的特殊性

1. 企业自有资金不足

目前参与投资 PPP 项目的投资人包括央企、地方企业和民营企业，就笔者了解，即便是许多实力雄厚的央企，对于前述平均每个 PPP 项目要出资 3 亿元的资本金，都是相当沉重的负担，遑论其他地方国企以及民营企业。

2. 财务并表问题

财务并表问题表现在两个层面：第一，如果社会资本以企业融资方式募集资金投入项目公司，那么会增加社会资本企业的账上负债；第二，如果社会资本控股项目公司，那么项目公司的财务报表要并入社会资本的财务报表。项目公司前期的资产负债率是很高的，并表会恶化社会资本的资产负债率指标。因此社会资本股权融资有两大需求：一是尽量采取表外融资；二是尽量实现项目公司不与社会资本并表。

3. 投资意愿与合作期不匹配

PPP 项目合作期在 10 年以上，社会资本投资人大多无法接受如此长的投资期限。其一，PPP 领域的社会资本主要参与方是建筑企业，参与 PPP 的主要目的是赚取施工利润。其二，投资期限超过了企业的生命周期。有抽样调查显示，中国民营企业平均寿命仅 3.7 年，中小企业的平均寿命甚至只有2.5 年。

（三）融资方的特殊性

1. 银行理财为主要资金来源

PPP 项目资金体量大、投资回报偏低，因此资金成本较低的银行资金与保险资金就成了目前最适合投资 PPP 项目的资金。虽然目前有关 PPP 股权融资部分，常见以银行理财资金作为主要的资金来源，但是由于银行理财资金在投资方向上有着一系列较为严格的监管，因此银行以金融创新的名义，通过层层嵌套如使用信托/资管计划、私募股权基金等投资未上市公司股权是很常见的模式。

2. 融资方不能承受高风险

在资管新规前，银行理财普遍实行刚性兑付，即银行理财投资人基本不承担投资风险，由银行对投资人实行兜底保障。因此，银行理财不能承受高风险投资，不能做同股同权的风险股权投资，只能进行被业界称为"明股实债"的固定回报型股权投资。

3. 融资产品期限不能过长

银行理财产品期限一般不能过长，通常存续时间为3～5年，因此投资于长达10年的PPP项目，存在期限错配的问题。

二 新政前常见的 PPP 股权融资结构

（一）项目公司资本金结构

1. 小马拉大车的"股＋债"资本结构

"股＋债"资本结构就是项目资本金以注册资本金＋股东贷款组成。该结构出现的主要原因在于：第一，目前的PPP项目资本金金额的设计是以建设期的建设投资规模作为主要的考虑因素，因此当项目进入运营期后，出现大量没有使用的沉淀资金，造成资金投入过多；第二，按公司法的规定，项目公司减资需要取得债权银行的同意，为了避免烦琐的减资程序，使股东可以顺利回收资金，采取"股＋债"模式成了很多投资人的最爱。

除了上述原因外，"股＋债"结构能够实现还有赖于政策对项目资本金界定不清留下的空隙。解读《国务院关于固定资产投资项目试行资本金制度的通知》相关规定会发现，该文件没有明确规定项目资本金就是注册资本金，因此一些人将项目资本金解释为投资人投入的资金，投资人投入资金既可以是注册资本出资，也可以是股东向项目公司贷款。

除了政策空隙外，"股＋债"资本金结构还需要得到金融机构以及监管部门的认可。金融机构认为只要股东贷款在还款顺位上劣后于银行贷款就可以接受。监管部门对"股＋债"则采用睁一只眼、闭一只眼的默许政策，甚至在一些文件中也隐约透露出对该结构合规性的认可。如《关于信托公司开展项目融资业务涉及项目资本金有关问题的通知》（银监发〔2009〕84号）规定，如果股东承诺在项目公司偿还银行或信托公司贷款前放弃对该股东借款受偿权，那么该股东借款可以作为资本金。

2. 社会资本采用关联企业出资

一般来说，应由投标人作为项目公司的设立发起人。但是，实践中社会资本通常采用关联企业出资：一，投标人为企业集团下属公司，只负责施工建设，资本金出资由企业集团专门从事投资的公司负责。二，投标人希望表外融资。如果投标人直接投资于项目公司，那么投标人需要以企业自身的名义对资本金出资进行融资，进而增加投标企业的账上负债。三，投标人不希望与项目公司并表。如果投标人直接投资于项目公司，那么投标人可能会成为项目公司的控股股东，项目公司的财务报表会被要求并入投标企业的财务报表中。而项目公司前期的资产负债率是非常高的，并表会恶化投标企业自身的资产负债率指标。当然，要想不并表，除了不控股外，还有其他实质性条件，但是以关联企业出资，是不并表的第一步。

3. 引入私募股权基金

如前所述，PPP 项目资本金出资金额巨大，投资人需要对股权部分进行融资。股权融资的第一种方式是企业融资，优点是结构简单，操作方便，缺点是会增加企业的负债。股权融资的第二种方式是表外融资，最常见的做法就是引入私募股权基金。私募股权基金通常采用有限合伙企业的形式设立。私募股权基金可以是同股同权基金，也可以是固定回报型基金。

因为 PPP 项目投资回报低，且前期现金流较差，所以除了少数政府引导型基金外，大多数私募股权基金不会采用同股同权方式，而主要是采用固定回报方式。

（二）股权回报和退出机制

1. 特别股固定回报

如前所述，引入的私募基金大多要求采取固定回报模式。除了私募基金以外，一些社会资本方也希望获取固定回报，而不承担投资风险。如一些施工承包商，其入股项目公司，仅是为了能够承包工程，并不想获取投资收益，只希望获取相当于贷款利息的固定回报。

2. 股权代持

此前，社会资本之间会通过股权代持的方式帮助必须入股项目公司但是自身又不愿出资的社会资本投资。例如，PPP 项目联合体成员中有设计单位或者运营商，这两类社会资本因为在 PPP 项目中承接业务金额较小，通常不愿意进行股权投资。为了完成项目公司设立，联合体牵头人有时会代上述两类主体出资，由两类主体代持股权。即设计单位或运营商为名义股东，联合体牵头人为实际股东。

3. 股权回购

对于私募基金以及要求固定回报的其他股东，通常会设置一个股权回购条款，由 PPP 项目牵头人对股权进行回购。除了股权回购外，还有一种退出方式就是减资，但是减资程序较为烦琐，且存在一定风险。实践中，股权退出方式仍较多采用股权回购模式。

（三）股权融资交易结构

PPP 股权融资包括财政支持基金融资、社会资本股权融资两种融资方式，两类融资方式略有不同。

1. PPP 项目财政支持基金融资结构

PPP 项目财政支持基金融资结构如图 1 所示。

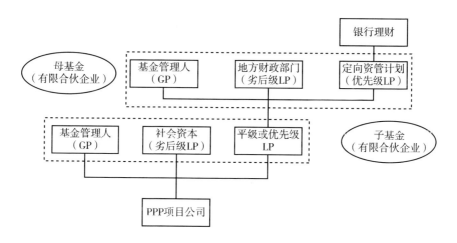

图 1　PPP 项目财政支持基金融资结构

银行理财通常嵌套一个券商定向资管计划投资，主要是为了绕开银行理财资金不能直接投资于未上市公司股权的规定。

产业投资基金通常设置母子基金结构，不直接投资 PPP 项目。原因在于：

一，母子基金结构可以方便在子基金层面根据不同的风险偏好设计 LP 优先和劣后分级；二，母子基金结构可以起到隔离项目风险的效果。

2. 社会资本方资本金融资典型结构

社会资本方资本金融资结构如图 2 所示。社会资本方通常担任劣后级 LP，对资管计划进行差额补足和股权回购。

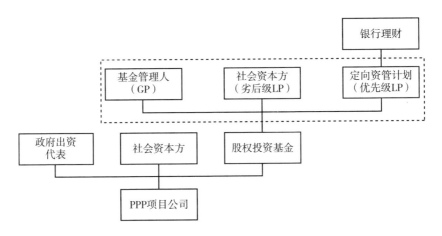

图 2　社会资本方资本金融资结构

三　新政对 PPP 股权融资结构的影响

（一）对资本金结构的影响

1. 新政之后是否还可以"股 + 债"、股权代持或引入具有金融机构身份的基金

根据 92 号文规定，未按时足额缴纳项目资本金、以债务性资金充当资本金或由第三方代持社会资本方股份的，属于应予以清退出库的情形。根据上述规定，"股 + 债"模式被明确叫停。

如果严格按照《公司法》司法解释（三）第二十四条第一款的规定，股权代持是指名义出资人与实际出资人订立合同，约定由实际出资人出资并享有投资权益，以名义出资人为名义股东，因此双方需有如上的约定才构成股权代持，构成清退的条件。

关于引入第三方出资，实践中常见的中标的社会资本方引入具有金融机构身份的基金直投项目公司，如果严格按照前述的规定，解释上应不属于股权代持。然而，关于股东之间代持股权的方式是否违反 92 号文规定，需要在未来实践中持续观察。

2. 是否可以采用"股 + 资本公积"

"股 + 债"的资本金结构被监管部门否定后，一些投资人设计采用"股 + 资本公积"的资本金结构。笔者认为，应该允许以"注册资本 + 资本公积"的形式进行资本金出资。因为资本公积不同于股东贷款，不能直接取回，也不能作为未分配利润进行分配。资本公积可以看作未在工商局登记的准注册资本。

如果不能实现提前收回出资的目的，那么投资人就会较少采用"股 + 资本公积"的资本金结构。但是，实践中仍有一些投资人希望能够采用此种资本金结构，主要是希望借此实现出资比例与股权比例的分离。例如，项目资本金 3 亿元，政府方希望持股 10%，但是政府方只愿意出资 300 万元，此时就需要通过设置"注册资本 + 资本公积"的资本金结构，注册资本 3000 万元，资本公积 27000 万元。

笔者认为，只要不损害公司其他利益相关人的权益，应该允许投资人采用此种资本金结构。需要注意的是，该种资本金结构不能实现投资人希望提前收回资本的目的。

3. 新政后的资本金结构

新规后资本金构成方式如下：（1）项目资本金 = 注册资本；（2）项目资本金 = 注册资本 + 资本公积。

（二）对股权回报和退出机制的影响

1. 规范明股实债的新规概述

192 号文规定，"一是落实股权投资资金来源。各企业要严格遵守国家重大项目资本金制度，合理控制杠杆比例……但不得通过引入'名股实债'类股权资金或购买劣后级份额等方式承担本应由其他方承担的风险。"

财金〔2016〕90 号文规定："确保充分体现'风险分担、收益共享、激励相容'的内涵特征，防止政府以固定回报承诺、回购安排、明股实债等方式

承担过度支出责任。"财金〔2015〕57 号文、财金〔2016〕32 号文都明令禁止政府通过"明股实债"等方式进行变相融资。

2. "明股实债"的具体表现形式

明股实债不是一个在法律上定义很明确的概念，而且在实践中由于融资工具越来越多样，股权与债权之间的界限也出现了很多模糊的情况。例如，永续债、可转换公司债等，因此在这里解释明股实债，应该从 PPP 的政策目的出发，而不是不区分对象、类型把所有可能具有股权和债权性质的约定通通解释为明股实债。因此，笔者认为从 PPP 政策角度解释明股实债，PPP 禁止的明股实债应为由政府通过回购或是承诺固定回报的方式承受投资风险。

3. SPV 公司层面的明股实债

（1）SPV 公司中针对社会资本方的股权出资，政府对于社会资本方不能通过回购或是承诺固定回报等明股实债方式，让政府承担投资风险。

（2）SPV 公司中社会资本的股权出资，对于项目公司其他非政府方的股东是否为明股实债。根据 192 号文的规定，央企不能为明股实债的股权资金兜底。但是，在实务中，央企自己的出资往往采取明股实债的方式，由其他股东为其兜底。笔者认为，央企不能为其他明股实债资金兜底，但是自己可以明股实债的方式投资项目公司。其他非政府方的股东之间，也可以发生明股实债的关系。

（三）对股权融资交易结构的影响

1. 私募股权基金是否为资管产品

根据《关于规范金融机构资产管理业务的指导意见（征求意见稿）》（以下简称《资管新规（征求意见稿）》）第二条第一款的规定，资产管理产品包括但不限于银行非保本理财产品，还包括资金信托计划以及证券公司、证券公司子公司、基金管理公司、基金管理子公司、期货公司、期货公司了公司和保险资产管理机构发行的资产管理产品等。资产管理业务是指银行、信托、证券、基金、期货、保险资产管理机构等金融机构接受投资者委托，对受托的投资者财产进行投资和管理的金融服务。

因此，从上可知，资产管理产品原则上是指金融机构发行的接受投资者委托，对受托的投资者财产进行投资和管理的金融服务产品。

那么私募基金管理人是否属于金融机构？2017 年 5 月 19 日，国家税务总局、财政部及"一行三会"共同发布了《非居民金融账户涉税信息尽职调查管理办法》，将"私募投资基金"以及"私募基金管理公司"分别列入金融机构的范畴。但是，在《资管新规（征求意见稿）》中没有明确私募基金管理人为金融机构的定位。

虽然没有明确私募基金管理人为金融机构，但是在中国人民银行有关部门负责人就《资产新规（征求意见稿）》答记者问时，明确了私募基金的发行和销售适用资管新规的要求。PPP 项目股权融资常见的私募股权基金可能会被认定为资管产品，需要遵守资管新规提出的关于多层嵌套、杠杆分级等要求。

实务中，PPP 项目股权投资基金多为明股实债或者明基实债基金，那么新政后，这类基金是否可以继续进行备案？根据《私募基金管理人登记须知（2018 年 1 月 12 日更新）》，委托贷款、信托贷款以及通过特殊目的载体、投资类企业等方式变相从事融资，不属于私募基金范围。因此明股实债或明基实债的基本备案都将与新规相违背。

2. 银行理财如何投资项目公司股权

银行理财资金有两种方式投资项目公司股权：一是直接投资，二是通道投资。

从直接投资来说，银监发〔2009〕65 号文《中国银监会关于进一步规范商业银行个人理财业务投资管理有关问题的通知》规定："十九、理财资金不得投资于未上市企业股权和上市公司非公开发行或交易的股份。二十、对于具有相关投资经验、风险承受能力较强的高资产净值客户，商业银行可以通过私人银行服务满足其投资需求，不受本通知第十八条和第十九条限制。"

根据该规定，一般情况下银行理财产品不能直接投资于 PPP 项目股权，但对于私人银行的高端理财产品，可以直接投资股权。

3. 多层嵌套的通道业务是否还可开展

通道业务是指银行作为委托人，以理财、委托贷款等代理资金或者利用自有资金，借助证券公司、信托公司、保险公司等银行内部或者外部第三方受托人作为通道，设立一层或多层资产管理计划、信托产品等投资产品，从而为委托人的目标客户进行融资或对其他资产进行投资的交易安排。

根据《资管新规（征求意见稿）》第二十一条关于消除多层嵌套和通道的

规定："金融机构不得为其他金融机构的资产管理产品提供规避投资范围、杠杆约束等监管要求的通道服务。资产管理产品可以投资一层资产管理产品，但所投资的资产管理产品不得再投资其他资产管理产品（公募证券投资基金除外）。"

因此，以后银行理财投资只能有一层嵌套，而不能有多层嵌套。也就是说，以后银行理财投资项目公司股权可选用的结构就是"银行理财 + 信托/资管计划"认购项目公司股权，或者"银行理财 + 私募股权基金"认购项目公司股权。

同时，根据《中国银监会关于规范银信类业务的通知》（银监发〔2017〕55 号）规定，商业银行对于银信通道业务，应还原其业务实质进行风险管控，不得利用信托通道掩盖风险实质，规避资金投向、资产分类、拨备计提和资本占用等监管规定，不得通过信托通道将表内资产虚假出表。

根据《中国银监会关于进一步深化整治银行业市场乱象的通知》（银监发〔2018〕4 号）规定，对于理财资金通过信托产品投资于权益类金融产品或具备权益类特征的金融产品，但未严格执行合格投资者标准等，构成违规开展理财业务。

此外，根据《商业银行大额风险暴露管理办法（征求意见稿）》附件二《特定风险暴露计算方法》的规定："一、基础资产风险暴露 （一）基础资产风险暴露交易对手的确定 1. 商业银行应使用穿透方法，将资产管理产品或资产证券化产品基础资产的最终债务人作为交易对手，并将基础资产风险暴露计入对该交易对手的风险暴露"。由此规定可知，银行即使可以通过资管计划进行投资，但是对于风险的管控需穿透到基础资产的最终债务人，因此对银行而言，即便是表外业务，仍需接受大额风险暴露监管要求。

4. 新政后期限错配如何解决

《资管新规（征求意见稿）》规定，规范资金池要求金融机构做到每只资产管理产品的资金单独管理、单独建账、单独核算，不得开展或者参与具有滚动发行、集合运作、分离定价特征的资金池业务。资产管理产品直接或者间接投资于未上市企业股权及其受（收）益权的，应当为封闭式资产管理产品，并明确股权及其受（收）益权的退出安排。未上市企业股权及其受（收）益权的退出日不得晚于封闭式资产管理产品的到期日。

新规没有对滚动发行和股权退出安排明确界定。例如，如果是同样的资管产品，下一期购买上一期构成滚动发行，但是如果是不同的资管产品，例如信托计划和证券资管计划，互相购买是否构成滚动发行。另外，股权退出安排也没有明确规定，如是必须项目结束后退出，还是可以由社会资本签订股权回购协议退出。笔者认为，这里面都有一定的政策空隙，在政策允许的情况下，可以进行一定程度的创新。即便资管产品之间直接互相购买的方式不行，但是可以通过社会资本或项目公司作为中转方统筹管理，以实现资管产品的衔接。

5. 私募基金可否继续以委托贷款形式开展股贷联动

在PPP项目股权融资中，引入的私募基金一方面为项目提供资本金融资，另一方面以委托贷款等形式为项目提供债权融资，即业界所称的"股贷联动"。根据笔者之前的分析，现在倾向于将私募基金管理人和私募基金认定为金融机构。因此，新规实施后，私募基金作为委托人发放委托贷款的途径可能会被封死。

那么，私募基金可否直接对项目公司贷款？新版的《私募投资基金备案须知（2018年1月12日发布）》规定，私募基金既不能通过委托贷款，也不能通过直接贷款的形式开展放贷活动。

（四）金融机构如何在PPP股权融资领域开展同业合作

《中国银监会关于进一步深化整治银行业市场乱象的通知》（银监发〔2018〕4号）规定，以下情形构成违规开展同业业务："同业治理改革不到位；违规突破监管比例规定或期限控制开展同业业务；违规通过与银行、证券、保险、信托、基金等机构合作，隐匿资金来源和底层资产，未按照'穿透式'和'实质重于形式'原则进行风险管理并足额计提资本及拨备，或未将最终债务人纳入统一授信和集中度风险管控；同业投资违规多层嵌套，存在隐匿最终投向、突破投资范围与杠杆限制、期限错配等情形；同业业务接受或提供了直接或间接、显性或隐性的第三方金融机构信用担保，或违规签订'抽屉协议''阴阳合同'、兜底承诺等；违规通过同业业务充当他行资金管理'通道'，未履行风险管理职责，不掌握底层基础资产信息和实际风险承担情况等。"

笔者认为，PPP项目股权融资的同业合作主要表现在两个方面：一方面是

通道合作。金融新规虽然对嵌套进行了限制，但是仍然允许有一层嵌套。笔者认为，嵌套模式并不仅仅只有通道功能。不同金融机构的优势不同，在金融新规下，各大金融机构应该真正发挥专业优势，做到受人之托、代人理财的主动管理。另一方面是通过同业合作解决 PPP 项目合作期限与传统资管产品存续期限严重不匹配的问题，开发适合 PPP 项目的资管产品组合。

四 结论：PPP 股权融资未来该怎么走

PPP 项目投资收益相较于其他投资项目的收益，明显是偏低的，因此引进资金成本较低的银行资金对 PPP 项目公司而言是很有必要的。但是有人认为近期这一系列新政，几乎把银行资金股权投资的路都封死了，这势必导致未来 PPP 项目筹集股权资金时的困扰。笔者认为，目前银行投资股权的思维，都称不上是真正的股权投资，也就是说银行债权投资的思维并没有真正改变，表面上看，其是股权投资但是里子却是债权投资，这不仅使该受监管的业务没有受到监管，导致出现监管漏洞，而且会导致投行业务或是股权投资业务无法获得真正的发展。笔者认为，这一系列新政势必造成短期的阵痛，但是如果短期的阵痛可以换回整个金融行业长期的健康发展，短痛还是有价值的。

参考文献

［1］《关于规范金融机构资产管理业务的指导意见（征求意见稿)》（2017 年 11 月 17 日发布）。

［2］《关于在公共服务领域深入推进政府和社会资本合作工作的通知》（财金〔2016〕90 号）。

［3］《关于进一步做好政府和社会资本合作项目示范工作的通知》（财金〔2015〕57 号）。

［4］《关于进一步共同做好政府和社会资本合作（PPP）有关工作的通知》（财金〔2016〕32 号）。

［5］《私募投资基金备案须知》（2018 年 1 月 12 日更新）。

［6］《关于进一步规范商业银行个人理财业务投资管理有关问题的通知》（银监发〔2009〕65 号）。

［7］《中国银监会关于规范银信类业务的通知》（银监发〔2017〕55 号）。

［8］《关于进一步深化整治银行业市场乱象的通知》（银监发〔2018〕4 号）。

［9］《商业银行大额风险暴露管理办法》（公开征求意见稿）（2018 年 1 月 5 日发布）。

［10］《关于印发〈商业银行委托贷款管理办法〉的通知》（银监发〔2018〕2 号）。

［11］《关于进一步深化整治银行业市场乱象的通知》（银监发〔2018〕4 号）。

实务要点篇

Practical Points

B.7

PPP 常用模式特征及适用性分析

丁伯康*

摘　要：　近百年来，PPP 模式在海内外不同国度得到推广和运用，政府和社会资本在基础设施和公共服务项目的投资、建设和运营管理等方面所承担的责任不同，双方合作的表现形式也不尽相同。本文研究了 PPP 模式的谱系，分析了在我国采用最多、适用范围最广的几种 PPP 模式：BOT、TOT、BOO、ROT、TBT 的特征及适用性，确保以后在政府和社会资本合作中能够合理运用不同的操作模式。

关键词：　PPP 模式　BOT　TOT　BOO　ROT　适用性

---

* 丁伯康，中国现代集团总裁兼江苏现代咨询公司董事长。

一　PPP 模式的谱系

政府和社会资本在基础设施和公共服务项目的投资、建设和运营管理等方面，双方所承担的责任不同，合作的表现形式也不尽一致。如果我们把政府与社会资本之间的合作关系视为一个连续的统一体，把纯粹的公共服务提供作为一极，把完全的私营活动开展作为另一极，那么 PPP 模式可以理解为这两个极之间的不同结合点，每个点都代表着不同的政府和社会资本之间的责任组合，这就形成了 PPP 模式的谱系（如图 1 所示）。

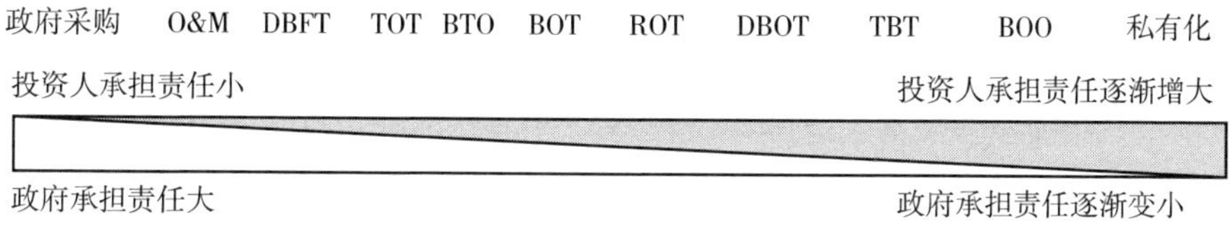

政府采购	O&M	DBFT	TOT	BTO	BOT	ROT	DBOT	TBT	BOO	私有化

投资人承担责任小　　　　　　　　　　　　　　　　　　投资人承担责任逐渐增大

政府承担责任大　　　　　　　　　　　　　　　　　　政府承担责任逐渐变小

图 1　PPP 模式谱系

因此，我们也可以说，在政府和社会资本合作项目中，可能被采用的操作模式可能是一种，也可能是几种；既有不同模式的组成，也有不同模式的组合。在此，我们结合国家发展改革委和财政部公布的 PPP 项目数据分析，可以得出这样的结论：目前在我国采用最多、适用范围最广的 PPP 模式，大体有 BOT、BOO、TOT、ROT、TBT 这几种。下面就这几种常用模式的特征及适用性逐一分析。

二　BOT 模式的特征及适用性分析

（一）BOT 模式的基本概念

BOT（Build－Operate－Transfer），即建设－运营－移交模式，是指政府把基础设施或公共服务项目的融资、建造、运营、维护和用户服务等职责，通过授予特许经营权的方式，全部交由社会资本方或为实施该项目而设立的特殊目的公司（通常称为"PPP 项目公司"或"SPV"）承担。当双方合作期满后，

社会资本方将项目资产及特许经营权无偿移交给政府或政府授权机构的合作方式。该种模式的合作期限一般为 10 年以上、30 年以下。通俗来说，就是指政府将需要建设的基础设施和公共服务项目，交由民间来投资兴建并经营一段时间后，再由政府回收经营。

（二）BOT 模式的特征

中国政府采用 BOT 模式建设基础设施和公共服务项目时，BOT 模式已在国外流行上百年，其主要运用在一些矿山、石油、天然气等资源的开采项目上。20 世纪 80 年代，深圳市广深沙角 B 电厂项目可以称得上是中国基础设施领域的首例 PPP 项目。深圳市广深沙角 B 电厂以"建设－运营－移交"（BOT模式）运作，由深圳经济特区电力开发公司（深圳市能源集团有限公司前身）与香港合和电力（中国）有限公司于 1985 年合作兴建，1988 年 4 月正式投入商业运行。当时深圳特区政府与香港合和电力（中国）有限公司合作，由香港合和电力（中国）有限公司出资兴建。作为回报，深圳特区政府给予香港合和电力（中国）有限公司十年的特许经营权。该电厂已于 1999 年 8 月移交给深圳市广深沙角 B 电力有限公司。

深圳市广深沙角 B 电厂项目是深圳特区政府通过政府采购的形式与中标单位——香港合和电力（中国）有限公司签订特许经营合同，由其负责筹资、建设及经营新建电厂项目。深圳特区政府通过授予该公司 10 年期的特许经营权，以收取电费作为香港合和电力（中国）有限公司投资和建设广深沙角 B 电厂的投资回报。在双方合作期限 10 年届满时（这是一个相对较短的期限），将全部设施无偿移交给特区政府或其指定机构。

（三）BOT 模式的交易结构

BOT 模式的交易结构如图 2 所示。

（四）BOT 模式的适用性分析

1. 适用具有特许经营的政府投资项目

特许经营是 BOT 模式运用极为关键的要素。BOT 模式发展到今天，特许经营已经有了独特的含义。根据国务院发布的《基础设施和公用事业特许经

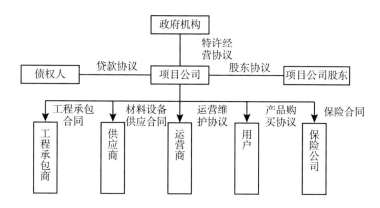

图 2　BOT 模式的交易结构

营管理办法》，基础设施和公用事业特许经营，是指政府采用竞争方式依法授权中华人民共和国境内外的法人或者其他组织，通过协议明确权利义务和风险分担，约定其在一定期限和范围内投资建设运营基础设施和公用事业并获得收益，提供公共产品或者公共服务。

2. 适用资金密集型的新建项目

BOT 模式作为一种政府和社会资本合作的典型方式，在政府规划新建重大基础设施和公共服务项目时，往往出于资金方面的投入压力，运用 BOT 模式将全部或大部分的建设资金筹措责任交由社会资本完成。因此，它特别适合于资金密集型的新建基础设施和公共服务项目。

3. 适用技术密集型的政府基础设施和公共服务项目

在 BOT 项目实施过程中，政府选择合作的社会资本方解决资金来源只是一个方面。从避免投资风险，提高基础设施和公共服务项目的建设和运营效率角度，通常政府也会将这部分责任交由社会资本方承担。这不仅较好地回避了政府在这方面的短板，也发挥了社会资本方在技术和管理等方面的优势，真正体现了政府和社会资本合作的价值。

三　TOT 模式的特征及适用性分析

（一）TOT 模式的基本概念

TOT（Transfer－Operate－Transfer），即转让－运营－移交模式，是指政府

将存量的基础设施和公共服务项目的资产所有权或特许经营权，有偿转让给社会资本方或为实施该项目而设立的特殊目的公司（通常称为"PPP 项目公司"或"SPV"），并由其负责运营、维护和提供用户服务，合同期满后再将资产所有权或特许经营权，以有偿或者无偿的方式移交给政府或政府指定的机构。该种模式的合作期限一般为 20 ~ 30 年。通俗地说，就是政府将已经建成的基础设施和公共服务项目的产权或经营权，以合理的价格转让给社会资本方。社会资本方在双方约定的合作期限内，通过科学运营和完善管理，获得合理的投资回报。待双方合作期满后，再将项目移交给政府的一种融资方式。

（二）TOT 模式的特征

TOT 模式是 BOT 模式发展的一种形态，也是从事基础设施和公共服务的企业进行兼并和收购的有效途径。它是相对于存量部分资源转让而言的，也是政府项目融资的方式和手段之一。TOT 模式的典型特征包括以下五个方面。

（1）项目不仅对中标单位或由中标单位组成的联合体有较高的技术、运营、管理方面的要求，同时还要求其具有较强的资金实力和现金支付能力。

（2）项目有当期投入且有过往经营指标的参照，虽然经过政府授权特许经营，但是对于投资回报和经营管理方面的压力，往往更加明显。

（3）相对于 BOT 模式，TOT 模式在方案的设计以及实际操作中，遇到的问题头绪更多也更加复杂，包括项目资产所有权或特许经营权的估值、定价和债务的处置以及人员的安置等方面，都需要认真对待和处理。

（4）相对于其他模式而言，由于没有项目的融资和建设期，所以社会资本方进入运营的时间短，有利于社会资本加快产业扩张、实现资金投资收益。

（5）有利于政府盘活存量国有资产和城市资源，在提高项目经营和管理的效益基础上，将原先投资于基础设施和公共服务项目里的资金回收回来，进行新的投入，加快城市建设和发展。

（三）TOT 模式的交易结构

TOT 模式的交易结构如图 3 所示。

（四）TOT 模式的适用性分析

（1）TOT 模式适用于具有收费来源的存量经营性或准经营性项目，如收

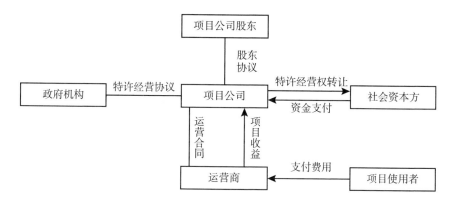

图 3 TOT 模式的交易结构

费高速公路、收费桥梁、收费隧道、燃气、供热等。部分准运营项目，如自来水、污水处理、垃圾填埋与焚烧发电、水源供应、轻轨与地铁运营、综合地下管廊等的转让相对适用。

（2）无论以股权还是以资产所有权的方式进行转让，TOT 模式都涉及特许经营权的转移问题。而且 TOT 模式只针对政府已经投资完成并已投入运营的基础设施或公共服务项目适用。在此类项目的合作中，社会资本只对项目经转让后的后续运营管理负责，到期按照约定移交。

（3）TOT 模式特别适用于需要通过技术和管理提升，提高项目运营和服务效率的存量特许经营项目。因为在 TOT 项目股权或资产所有权转让以后，政府也将这部分运营管理责任交由社会资本方承担，这不仅有利于政府在短期内收回投资，而且对长期发挥社会资本方在技术和管理方面的优势，提高项目运营效率和管理效率也十分有利。

四 BOO 模式的特征及适用性分析

（一）BOO 模式的基本概念

BOO（Build – Own – Operate），即建设 – 拥有 – 运营模式，是由 BOT 演变而来。两者的主要区别在于社会资本方对于该项目是否拥有所有权。虽然 BOO 模式下社会资本对于项目拥有所有权，但是这个所有权是有一定的限制

性条件的，比如，公益性的约束条件，社会资本方根据政府授予的特许经营权建设并经营该项目。

BOO 模式下，项目建设模式和项目融资方式两者是并行的，在我国这被称为"特许权融资方式"。具体来说，是指国家或者地方政府通过相关协议，授予签约方的社会资本承担基础设施和公共服务项目的融资、建设、经营和维护责任，在协议约定的范围内，项目公司拥有投资和建造设施的所有权，并允许向公共服务使用者收取适当的费用，由此回收项目投资、经营和维护的成本并获得合理回报，但最终并不将此基础设施和公共服务项目移交给政府。

（二）BOO 模式的特征

根据世界银行《1994 年世界发展报告》描述，BOT 有三种具体形式：BOT、BOOT 和 BOO。在 BOO 模式中，投资人成立的项目公司在获得政府特许、事先约定经营方式的基础上，从事基础设施和公共服务项目的投资建设和经营。这与 BOT、TOT 等融资模式是一致的。但是在 BOO 模式中，项目的所有权不再交还给政府，项目公司有权不受任何时间限制拥有并经营该项目，项目公司实际上成为建设、经营某个特定基础设施而不转让项目设施财产权的公司。从这个特征可以看出，BOO 模式是政府和社会资本合作关系中产权关系最稳定、最清晰的一种模式。

近期，我国采用 BOO 的运作模式操作了一些项目，如 2016 年 5 月落地的财政部第二批 PPP 示范项目——包头医学院国际医院 PPP 项目，就是通过政府方、咨询顾问和社会资本方的共同努力，按照 BOO 模式运作成功的，也找到了一条突破公立医院 PPP 模式落地困难的新路子。但是此种模式也存在一些操作上和法律上的障碍，不宜大规模推广实施。因为在我国市场化转型期，将基础设施和公共服务项目完全交由社会资本经营和拥有，既不利于政府对未来市场的优化布局和调整，也不利于政府对这些项目实施有效监管。因此，对 BOO 模式的应用，还需要做进一步的创新设计，以便在政策和法律允许的框架内，成为政府和社会资本方共同乐于接受的模式。

（三）BOO 模式的交易结构

BOO 模式的交易结构如图 4 所示。

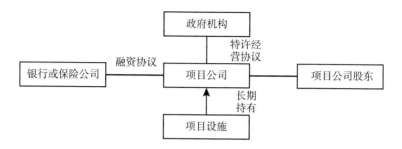

图 4　BOO 模式交易结构

（四）BOO 模式的适用性分析

BOO 模式和 BOT 模式最主要的区别在于：BOT 模式下，社会资本所投资和建设的政府类项目，经过一定时间的运营之后，会将其交还给政府或政府的指定机构。而在 BOO 模式下，项目公司对于政府授权项目的经营，并不受时间的限制。因此，BOO 模式更加适用于项目本身的收益不高、政府又可能长期给社会资本提供可行性缺口补助的新建基础设施和公共服务项目。与此同时，要求政府对这些设施的运营服务质量易于监管，且监管成本合理、稳妥可靠。该模式目前在我国的基础设施和公共服务项目中使用并不常见。

五　ROT 模式的特征及适用性分析

（一）ROT 模式的基本概念

ROT（Renovate – Operate – Transfer），即改建 – 运营 – 移交模式，是指政府在 TOT 模式的基础上，增加技术改造或项目改扩建内容的政府和社会资本合作方式。该项合作的特许经营合同，期限一般为 20~30 年。在 ROT 模式中，技术改造或项目改扩建，是指在获得政府授予特许经营权的基础上，对过时、陈旧的项目设施、设备进行提升改造或更新，并在此基础上由社会资本经营若干年后再转让给政府。

（二）ROT 模式的特征

ROT 模式可以理解为是 BOT 与 TOT 两种模式复合运作的一种方式。只是

将原来需要全部新建的设施，转变为对已经建成但已陈旧过时的设施、设备等，按照政府要求进行部分技术改造或改扩建，以满足该基础设施和公共服务项目为社会公众提供合格服务的需要。其与 BOT 模式的差别在于"建设"变化为"改建"，与 TOT 模式的差别在于"转让"成为"附加条件的转让"。

此外，ROT 亦可表现为"TOT + BOT"模式，如按照是否一次性支付受让既有设施的使用和运营费用，还可分为 B – BOT（Buy – Build – Operate – Transfer）和 L – BOT（Lease – Build – Operate – Transfer）两种操作模式。从目前国内已经实施的绝大部分项目来看，以 B – BOT 为多。

（三）ROT 模式的交易结构

ROT 模式的交易结构如图 5 所示。

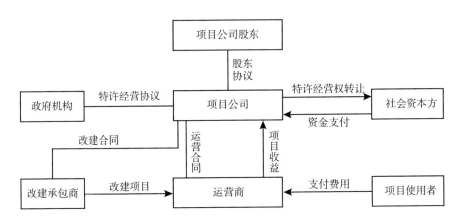

图 5　ROT 模式的交易结构图

（四）ROT 模式的适用性分析

ROT 模式结合了 BOT 模式和 TOT 模式的部分特点，对于政府或公共服务部门希望通过 ROT 模式进行改造、改善或增加部分设施设备，并通过市场化的运营提高其应有价值的基础设施和公共服务项目特别适用。

当然，ROT 模式也适用于因为技术落后、运营不良、规模不当或不能满足市场需求，其本来规划的社会效益和经济效益不能完全实现的存量基础设施和公共服务项目。例如，需要提升改造的污水处理厂的投资和运营、水厂的扩建和水务设施运营、医养设备的改造和运营、体育场馆和会展中心的设施改造和运营等。

六　TBT 模式的特点及适用性分析

（一）TBT 模式的基本概念

TBT（Transfer – Operate – Transfer），即转让 – 建设 – 转让模式，是指政府通过 TOT 模式将已经建成的相关基础设施的经营权，在合约期限内转让给社会资本投资者。同时，通过 BOT 模式进行相关项目设施的建设与运营，在授予的特许经营期限内让社会资本进行运营。在此期间，政府需要对现有的基础设施进行相关资产估值，并以此为依据对将要建设的和拟建的设施同时进行公开招标，选择合格的社会资本方。在确定社会资本方后，政府与其签订两份特许经营合同，转让已建设施的特许经营权和拟建项目的建设与特许经营权。

TBT 模式的实施过程如下：政府通过招标将已经运营一段时间的项目和未来若干年的经营权无偿转让给投资人；投资人负责组建项目公司去建设和经营待建项目；项目建成开始经营后，政府从 BOT 项目公司获得与项目经营权等值的收益；按照 TOT 和 BOT 协议，投资人相继将项目经营权归还给政府。实质上，是政府将一个已建项目和一个待建项目打包处理，获得一个逐年增加的协议收入（来自待建项目），最终收回待建项目的所有权益。

（二）TBT 模式的特征

TBT 模式具有三大特征。首先从政府的角度讲，可以缓解 BOT 项目的政府投入资金压力。采取 TBT 模式，政府可将 TOT 融得的部分资金入股 BOT 项目公司，以少量国有资本来带动大量的社会资本。其次，从社会资本角度看，BOT 项目运作的成功与否，很大程度上取决于政府的行为，而一定比例的政府投资对吸引社会资本也比较有利。最后，TOT 模式可以使项目公司从 BOT 的特许经营期开始就有稳定的收入，未来稳定的现金流将使 BOT 项目公司的融资也变得更为容易。

（三）TBT 模式的交易结构

TBT 模式的交易结构如图 6 所示。

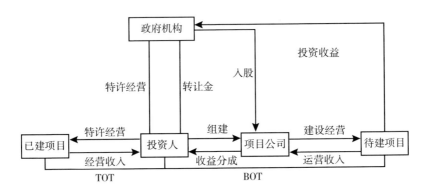

图 6　TBT 模式的交易结构

（四）TBT 模式的适用性分析

由于 TBT 模式是 TOT 与 BOT 模式的结合，故适用领域与 BOT 模式大体一致。一般投资金额巨大、运营周期漫长、风险不可预知的基础设施项目，均可以采用 TBT 模式。

此外，对于 TBT 这种灵活的利益交换模式，政府既可以从投资者手中获得资金用于原有的项目人员安排和新设项目的建设与维护，也可以将部分资金入股新的公司，获得额外收益。社会资本方也可在政府监管之下，对于签订合约的新建和已建设施同时运营而获得双份收益。

B.8
PPP 项目监管体系及绩效考核体系建设

刘飞 朱可勇*

摘 要: 在 PPP 模式下,政府方需要通过监管以确保社会资本提供公共产品和公共服务的质量和效率,并获取合理的利润回报。监管体系应至少包括行政监管、公众监督、履约管理和政府指定出资代表监管四个层次。其中,绩效考核体系是履约管理中的重要环节。PPP 项目合同通常包括绩效考核协议,明确在建设、运营和移交各个阶段中各项设施和服务的绩效考核标准、绩效监测方案以及未达到绩效考核的后果。

关键词: PPP 项目 监管体系 绩效考核体系

在 PPP 模式下,政府的角色由公共产品和公共服务的直接提供者转变为与社会资本的合作者和 PPP 项目的监管者。在转变政府角色和职能的同时,PPP 项目的监管体系也应相应调整,以适应 PPP 模式的发展。

一 PPP 项目监管的必要性

追求企业利润是社会资本(或项目公司,下同)追求的核心目标。在 PPP 模式下,政府将其在基础设施和公共服务领域所承担的部分责任让渡给社会资本,由社会资本在合作期限内承担基础设施和公共服务领域涉及

---

* 刘飞,上海市锦天城律师事务所高级合伙人律师;朱可勇,上海市锦天城律师事务所律师。

的设计、建设、投资、融资、运营和维护等责任。并且，PPP 项目合同通常会做出排他性约定，即政府方承诺合作期限内不会在合作范围内与其他任何一方合作或不会在合作范围内新建竞争性项目。一方面，基础设施和公共服务领域天然具有的垄断属性和 PPP 项目的排他性约定，使得社会资本对合作范围内公共产品和公共服务的提供具有垄断优势，在一定条件下为社会资本违背公共利益目标、追逐超额利润提供了环境和机会。另一方面，基础设施和公共服务的"公用"属性决定了公共产品和公共服务的提供必须以追求公共利益为目标。PPP 模式仅改变了公共产品和公共服务的提供方式，并未改变基础设施和公共服务的"公用"属性。PPP 模式的主要目标之一仍是追求公共产品和公共服务的供给质量和效率，实现公共利益最大化。

社会资本的逐利性与公共产品和公共服务的公益性之间天然地存在着矛盾，需要通过有效的监管体系予以平衡，以确保社会资本既能提供高质量的公共产品和公共服务，又能获取合理的利润回报。

二　PPP 项目监管体系的建设

《行政许可法》第六十七条规定："取得直接关系公共利益的特定行业的市场准入行政许可的被许可人，应当按照国家规定的服务标准、资费标准和行政机关依法规定的条件，向用户提供安全、方便、稳定和价格合理的服务，并履行普遍服务的义务"。

在 PPP 模式下，尽管政府不再是公共产品和公共服务的直接提供者，但提供公共产品和公共服务的终极责任还在于政府。为防止社会资本提供公共产品和公共服务可能带来的公共利益损害的风险，政府需构建综合的监管体系，重点监管社会资本普遍服务义务的履行、公共产品和公共服务供给的质量、成本和价格。

结合国办发 42 号文关于建立多层次监督管理体系的要求，构建与 PPP 模式相匹配的监管体系应至少包括行政监管、公众监督、履约管理和政府指定出资代表监管四个层次（见表 1）。

表 1　PPP 监管体系及层次

监管方式	权利来源	监管主体	监管对象	监管手段
行政监管	行政授权	政府及行政职能部门	社会资本方	制定指南和标准； 行政许可； 监督检查； 行政处罚
公众监督	公共产品及公共服务属性	社会公众	政府方和社会资本方	信息公开； 听取公众意见； 听证
履约管理	项目合同权利	项目实施机构	社会资本方	批准审查； 备案； 现场检查； 介入（临时接管）； 绩效考核管理； 中期评估
政府指定出资代表监管	股东权利	政府出资代表	社会资本方	行使股东权利； 一票否决权

（一）行政监管

《基础设施和公用事业特许经营管理办法》（国家发展改革委等 6 部委令第 25 号）规定："县级以上人民政府有关部门应当根据各自职责，对特许经营者执行法律、行政法规、行业标准、产品或服务技术规范，以及其他有关监管要求进行监督管理，并依法加强成本监督审查。县级以上审计机关应当依法对特许经营活动进行审计"。

《政府和社会资本合作模式操作指南（试行）》（财金〔2014〕113 号，以下简称"财金 113 号文"）规定："行政监管重点关注公共产品和服务质量、价格和收费机制、安全生产、环境保护和劳动者权益等"。政府可通过制定配套的指南和标准、设定行政许可、实施监督检查和行政处罚等手段依法履行行政监管职责。

1. 制定配套的指南和标准

在 PPP 项目操作方面，PPP 主管部门已相继制定了 PPP 模式操作指南、PPP 项目合同指南、PPP 项目通用合同指南、PPP 物有所值评价指引、PPP

项目财政承受能力论证指引、PPP 项目财政管理办法、PPP 项目工作导则以及与信息公开相关的一系列指导性文件，还应进一步考虑制定执行和移交阶段的相关指南，使得 PPP 项目在绩效考核、中期评估、项目移交等方面均符合指南要求。

在行业管理方面，行业主管部门应制定不同领域的行业指南、行业技术规范、公共产品服务质量和安全标准等。PPP 项目在建设、运营和移交等过程中均应符合相关指南、规范和标准的要求。

2. 设定行政许可

在项目投资管理方面，PPP 项目应满足政府类投资项目采取审批制、企业投资类项目采取核准制和备案制的要求。

在项目建设方面，PPP 项目应满足建设项目用地预审、节能审查、环境影响评价、建设用地规划许可、建设工程规划许可、国有土地使用权证、建筑工程施工许可、竣工环境保护验收、竣工验收备案等审批或备案要求。

在项目运营方面，PPP 项目还应满足特殊行业关于运营许可要求，如供水企业的取水许可、排污企业的排污许可等。

3. 监督检查和行政处罚

在 PPP 项目的执行过程中，政府相关职能部门应在各自职权范围内履行对项目公司安全、产品和服务质量、成本和价格的监管职责，均有要求项目公司报送信息、进入现场监督检查、依法给予行政处罚等权利。

在安全和质量方面，应严格按照相关的安全、质量、技术标准和管理办法对项目建设、项目运营实施监督检查。

在成本和价格方面，国家对公用事业、公益性服务和自然垄断经营的商品价格实行政府指导价、政府定价，相关部门应根据《政府制定价格成本监审办法》（国家发展改革委令〔2006〕第 42 号）的规定，对 PPP 项目的生产运营成本进行定期监审，同时根据《价格法》相关规定对项目公司执行价格标准情况进行监督检查。

（二）公众监督

公众是公共产品和公共服务的最终消费者，应有对公共产品和公共服务的质量和价格提出意见和建议的权利。政府可通过信息公开、征求公众意见、切实执行听证制度等手段使公众充分参与 PPP 项目的监管。

1. 信息公开

信息公开是规范 PPP 项目运作、有效监督和约束政府方和社会资本方行为的重要手段，也为保障公众知情权所必需。

国办发 42 号文明确提出了依法充分披露 PPP 项目重要信息，实行阳光化运作，保证 PPP 项目公开透明的要求。财政部、国家发展改革委出台的《关于进一步做好政府和社会资本合作（PPP）有关工作的通知》（财金〔2016〕32 号）第七条也给出了相关规定。财政部于 2016 年 10 月 28 日公布了《政府和社会资本合作项目信息公开暂行管理办法（征求意见稿）》，首次系统规范了 PPP 项目全生命周期的信息披露工作，为在我国全面建立 PPP 项目信息公开制度体系做出了积极而有力的尝试。

2. 征求公众意见

对于涉及公共利益的重大或特殊 PPP 项目的建设，在项目前期工作时即应做好社会影响稳定性评价工作。应对项目的社会稳定风险进行调查分析，采取公示、问卷调查、实地走访、召开座谈会、听证会等多种形式征求公众意见，避免因违背公共利益而影响 PPP 项目的建设和运营。

在 PPP 项目的运营阶段，应定期组织公众满意度调查，收集公众意见，重视舆论监督，并将满意度调查、社会媒体曝光等纳入绩效考核指标体系。

3. 切实执行听证制度

《行政许可法》第四十六条规定："法律、法规、规章规定实施行政许可应当听证的事项，或者行政机关认为需要听证的其他涉及公共利益的重大行政许可事项，行政机关应当向社会公告，并举行听证"。

《价格法》第二十三条规定："制定关系群众切身利益的公用事业价格、公益性服务价格、自然垄断经营的商品价格等政府指导价、政府定价，应当建立听证会制度，由政府价格主管部门主持，征求消费者、经营者和有关方面的意见，论证其必要性、可行性"。

政府方应切实执行听证制度，保障公众充分参与事关切身利益的行政决策，确保 PPP 项目执行的透明、公开、公平、公正。

（三）履约管理

政府方作为公共产品和公共服务的购买者（或者购买者的代理人），通常

会授权项目实施机构行使 PPP 项目合同项下的权利。项目实施机构通过批准审查、备案要求、现场检查、行使介入权、绩效考核和中期评估等手段实现对 PPP 项目建设、运营和移交全过程的履约管理。

1. 审查、批准和备案

PPP 项目合同会约定需由政府方审查和书面批准的事项，以及项目公司需向政府方备案的事项（见表 2）。对于新建项目，PPP 项目合同还可约定政府方对于建设资金的监管要求。

表 2 政府方审查、批准和备案的事项

需由政府方审查事项			
1	设计文件	5	应急预案
2	运营维护手册	6	工程施工和运营维护的承包商或分包商的资质
3	运营维护计划	7	项目公司股权受让方履约能力和资格
4	施工计划	8	建设期履约保函、维护保函、移交维修保函
需由政府方批准事项			
1	违约责任的免除	10	收费收益权设置质押或转让
2	项目提前终止	11	再融资
3	建设期或运营期的延长	12	超范围经营
4	运营服务的外包	13	土地使用权的转让、出租
5	设计变更	14	土地使用权抵押、质押等权利负担或权利限制的设置
6	工程变更	15	项目土地用于项目之外其他用途
7	计划内的暂停服务	16	对保险合同重要条款的实质性变更
8	费用的确认和支付	17	在锁定期内，项目公司股权变更和各级控股母公司的控股股权的变更
9	服务价格的调整		
需向政府方备案事项			
1	融资文件	6	中长期经营计划和年度经营计划
2	工程建设中设备、材料相关的采购文件	7	年度运营情况
3	工程建设质量保证措施和质量控制计划	8	年度财务会计报告
4	工程相关的技术资料、图纸	9	股东会决议、董事会决议
5	竣工验收文件		

2. 现场检查

PPP 项目合同会约定项目实施机构或其指定代表有出入项目公司场地的权

利，包括：

（1）在项目建设期间，在不影响项目正常施工的前提下进场检查项目建设进度、施工过程中的安全生产管理和文明施工情况；

（2）在运营期间，在不影响项目正常运营的前提下进场检查项目设施的运营和维护情况。

但政府方行使现场检查权不得影响项目的正常建设和运营，需按照合同约定履行合理的通知义务并遵守现场管理的规定。

3. 行使介入权（临时接管）

PPP 项目合同会约定项目实施机构在特定情形下直接介入项目建设和运营的权利，通常适用于发生短期严重的问题且该问题需要被快速解决，而政府方在解决该问题上更有优势和便利的情形，主要包括项目公司违约和项目未违约但发生紧急情况两种情形。

在项目公司违约情形下，一般在行使介入权前应按照 PPP 项目合同约定书面通知项目公司并给予其一定期限的纠正和自行补救。如果项目公司在约定的期限内仍无法纠正和补救，项目实施机构或政府指定的机构才有权行使介入权。如果政府方的介入仍然无法补救项目公司的违约时，则项目实施机构有权根据提前终止机制终止项目合同。

在项目公司未违约情形下，只有在特定的情形下，项目实施机构或政府指定的机构才有权行使介入权。常见的特定情形包括：

（1）存在危及人身健康或安全、财产安全或环境安全的风险；

（2）发生紧急情况且政府方合理认为该紧急情况将会导致人员伤广、严重财产损失或造成环境污染，并且会影响项目的正常建设和运营。

但项目实施机构或政府指定的机构在行使介入权前必须按照 PPP 项目合同中约定的通知程序提前通知项目公司，并且应当遵守合同中关于行使介入权的要求。

在行使介入权期间，PPP 项目合同通常会约定项目公司应无条件服从项目实施机构或政府指定的机构接收或接管本项目的所有指令，并给予必要的协助。

4. 绩效考核

《国家发展改革委关于开展政府和社会资本合作的指导意见》（发改投资

〔2014〕2724 号）规定："项目实施过程中，加强工程质量、运营标准的全程监督，确保公共产品和服务的质量、效率和延续性。鼓励推进第三方评价，对公共产品和服务的数量、质量以及资金使用效率等方面进行综合评价，评价结果向社会公示，作为价费标准、财政补贴以及合作期限等调整的参考依据。项目实施结束后，可对项目的成本效益、公众满意度、可持续性等进行后评价，评价结果作为完善 PPP 模式制度体系的参考依据"。

《政府和社会资本合作项目财政管理暂行办法》（财金〔2016〕92 号）规定："合同应当约定项目具体产出标准和绩效考核指标，明确项目付费与绩效评价结果挂钩"。

绩效考核是 PPP 项目实施过程中必要且有效的监管手段。项目实施机构应根据项目特点建立绩效考核指标体系，分别规定建设、运营和移交阶段项目公司应达到的标准，并明确绩效考核与付费挂钩的扣减和奖励机制。

5. 中期评估

《国家发展改革委关于印发〈传统基础设施领域实施政府和社会资本合作项目工作导则〉的通知》（发改投资〔2016〕2231 号）（以下简称"发改投资2231 号文"）指出："项目实施机构应会同行业主管部门，自行组织或委托第三方专业机构对项目进行中期评估，及时发现存在的问题，制订应对措施，推动项目绩效目标顺利完成"。

财金 113 号文提出："项目实施机构应每 3～5 年对项目进行中期评估，重点分析项目运行状况和项目合同的合规性、适应性和合理性；及时评估已发现问题的风险，制订应对措施，并报财政部门（政府和社会资本合作中心）备案"。

财政部于 2016 年 10 月 24 日公布了《PPP 物有所值评价指引（修订版征求意见稿）》明确要求："在 2016 年 1 月 1 日之后发起的 PPP 项目均应开展中期物有所值评价。中期物有所值评价在项目开始运营后 3～5 年内，考察物有所值实现程度，作为中期评估的组成部分。"该文充分体现了 PPP 项目全生命周期管理的理念。

项目实施机构可以自行实施或组织相关的专家、中介机构进行中期评估，重点评估项目公司的履约情况、PPP 项目合同和监管体系，主要对项目建设和运营的合规性与符合性、PPP 项目合同的修订情况、双方权利和义务的履行情况、政府方监管情况等进行全面审查并提出相应的建议。

（四）政府指定出资代表监管

发改投资 2231 号文提出："鼓励地方政府采用资本金注入方式投资传统基础设施 PPP 项目，并明确政府出资人代表，参与项目准备及实施工作"。

《PPP 项目合同指南（试行）》（财金〔2014〕156 号，以下简称"项目合同指南"）提出："项目公司可以由社会资本（可以是一家企业，也可以是多家企业组成的联合体），也可以由政府和社会资本共同出资设立，但政府在项目公司中的持股比例应当低于 50%，且不具有实际控制力及管理权"。

在 PPP 实践中，政府通常会指定出资代表参股项目公司，行使股东权利，以便更直接地了解项目的运作以及收益情况，更好地实现对项目公司的监管。

作为项目公司的股东，政府方依法享有《公司法》规定的股东权利，包括了解项目公司基本经营状况、参与重大决策、选择及监督管理者等权利。对于股东权利的行使方式，政府方通常会通过委派/提名董事、监事、高级管理人员参与、监督项目公司的决策和经营管理；对于涉及公共利益和公共安全的重大事项，通常在项目公司的股东协议、公司章程中约定政府方享有的"一票否决"权。

三　PPP 项目绩效考核体系的建设

国办发 42 号文明确要求："建立事前设定绩效目标、事中进行绩效跟踪、事后进行绩效评价的全生命周期绩效管理机制，将政府付费、使用者付费与绩效评价挂钩，并将绩效评价结果作为调价的重要依据，确保实现公共利益最大化"。

PPP 项目合同通常包括绩效考核协议，明确在建设、运营和移交各个阶段中各项设施和服务的绩效考核标准、绩效监测方案以及未达到绩效考核的后果。

绩效考核体系应根据不同的回报机制分别设置，既确保项目公司服务的质量和效率受到监管，又保证项目公司履行合同不会受到不必要的干预。

（一）PPP 项目回报机制

PPP 项目的回报机制分为政府付费、使用者付费和可行性缺口补助三种。

政府付费是指政府直接付费购买公共产品和公共服务，包括可用性付费、使用量付费和绩效付费，其中，可用性付费是指政府依据项目公司提供的项目设施或服务是否符合合同约定的标准和要求来付费；使用量付费是指政府依据项目公司提供的项目设施或服务的实际使用量来付费；绩效付费是指政府依据项目公司提供的公共产品或服务的质量付费。

可用性付费、使用量付费一般和绩效付费结合使用，即如果项目公司提供的设施或服务的质量没有达到合同约定的标准，则按一定比例扣减政府付费。

使用者付费是指由最终消费用户直接付费购买公共产品和公共服务。

可行性缺口补助是指使用者付费不足以满足项目公司成本回收和合理回报时，由政府给予项目公司一定的经济补助，以弥补使用者付费之外的缺口部分。

1. 采用政府付费和可行性缺口补助 PPP 项目的绩效考核体系

政府付费与使用者付费的最大区别在于付费主体是政府，而非项目的最终使用者。

（1）绩效考核标准

绩效考核指标体系通常包括建设阶段的建设考核指标、运营阶段的运营维护指标和移交阶段的移交验收指标三个部分。

对于 PPP 项目的建设考核，政府方可对建设质量、施工进度、施工安全、环境保护和社会影响等设定明确的建设考核标准。

对于 PPP 项目的运营考核，政府方可对产品质量、运营服务质量、运营成本、安全生产、综合治理、公众满意度等设定明确的运营绩效考核标准。

对于 PPP 项目的移交考核，对于合同约定合作期限届满采取无偿移交方式的，政府方应重点对项目设施状况和文档设定移交验收标准。

绩效考核标准应结合 PPP 项目的特点和实际情况设置，并应可量化和可监测。

（2）绩效监测方案

绩效监测方案应明确绩效监测方式及频率、监测主体。

监测方式及频率。绩效考核一般采取常规考核和临时考核两种方式，约定考核的周期，并与付费周期相衔接。

监测主体。通用合同指南明确提出"鼓励推进第三方评价，对公共产品和服务的数量、质量以及资金使用效率等方面进行综合评价"。政府方可以自行实施绩效考核，组织政府职能部门、专家和公众进行联合考核，也可以委托第三方评价机构进行考核。

（3）绩效考核未达标的后果。

PPP 项目合同中会明确约定未达到绩效标准的后果，包括：实行政府付费与绩效考核的挂钩机制，根据未达到绩效标准的情形和影响程度，相应扣减一定比例的政府付费；通过建设期履约保函、维护保函和移交维修保函机制实现绩效考核的约束，即在绩效考核不达标时可要求项目公司在约定的期限内整改，如逾期未整改或整改后仍未达标时，政府方可按合同约定提取保函。

如果长期或多次无法达到绩效标准，或达不到绩效标准的情形非常严重，则构成项目公司违约，可由政府方行使介入权，甚至可能导致合同提前终止。

对应于未达绩效标准时的扣减机制，PPP 项目合同应同时约定在项目公司实际绩效优于绩效考核标准时的奖励措施。

2. 采用使用者付费 PPP 项目的绩效考核体系

对于采用使用者付费的项目，项目公司完全通过向最终消费用户收取费用，以回收项目的建设和运营成本并获得合理收益，承担合作期限内全部或者大部分经营风险。

绩效考核体系应考虑根据使用者付费 PPP 项目的特点有针对性地设置。

（1）绩效考核标准

在建设阶段，在合作期限确定的前提下，项目公司有按时完工或提前完工，以尽快进入运营期开始向用户收费的迫切需求，同时有降低建设成本的内在动力。因此，绩效考核的重点应为项目工程符合建设质量标准、施工安全、环境保护和社会影响。

在运营阶段，项目公司一方面有通过提升服务质量和效率以吸引更多的消费者、降低运营成本的内在动力，另一方面也有提高服务价格的现实需求。因此，绩效考核的重点应为产品质量、运营服务质量、运营成本、安全生产和综合治理，应将公众满意度调查作为绩效评价的重要内容。

在移交阶段，对于合同约定合作期限届满采取无偿移交方式的，绩效考核的重点仍为项目设施状况和相关文档，通过移交维修保函机制实现对移交绩效考核的约束。

（2）绩效监测方案

采用使用者付费 PPP 项目的绩效监测方案与采用政府付费和可行性缺口补助 PPP 项目相似。监测方式可采取常规考核和临时考核两种方式，监测主体可由政府方自行实施或由政府职能部门、专家和公众联合考核，也可以委托第三方评价机构进行考核。

（3）绩效考核后果

PPP 项目合同中会明确约定未达到绩效标准的后果，包括：实行绩效考核结果与服务价格调整相挂钩的机制，约定绩效考核不达标时不得调整服务价格；通过建设期履约保函、维护保函和移交维修保函机制实现绩效考核的约束，即在绩效考核不达标时可要求项目公司在约定的期限内整改，如逾期未整改或整改后仍未达标时，政府方可按合同约定提取保函。

如果长期或多次无法达到绩效标准，或达不到绩效标准的情形非常严重，则构成项目公司违约，可由政府方行使介入权，甚至可能导致合同提前终止。

综上所述，为实现 PPP 模式在我国的可持续发展，必须构建多层次的综合监管体系和绩效考核体系，加强 PPP 项目监管制度建设和监管能力建设，并设置合理的绩效考核体系。

同时，为保证监管体系和绩效考核体系的有效实施，政府方也应切实履行项目合同约定的义务，如确保政府付费的及时和充足，设置并执行价格调整机制等。

行业发展篇

Industry Development

B.9
特色小镇 PPP 项目应用分析

曹　珊*

摘　要： 特色小镇引入 PPP 模式是政府发挥财政资金的杠杆作用，引入私营企业和民营资本，实现特色小镇投资、建设、运营主体多元化的有效尝试。本文通过对 PPP 模式在特色小镇项目中的应用介绍，分析了特色小镇 PPP 项目的政策环境、当前困境、发展前景和趋势。

关键词： 特色小镇　PPP　政策环境　应用分析

一　特色小镇的发展概述

（一）特色小镇的概念与项目特点

特色小镇，并非一种行政建制的镇级单位，或普通意义上的小镇、产业园区

---

* 曹珊，上海市建纬律师事务所副主任。

或风景区的概念，其可以是行政建制镇，也可以是有明确边界的聚落空间，还可以是风景区、旅游区、产业园的集合地。特色小镇的"特色"彰显是依靠它的特色产业（可能是旅游产业，也可能是其他如健康、金融、时尚等新兴产业）①。

特色小镇建设项目和一般的城镇基础设施建设项目相比，具有如下几个方面的特点：第一，涉及大量基础设施建设。无论是新建，或是改建，作为城镇建设框架下的一种新模式，其为达成建设目标，必然需要新建和改造大量的路桥等基础设施，在这个方面与一般的城镇基础设施项目相似。第二，效益的多方面性。特色小镇的建设不仅是城镇的基础设施建设，其定位要求实现多方面的效益。第三，投资的复杂性。特色小镇项目不仅包括基础设施，而且包括小镇产业的培育和发展、小镇居民生活服务的提供、小镇旅游项目的运营、小镇文化的宣传和利用，其投资结构复杂，投资回收时间长，项目不同部分的融资能力和投资回收能力各有差异。

（二）特色小镇的发展模式

2016 年 7 月 21 日，住建部、国家发展改革委、财政部联合发出了《关于开展特色小镇培育工作的通知》，提出要在全国范围内开展特色小城镇的培育工作，力争在 2020 年培育出 1000 个各具特色、各具活力的"特色小镇"。同年 10 月 8 日，国家发展改革委出台了《关于加快美丽特色小（城）镇建设的指导意见》。10 月 14 日，住建部公布了第一批中国特色小镇名单。特色小镇的建设全面铺开。

作为新型城镇化建设的重要一步，特色小镇的建设涉及小镇产业的引进和扶持，交通等公用设施的建设，小镇居民生活及小镇游客旅游所需的一系列配套设施的建设和完善，需要先进的产业思维、技术和管理经验来支撑产业及产业链的形成。当前，特色小镇的传统建设模式出现瓶颈，PPP 模式在项目融资、建设中的优势便体现出来。

二 特色小镇 PPP 结构及模式

需要针对特色小镇的项目进行分类讨论，也就是说，并不是特色小镇里所

---

① 全经联：《如何玩转特色小镇》，搜狐网，http：//www.sohu.com/a/131187989_ 241989。

有的公共产品都可以通过 PPP 模式来提供，PPP 更多地适用于能产生稳定、持续现金流的部分准公共产品，适用于那些能识别受益主体、衡量受益程度进而具备收费条件的某些公共产品，如交通设施、公共事业设施等。[①] 特色小镇的产业导入、培育与发展，以及居民、游客服务项目是经营性较强的参与领域，具体包括土地整理、产业物业建设、产业招商运营等项目，因此相对于基础设施和公共服务设施而言，其不是最缺资金的领域，融资的门槛相对较高。针对小镇文化类等纯粹社会公益性的项目或非经营性项目，需要结合政府付费机制，对社会资本方进行补偿。

（一）特色小镇 PPP 模式的结构

1. 特色小镇 PPP 项目结构的整体概况

特色小镇的投融资模式分为商业开发和政府购买服务两类。商业开发包括商业化旅游项目和产业整合、特色产业项目和产业链整合、商业房地产。政府购买服务包括政府性基金支出、一般公众预算支出两类，其中，一般公共预算支出的项目为特色小镇 PPP 项目，包括公共设施建设、公共设施运营和服务、产业招商和企业发展服务、特色小镇规划、旅游基础设施建设和运营等。[②]

在具体流程方面，政府方与 PPP 项目公司根据各方需要，签订购买服务的合同，明确特色小镇内部哪些部分由社会资本来负责建设和运营，明确各方权利、义务、风险承担及收益分配方式与补贴方式。同时，政府或者其下属机构或公司，将该特色小镇项目的特许经营权移交给 PPP 项目公司，政府财政部门向项目公司提供专项资金补贴。

2. 特色小镇 PPP 项目的主要内容及回报机制

（1）特色小镇规划。政府购买服务或社会资本承担；特色小镇的规划是特色小镇发展的整个框架，包括开发架构、发展架构、运作模式（包括投融资模式、商业模式和运营模式）以及发展评估机制。根据内容的复杂程度，可以由政府进行购买，也可直接由社会资本承担。因特色小镇具体运营的主体是企业等社会资本，故应由社会资本方进行整体规划。当然，规划也可以作为

---

① 北京绿维创景规划设计院：《特色小镇 + PPP 必须把握的五大关键点》，百度学术。
② 廖琴、张民国：《特色小镇 PPP 模式核心机制与案例再剖析与财政部建议》，PPP 知乎。

政府成本补贴的一种名义。

（2）土地开发，政府采购 & 政府购买服务。土地开发需要更多的政策支持，企业单独进行土地开发的难度较大，成本也较高。而政府方因为是政策的制定者，与土地相关的各部门联系更为方便，故在一般的 PPP 项目中，土地开发都是由政府承担责任。

（3）公共设施建设，政府付费（可用性付费）。公共基础设施建设是特色小镇必不可少的硬件，基础设施建设投入巨大，或作为公益用途，或收益回报周期较长，故需使用政府付费机制，根据项目公司交付的基础设施是否符合约定来给予可用性付费。

（4）公共设施的运营服务，使用者付费 & 政府付费（运维绩效）。公共设施的运营服务，包括居民生活设施、服务，游客旅游体验设施、服务，其具有一定的经营性，项目公司可以通过特许经营获得一定收益。其与基础设施也有相似之处，其部分归属于公益目的，因此需要进行政府付费。由于具体的政府付费模式是根据项目公司提供设施、服务的质量来进行衡量的，因此要求社会资本方充分发挥其创新优势，提供高质量的特色小镇设施运营服务。

（5）产业招商与发展服务，政府付费（基本园区服务费 + 园区服务奖励费）。产业是特色小镇的灵魂，而特色产业的招商及后期发展需要投入巨资，且牵扯较多的政府部门，项目公司短期难以获利，因此需要政府付费进行补贴。

3. 特色小镇 PPP 项目的风险分配

（1）政府方。政府方的主要责任为制定发展目标、政策和审批规划，绩效考核与监管，付费或补贴，行政管理。与之对应的主要风险为：政策风险（区域规划调整、审批延误、法律变更），部分建设风险（征地拆迁、配套设施、服务提供），财政收支风险（财政收入增长预期未达到、付费或补贴压力大），社会风险（公共安全、公共服务质量），部分不可抗力（财税体制改革、产业政策变化、宏观经济下行）。与之对应的主要收益或效益为：财政收入的增长，区域 GDP 的增长，产业导入，土地升值，社会效益（产业链发展、拉动就业等）。

（2）社会资本方。社会资本方的主要责任为：规划设计，融资，公共设施运营建设和管理，产业招商与发展服务。与之对应的主要风险为：设计与建设风险（规划失当、建设成本超支、完工延误、质量不合格），运营风险（产业招商效果不佳、运营成本超支、运营安全），财务风险（融资成本过高），收入风险，部分不可抗力（宏观经济下行）。与之对应的主要收益或效益为：合理的投资回报，产业链延伸拓展，品牌效应。

（二）特色小镇 PPP 操作模式的选择

1. 经营性的特色小镇项目

针对经营性的特色小镇项目，例如特色产业园、主要出入路桥、特色海港或码头、社区服务提供中心等可产生运营收入的经营性项目，可采用政府授权社会资本通过 BOO（Build – Own – Operate，建设 – 拥有 – 运营）的方式，建设运营项目，即引入社会资本对相关经营性项目进行建设，并使之取得相应项目的所有权进行持续的经营。该模式的优点在于，在建设完成后，这些项目的所有权由社会资本取得，并持续拥有，有利于激发其对特色小镇基础设施以及与生产、服务直接相关的设施、设备进行投资，并为了己方的利益，长期投入和维护，从而为特色小镇的特色产业的发展、居民的生活、游客的体验带来持续的、更为优质、细致、高效的硬环境及软环境的支撑。

若因为项目的经营性特点，刻板地套用 BOT（Build – Operate – Transfer，建设 – 运营 – 移交）或 BOOT（Build – Own – Operate – Transfer，建设 – 拥有 – 运营 – 移交）的模式，引入社会资本并使之取得相应收益后就转移经营性项目的所有权，尽管也会使社会资本方有一定的获利，但此种做法有诸多弊病。该类模式不适合以发展新型产业、建设新型城镇化为特点的特色小镇。在 BOT、BOOT 模式下，相关经营性项目转移所有权之后，政府方难以继续发挥社会资本所拥有的技术、管理模式先进的优点，在特色产业发展上也无法提供及时更新、与时俱进的软硬件支撑。

2. 准经营性的特色小镇项目

首先，政府方可以在授予特许经营权的基础上，就社会资本方无法利用"使用者付费"机制获取足够回报的情况，给予可行性缺口补贴。

其次，针对社会资本方的收益压力，政府方可以直接投入部分资金，参股项目公司，在投入端弥补社会资本方投入与收益的差额，并在收益分配时对部分收益进行让渡，或者不参与项目公司的收益分配，从而提升社会资本方的收

139

益回报率。

最后，政府方可对该类准经营性的小镇项目进行深入分析和识别，并根据收益率对其进行细化，将该类项目中经营性较强，投入回报较快、较多的部分由社会资本出资，采用 PPP 模式运营，剩余部分则由政府出资建设和运营。

3. 非经营性的特色小镇项目

特色小镇中的绿化、基础设施等项目的建设或改建项目，因缺乏使用者付费的基础，故通常较难吸引社会资本参与投资和建设，而主要是依靠政府付费来回收投资成本。政府方可以通过购买服务、委托运营的方式，采用市场化的方式运营该类项目，在提高项目建设效率的同时，减轻参与合作的社会资本的压力。此外，政府方也可采用"BOT + 土地使用权"等附加收益的方式吸引社会资本。①

针对特色小镇中贴近居民公共生活的基础设施，还可以采用"SC（服务协议）+ 专项管理机构 + 公民参与"的模式，即政府设立专门的特色小镇公众生活基础设施管理机构来负责该类设施的运营和维护，并且可将该类设施的服务功能等外包给民营单位，让公民参与该类与其生活质量密切相关的项目建设、运营和维护，从而更高效地提升特色小镇居民的生活服务质量，激发小镇居民建设小镇的热情，达到"产、文、人、城"融合的初衷。

三 特色小镇 PPP 项目面临的困境与发展趋势

（一）当前特色小镇 PPP 项目面临的困境

随着特色小镇建设的全面展开，各地特色小镇 PPP 项目在规划、建设中也产生了许多问题，制约了特色小镇 PPP 模式的应用和发展。

1. 特色小镇 PPP 项目中的社会资本方以国企、央企为主

由于国企、央企具有较强的经济实力，与政府部门的联系也更为紧密，因此其参与特色小镇 PPP 项目更为方便。而国企、央企在运营中的创新能力不

---

① 《浙江省人民政府关于加快特色小镇规划建设的指导意见》（浙政发〔2015〕8 号），浙江省人民政府网，http://www.zj.gov.cn/art/2015/5/4/art_32431_202183.html。

够、管理经营模式陈旧等弱点也日益凸显。虽然特色小镇通过 PPP 模式吸引更多渠道资金的目的是达到了，但是在吸引社会资本投资的同时，吸引先进的管理经验和技术的目的往往落空了。

2. PPP 模式在产业建设、产业链的发展，以及旅游资源的挖掘与发展上应用不多

特色小镇在基础设施开发方面运用 PPP 模式的经验最为丰富，应用得更多，而在产业导入、产业开发、产业链的发展及旅游资源建设方面，因为相对缺乏经验，可供参考的先例也较少，故 PPP 模式在特色小镇具有项目特色的领域（如产业导入与发展、人口聚集等）应用不多，未形成新的模式。

3. PPP 模式下充分发挥社会资本作用的理念尚未深入

虽然特色小镇 PPP 项目有社会资本方的参与，但是政府在引入社会资本参与特色小镇项目的时候，更多的是为了拓展融资渠道，获得更多的建设资金，减轻财政压力。对社会资本方在特色小镇的产业培育和运营、小镇居民生活服务、旅游开发、文化传承等方面的作用不够重视，使社会资本在特色小镇开发中的作用并未得到充分发挥。

4. 对社会资本的补贴、税收等金融政策支持不够

当前，各级、各地关于支持特色小镇发展的政策文件出现井喷现象，支持特色小镇 PPP 项目应用的政策文件也频出，但许多政策文件更多是宏观方向上的指引，未有足够的细化文件进行具体规制，在特色小镇融资方面的政策更是不足。目前，在部委级以上层面，仅有农发行联合住建部发布了《关于推进政策性金融支持小城镇建设的通知》，政策缺口尚待弥补。

（二）特色小镇 PPP 项目的发展趋势

特色小镇 PPP 项目呈现出如下发展趋势。

（1）特色小镇 PPP 项目在既有的模式下，其所呈现的特点将会有一段时间的惯性维持，原先的有益经验会被保留并进一步优化。

（2）随着特色小镇名单的不断公布，特色小镇类型的多元化趋势加剧，PPP 模式在特色小镇的应用上也会呈现更多的特点。不同的特色小镇，其特色产业不同，PPP 模式的适用会呈现多样化的趋势。

（3）外部环境方面。各级政府响应中央的号召，为推动新型城镇化的发

展、特色小镇的建设与发展，将制定更全面、更细化的政策文件，进一步规范特色小镇的建设，支持和引导特色小镇的发展。为了配合特色小镇 PPP 项目融资的顺利实施，政府将利用其自身优势培养和引进一批熟悉 PPP 项目和投融资结构的专业性人才，并为特色小镇的后续发展储备一批专业对口的人才。同时，政府将重点提供税收优惠政策和金融支持政策，在 PPP 项目实施的各阶段给予一定的税收减免，以降低社会资本的投资成本，逐步构建符合特色小镇 PPP 项目的金融体系，增加对社会资本的贷款利息补贴，以吸引民营资本参与。

（4）在利好政策不断出台、政策环境宽松的背景下，政府方在特色小镇的 PPP 项目中将会让渡更多的利益，更多社会资本会被吸引到特色小镇的投资中，社会资本占投资总额的比例会进一步提高。随着特色小镇 PPP 项目逐渐进行到运营、维护的后期阶段，社会资本方的运营能力将被更加看重，具有创新意识、先进的管理经验和技术的民营企业所占比重将会逐渐提高。随着民营企业所占比例的提高，以及社会资本作用的加大，社会资本方对回报分配机制会提出更高的要求，一方面会增加社会资本方的收益占比，另一方面 PPP 模式在特色小镇中的应用面将进一步扩大，PPP 模式将更广泛运用于特色产业建设及产业链发展、旅游资源的挖掘和利用、游客服务及居民服务等领域①。

PPP 模式是创新融资机制、减轻政府在特色小镇建设中的财政压力、促进地方经济转型发展、实现新型城镇化的创新模式。虽然我国在 PPP 模式应用方面已有许多成熟经验，然而 PPP 模式在特色小镇中的应用才刚刚起步。政府和社会资本方需要结合特色小镇的特点进行深入、细致的研究，采用符合不同特色小镇经济发展需求，符合小镇企业、居民、游客的服务需求的 PPP 模式，才能实现可持续发展。

参考文献

［1］丁伯康、郝中中：《特色小镇应该"特"在哪儿》，《东北之窗》2016 年第

---

① 黄芳芳：《如何以 PPP 模式打造特色小镇》，《经济》2016 年第 35 期，第 68～71 页。

20 期。

［2］林峰：《特色小镇孵化器——特色小镇全产业链全程服务解决方案》，中国旅游出版社，2016。

［3］《全方位解读什么是中国特色小镇建设》，搜狐财经，http：//www.sohu.com/a/117458058_481621。

［4］李燕星：《PPP 模式运用到产业新城特色小镇领域是未来方向》，《中国房地产报》2016 年 11 月 7 日，B04 版。

B.10
区域开发项目 PPP 模式的应用和发展

陈民 杨涛 赫烜 戴维*

摘　要：　从改革开放至今，区域开发的政企合作模式已经出现30年左右了。十余年前，我国城镇化进入中期以后，城市与城市之间的竞争日趋明显，对招商资源的争夺逐渐变得激烈。为了加快发展速度，改善基础设施条件，提高竞争能力，地方政府尝试引入大型投资企业对产业园区、新城等进行整体投资开发，出现了现在的区域开发模式雏形。经过十多年的发展，虽然在实践中区域开发的理论、方法、工具等逐步完善，但仍然存在一些不可忽视的问题。本文以2016年成交的88个区域综合开发类PPP项目为样本，在多维度上与单体PPP项目进行比较，总结了区域综合开发类PPP项目的七大特征，分析了区域开发类PPP模式在应用中的主要问题，并提出了有针对性的建议，供政策制定者、地方政府和投资企业参考借鉴。

关键词：　区域开发　新型城镇化　政企合作　PPP模式　城市运营

区域综合开发作为城镇化建设的重要抓手，在过去的二十年里经历了"市场主导的十年"以及"政府主导的十年"。自2013年以来，PPP模式在国内得到大力推广和应用，大量的城市建设项目采用了PPP模式引入社会资本

* 陈民，北京荣邦瑞明投资管理有限公司总经理；杨涛，北京荣邦瑞明投资管理有限公司区域开发事业部总经理；赫烜，北京荣邦瑞明投资管理有限公司区域开发事业部业务总监；戴维，北京荣邦瑞明投资管理有限公司区域开发事业部业务总监。

负责投资、建设和运营服务，这些项目主要以单体的基础设施项目为主，相比单体项目而言，区域开发类项目空间规模更广、投资量更大、建设管理更为复杂，越来越受到地方政府和社会资本的重视。

区域开发的政企合作模式在国内最早起源于改革开放初期的招商蛇口工业区，至今已经有30余年历史。我国区域开发模式的雏形出现在2005年前后，主要的背景是，我国城镇化进入中期阶段以后，各区域之间的竞争日趋激烈，为了加快发展速度，改善地区的基础设施条件，提高地区的竞争能力，一些地方政府尝试引入大型投资企业整体上对产业园区、新城等典型的新规划功能区进行整体投资开发，并委托企业负责招商和运营，取得了较好的效果。

自2013年开始启动的PPP推广热潮，在思想认知和制度环境上为区域综合开发项目的推广提供了较好的土壤。为了更好地反映近期区域开发PPP项目的进展情况，本文选取了2016年成交的区域综合开发类PPP项目进行研究和分析。样本来源及筛选标准见表1所示。

表1 PPP项目样本来源及筛选标准

类别	内容
样本来源	财政部PPP项目综合信息平台； 国家发展改革委PPP项目推介库； 各省市政府采购公示信息； 上市公司披露信息等
筛选标准	项目主体内容涵盖产业园区、产业新城、较大规模的旧城改造项目、较大规模的土地储备项目和旅游综合开发项目等； 空间上能够构成一个功能相对完整的城乡规划功能区，通常不小于5平方公里； 项目建设内容至少涵盖整个片区主要的基础设施建设工作； 投资规模一般在15亿元以上； 项目的中标时间发生在2016年度； 符合PPP的要义，并经过政府采购程序，无论它是否被冠以PPP的名字，或者是否入库

经过筛选，研究小组一共筛选出88个符合要求的样本。

一 区域开发 PPP 项目的主要特征综述

经过对筛选出的 88 个区域综合开发项目样本进行分析，结合我们的实务工作经验，可以看到，区域开发 PPP 项目与单体基础设施 PPP 项目相比较而言，在各个维度上均有较大的不同（见表 2）。

表 2　区域开发 PPP 项目与单体基础设施 PPP 项目比较

类别	区域开发项目	单体项目
空间规模	大	小
建设内容	包含多种类型的设施	单一类型
项目合作周期	一般较长	视行业而不同
项目管理边界	需要与政府多个部门对接	与行业主管部门对接为主
模式标准化程度	较低	较高
需要的企业能力	城乡规划、产业规划、设计、投资、建设、招商引资、行政服务	投资、建设和运营维护
市场风险	较大	多数行业较小
外部竞争	较大	较小

区域开发 PPP 项目与单体基础设施 PPP 项目存在较大差异，主要体现在区域开发 PPP 项目空间规模大、建设内容多、合作周期较长、标准化程度较低、对企业综合能力要求高等方面。

（一）项目空间分布

1. 省级空间分布

从区域开发 PPP 项目在各省份的分布情况来看，2016 年项目数量排名前十名的省份与 2015 年省级 GDP 排名前十的省份有高度的一致性，并囊括了 80% 的区域开发 PPP 项目（见图 1）。

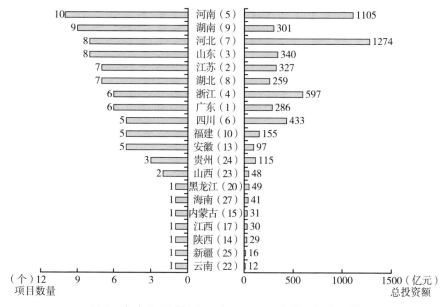

图1　各省份区域综合开发 PPP 项目数量和投资规模

说明：各省份后面括号中的数字为该省份 2015 年 GDP 排名。

2. 市级分布特征

从 88 个样本在不同 GDP 水平（2015 年）的城市分布状况来看（见图2），项目主要分布在两个区段，最为集中的区段是 GDP 水平位于 4000 亿元以下的

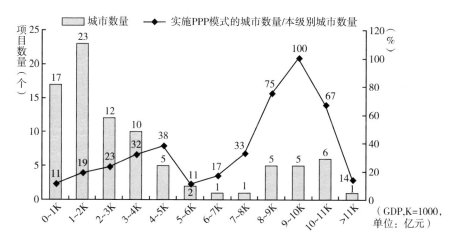

图2　区域综合开发 PPP 项目在不同 GDP 水平的城市分布状况

三四线城市，约占样本量的 70%，GDP 水平位于 8000 亿 ~ 11000 亿元的二线城市约占 20%。

3. 项目空间分布特征

结合省级及市级区域开发项目样本的空间分布特征，我们大致可以看出，项目主要集中在经济较发达的省份及城市。可归结为如下原因。一，价值提升和规避风险。选择位于发达地区的不发达城市或者二线核心城市的远郊区，是投资者选择项目的主要倾向，这种倾向代表了企业在一定程度上希望自己的项目能够依靠所在省份中心城市的带动来实现价值提升，同时也符合区域开发项目需承接人口、产业转移的特征。二，区域经济发达地区的财力可支撑大体量的区域开发投资。由于财政部对 PPP 项目设定了财政承受能力论证，经济发达地区更容易满足财政承受能力的论证条件。三，政府对政策认知度的差异。结合实际工作中与地方政府的沟通经验，经济发达地区政府对中央政策的理解认知度更高，欠发达地区政府则更多表现为"有人干了我才敢干"。

（二）投资者股权结构属性特征

在 88 个样本中，61% 的企业是独立投标并中标的，39% 的企业则采用了联合体的形式（见图 3），其中包含多种类型的联合体形式，比如"大型工程企业 + 工程设计单位"或"大型工程企业 + 金融服务机构"等。同时，研究

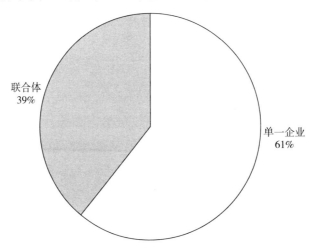

图 3 单一企业和联合体中标比重

还发现，在联合体中，牵头方在出资比例、企业实力和承担的任务上，在联合体中都处于核心地位，并不存在借壳投标的现象。

我们进一步对中标企业的股权属性进行分析，联合体中标的则只取牵头方进行研究，结果如图 4 所示，地方国有企业占比最小，仅占 14%，其中还有多个地方政府融资平台发展而来的投资企业，表明在大型区域综合开发项目上，地方政府在采用 PPP 模式时，更加信任投资实力和市场化程度更高的央企。

同时，样本分布也表明在这个领域中，民营资本与央企相比而言具备一定的竞争实力，处于相对均衡的市场份额。

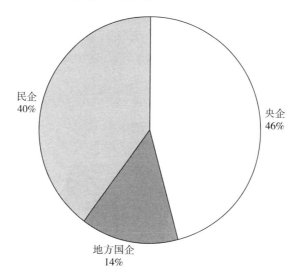

图 4　中标企业的所有制属性分布

我们对获得项目数量排名前五的企业进行了分析，结果如表 3 所示。

表 3　获得项目数量排名前五的企业

序号	企业	项目数量(个)	备注
1	中建系	12	包含中建子公司
1	中冶系	12	包含中冶子公司
3	华夏幸福	9	
4	中交系	5	包含中交子公司
5	东方园林、宏泰发展、中铁系、中水利系	各2个	包含中铁、中水利子公司

对样本进一步分析可以看到，传统工程类央企的垄断力量仍然十分强大。而民营区域开发投资企业中，华夏幸福则一枝独秀，目前尚无在市场份额上能与之抗衡的民营资本。

（三）投资主体的行业分布特征

以牵头方作为研究对象，工程类企业占 57%，所占比重较大（见图 5），这从一个角度反映出包含招商和产业服务在内的城市综合运营企业还没有成为主流，以运营为核心的企业较少。另外，还有 14% 的地方政府选择了金融服务类企业作为合作对象，由此可见，大多数地方政府仍然将区域综合开发当作一个打包的大工程来实施，将融资和工程建设作为主要的委托工作，地方政府自身仍然承担着主要的发展责任，而社会资本只提供融资和建设等对于区域发展而言属于基础硬件工作的服务。

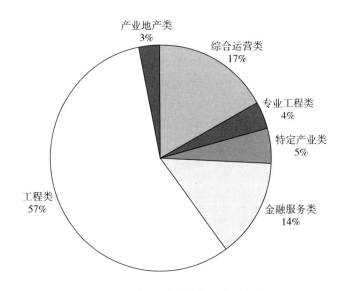

图 5　不同行业类型的中标企业分布

在选择投资者的方式上，公开招标的比重与工程类企业竞标的比重比较接近，这在一定程度上反映了地方政府在将区域开发项目当成一个打包的大型工程项目运作时，也沿袭了非经营性工程类 PPP 项目的采购模式。地方政府在选择综合运营商、特定产业投资人等类型的区域开发企业时，通常对于促进区域发展的能力考察有更加综合的要求，企业的业绩、运作模式、产业类型等更加综合的因素会被纳入进来，采购方式也多会采用竞争性磋商的方式（见图6）。

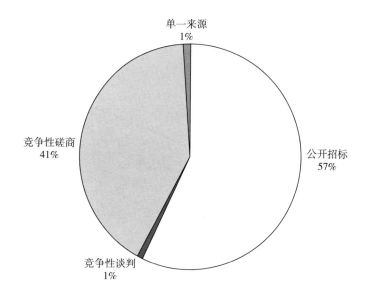

图6　区域开发项目采购方式分布

（四）PPP 模式特征

从 PPP 角度而言，对区域综合开发模式的分析应该涵盖企业和政府的分工边界、企业为区域发展提供的服务和价值、企业靠什么获得回报以及政企之间的风险分担等几个主要维度，由于区域开发项目包含了大量不同类型的单体项目，并且区域规划功能这样的中观层面的特征比任何一个单体项目本身的属性更加重要，所以我们用多维分析图来加以描述。

对样本进行分析我们发现，区域综合开发的 PPP 模式呈现出两级化趋势。

第一类是以华夏幸福基业为代表的城市综合运营型区域开发 PPP 模式（见图7），这种模式的特征是社会资本负责的投资范围较广，涵盖土地一级开发、基础设施和公共服务设施建设、招商引资和区域运营等方面，参与从战略设计、规划、融资、建设到招商引资和持续运营的全过程。从盈利模式角度看，土地出让收益是平衡企业土地一级开发、基础设施和公共设施投入的主要

收入来源，招商引资落地产业所产生的增量税收收入则是企业获得增量回报的主要来源。房地产二级开发的相关约定虽然通常在 PPP 协议中并无明示，也不属于狭义 PPP 的范畴，但是区域综合运营投资者通常能利用自己主导区域开发投资运营的地位，为区域开发的社会资本提供阶段性的现金流支撑。

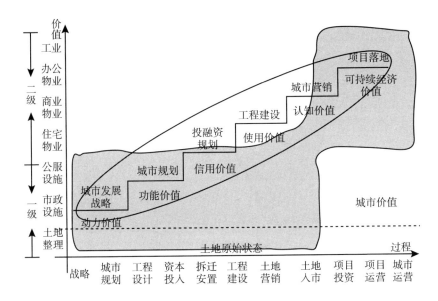

图 7 城市综合运营型区域开发 PPP 模式

说明：图中封闭区域代表了企业参与区域开发的工作内容，这个区域的边界也是政府与企业之间针对区域开发管理工作的合作边界。

第二类是以工程类央企为代表的工程主导型区域开发 PPP 模式（见图 8）。这种模式的基本特征是社会资本主要负责整个区域的土地一级开发和基础设施建设，并在设施建成后负责区域的基础设施养护工作，企业较少参与区域开发的战略和规划制定工作，主要提供投融资和工程建设服务，即使少量项目有关于企业负责招商和产业运营的约定，但是也并不将其作为核心的盈利模式。在盈利模式上，投资企业主要通过区域的土地出让收入作为政府付费来源，收回基础设施建设投资并获得回报。只有少量的项目约定了如果土地出让收入不能够实现，则政府有权延后支付，所以此类模式在风险承担方面，类似于打包的非经营性基础设施 PPP 项目，政府承担了刚性支付的责任以及土地市场波动的风险。

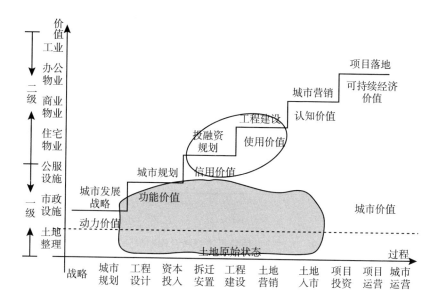

图8 工程主导型区域开发 PPP 模式

<small>说明：图中封闭区域代表了企业参与区域开发的工作内容，这个区域的边界也是政府与企业之间针对区域开发管理工作的合作边界。</small>

（五）投资规模和合作期限

从项目投资额和合作期限而言，项目投资额主要集中在 60 亿元以下，合作周期主要集中在 20 年以下（见图9）。但是与一般的单体基础设施 PPP 项目相比，特别是与非经营性基础设施 PPP 项目相比，区域综合开发 PPP 项目的投资额和合作周期两个指标值都相对较高。其中，周期较短的通常都是工程主导型区域开发项目，越靠近图9右下部区域的项目，开发压力和财政压力越应当引起重视。

（六）签约时间分布

从签约进展来看，2016 年区域开发 PPP 项目呈明显的加速趋势（见图10），这说明一方面地方政府越来越认可这种操作方式，另一方面企业也在加速布局，利用大项目来实现占领市场的目的。

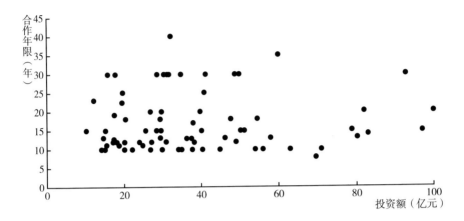

图9 区域开发项目投资额和合作期限分布

说明：投资额300亿元以上、合作期50年的项目未能在图上体现。

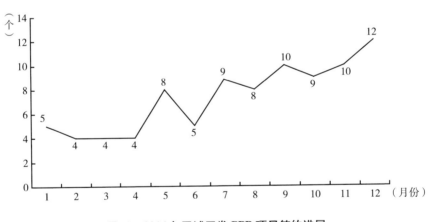

图10 2016年区域开发PPP项目签约进展

二 区域开发项目PPP模式应用中的主要问题

尽管从总体状况来看，地方政府和众多大型投资企业都越来越重视这种新型城镇化投资模式，但是在政策大潮助推之下，区域综合开发PPP项目也出现很多问题。

（一）政策规制的限制较多

与单体基础设施PPP项目相比，区域综合开发PPP项目在管理特征、投入产出特征、风险特征、激励特征、竞争环境等方面都有很大的不同，这是植根于中国的城镇化实践而产生的独特模式，反映了中国城镇化的创新举措。

我们看到，近年出台的大量PPP管理政策和规制，都在参考和照搬国外比较成熟的传统单体基础设施PPP项目的管理理念和方法，对区域综合开发PPP模式这种创新的、真正具有中国特色的PPP模式并没有给予相应的重视甚至少有表述。

由于当前的PPP政策越来越细、越来越多，不少地方政府在实施PPP项目时，把符合政策当作模式设计的主要出发点，而政策中缺少肯定性表述，导致区域开发PPP项目在推广上一直处于受质疑状态，一些区域综合开发的投资企业和地方政府害怕不符合规制而不敢创新，这在一定程度上反映出政府虽然在推广PPP模式方面起到了积极作用，但是在鼓励创新方面，政策制定工作与中国特色的城镇化实践结合还不够。

（二）管理方法不成熟

虽然区域综合开发项目实际上是由大量单体工程项目集合而成，但是这种集合并不是简单的加总，而是系统化的集成。

单体基础设施项目以实现工程设计目标为基本标准，区域综合开发项目并非简单的实现所有工程项目的工程设计目标，而是以实现城乡规划为目标。城乡规划在功能上是一个整体，在具体实施时，建设时序的不同会带来外部认知的巨大差别，在整体规划和单个项目实施之间，需要从满足城市有机生长和价值提升角度出发，统筹项目的投融资工作，进行投融资规划。

换言之，需要将建设时序作为政府和企业双方进行合同管理的基本抓手。大多数企业和地方政府对这个问题的认识比较肤浅，管理方法和手段比较欠缺，对未来合同的长期稳定执行是有隐患的。

（三）模仿单体项目的方式带来风险隐患

目前，大量的区域综合开发项目模仿单体非经营项目的PPP模式，给未

155

来的管理带来了较大隐患。

一是政府并没有真正转移风险。区域开发项目能否成功，关键在于完成开发的土地能否以较高的价值出让，或是引入有较强发展能力的企业，为区域贡献长期稳定的税收。这个环节面临较强的市场波动风险，并且需要专业的招商和营销能力，而模仿单一基础设施项目的打包模式，土地营销和招商的工作并未转移给企业，工程类的社会资本方通常只负责项目的投资和工程建设。

二是扭曲了财政承受能力。按照财政部的相关规定，地方政府实施 PPP 项目必须在财政承受能力范围之内，大量的区域综合开发 PPP 项目之所以能够通过财政承受能力论证，主要的原因是将一级开发完成后的土地出让收入作为政府支付企业投资成本回收和收益的来源，由于土地出让收入属于基金预算，不属于一般预算，因此不占政府一般公共预算支出的额度。

在实际支付模式设计和合同约定中，并未规定在土地无法变现时，政府有权延后或是一定程度上豁免支付，而是仍然仿照单体非经营项目的方式列示政府的支付义务，所以政府因市场波动而产生的支付风险并未转移或分摊给社会资本，投资企业并无动力控制投资节奏，使得财政承受能力论证的结论与合同的实际约定脱钩，存在土地市场波动时的政府刚性支付隐患。

（四）模式创新能力不足

区域开发 PPP 项目实施中的另一个现象是泛华夏幸福模式化。华夏幸福模式一定程度上实现了政府不承担市场风险的理想状态，并且其独创的产业发展服务费方式，也给企业寻找到了一条激励相容的招商引资奖励措施，使得企业在运营园区承担风险的同时，也有可能获得较高的回报。

2013～2014 年，华夏幸福模式获得国务院和国家发展改革委的肯定之后，全国掀起了学习华夏幸福模式的热潮，但凡有投资企业投资于区域开发 PPP 项目，首选的模仿对象就是华夏幸福模式。

虽然套用现成模式比较容易被地方政府和投资企业接受，但是也凸显出政府和企业在当前 PPP 政策越来越多，单纯追求符合政策的现成模式，缺乏创新动力和创新能力的现状。

三 对未来的展望和建议

区域综合开发的对象包含产业园区、产业新城、小城镇、城市更新等众多类型，对中国的新型城镇化有着积极的意义，要在这个领域做好 PPP 模式的应用工作，结合对该领域的定量分析和实践经验，我们提出以下几点措施，供政策制定者、地方政府和投资企业参考。

（一）在 PPP 立法和政策制定上要进一步予以肯定

区域综合开发模式代表了中国城镇化的特有实践，可以集成很多自上而下和市场自发的改革创新举措，比如对于政府权力清单和责任清单在政企分工视角的应用、系统工程方法在城市演进管理中的应用、投融资规划方法的应用等。

中国的 PPP 实践是全球 PPP 实践的重要组成部分，不应当单纯模仿国外的经验，在立法和政策制定上也应当重视和反映中国城镇化的特色。在制定 PPP 政策时，对区域综合开发的 PPP 实践应当进一步予以肯定，以增强市场信心，但是在具体政策管制手段上，应当予以适当宽松的环境以鼓励创新。区域综合开发 PPP 项目在国内还处于起步阶段，并且较为复杂，需要结合具体项目加以创新探索，不应一味要求规范而限制了行业的创新。

（二）提升和完善项目管理和合同管理方法

区域开发 PPP 项目的市场不确定性大，在这个意义上讲，项目实施的好坏并非刚性可控的，而是完全取决于地方政府和投资者应对市场的管理能力，所以我们可以从风险投资的视角看待区域综合开发 PPP 项目，建立对应的管理机制和风险分配措施。

站在方法论的角度，区域综合开发实际上是将城市演进作为研究对象的。城市是典型的开放复杂系统，合同的开放性也更强，其管理远较单个的基础设施复杂得多。实施区域综合开发 PPP 项目的地方政府和投资企业，应当从政企分工、合作管理边界、投融资时序等角度，全面理解城市开放系统的合作管理问题，用好投融资规划等系统工程手段，做好项目管理和合同管理。

（三）提升运营能力，应对巨大的市场需求

从当前的实践样本研究来看，大量的区域综合开发 PPP 项目只做了工程建设工作，却把招商引资和产业发展责任完全留给了政府。对于优势地区和项目而言，可能不是很大的问题，但是随着城市竞争的加剧，三四线城市要真正在竞争中胜出，都面临着巨大的产业孵化、招商和运营的压力。

城市运营商的介入，在很大程度上弥补了地方政府契约精神和专业性的不足，搭建了地方政府和市场化产业企业之间的桥梁，未来大量建设完成的区域开发 PPP 项目，还需要具备招商引资和产业孵化能力的城市运营企业完善项目的后续管理，轻资产运营的市场空间巨大。

另外，城市运营商的介入有助于提高城市运营招商能力。通过合理设计回报机制，由企业来承担市场及运营带来的风险，提升城市整体运营水平的同时，有助于转移政府风险。

（四）理性规划建设，避免过度超前

在推广采用 PPP 模式进行区域开发的同时，也要与传统的政府主导的新城新区建设有所区别。要客观预测人口增长及人口导入，充分利用社会资本方的城市运营优势，在规划阶段就解决好"人从哪儿来""产城一体"等问题。

同时应由项目公司担负更多的城市运营职责，完善细化到风险分配与绩效考核机制中，真正发挥社会资本在城镇化领域的作用，避免地方政府在城市建设方面的"无限责任"，导致忽视风险、过度超前的状况发生。

B.11
PPP 模式在城市地下综合管廊行业中的应用和发展

周兰萍*

摘　要：　随着国家PPP政策法规的调整和完善，地下综合管廊PPP项目的数量不断增多，质量不断提升，有效解决了地下管线安全管理、"马路拉链"等城市发展的通病。地下综合管廊PPP项目亦存在项目收益缺乏稳定性、管线入廊不可控以及配置经营性资源难操作等问题，有待于配套政策的完善和实操中的创新。

关键词：　城市地下综合管廊　PPP　强制入廊

一　综合管廊行业中 PPP 模式的应用

城市地下综合管廊是基于我国正处于城镇化快速发展、地下基础设施建设相对滞后的大背景下政府所推出的用于解决地下管线安全管理、减少"马路拉链"等问题的有效手段，采用政府和社会资本合作（Public – Private Partnership，PPP）模式来建设和运营地下综合管廊则被视为该类项目投融资和项目管理方式的一种创新机制。随着中央部委及各地方政府出台系列调整地下综合管廊规划、建设及运营管理等开发建设相关的政策法规，PPP模式在地下综合管廊行业的应用日益规范化和常态化。

---

* 周兰萍，北京市中伦（上海）律师事务所合伙人。

（一）相关法律及政策规定

1. 中央的规定

2013 年 9 月 6 日，《国务院关于加强城市基础设施建设的意见》（国发〔2013〕36 号）明确规定，"各城市新建道路、城市新城区及各类园区需逐步启动城市地下综合管廊试点工程的开发建设"，国务院及中央各部委以意见、通知、暂行办法等形式陆续颁布多项规范性文件，规制和调整地下综合管廊试点、管廊工程规划及技术规范、管廊的投融资、建设及运营等。从发文的时间及频次上看，2015 年及 2016 年是国务院及中央部委推动地下综合管廊开发建设的着力年。

其中，影响较大的规范性文件有：2014 年 6 月 14 日颁布的《国务院办公厅关于加强城市地下管线建设管理的指导意见》（国办发〔2014〕27 号），文件确立了以政府和社会资本合作机制（PPP）开展综合管廊的建设试点；2015 年 8 月 3 日颁发的《国务院办公厅关于推进城市地下综合管廊建设的指导意见》（国办发〔2015〕61 号）明确了以 PPP 模式实施综合管廊建设和运营管理的实施主体；2015 年 11 月 26 日，国家发展改革委与住房和城乡建设部共同颁布的《关于城市地下综合管廊实行有偿使用制度的指导意见》（发改价格〔2015〕2754 号）基本确定了地下综合管廊 PPP 项目的交易结构及项目收益标准。

2. 地方的规定

在中央部委发布多项支持地下综合管廊开发建设政策文件的基础上，部分省市级政府（如厦门、吉林、河北、湖南、浙江等）也相继制定了地方相关法规及政策性文件。笔者对地方政府颁发的规制和调整地下综合管廊开发建设的规范性文件进行专项检索发现：

从时间上看，自 2013 年底中央部委力推 PPP 模式始至 2017 年 1 月底，地方政府颁布的专门调整地下综合管廊建设的规范性文件主要集中在 2015 年 7 月至 2016 年 10 月，与国办发〔2015〕61 号文颁行、联合公布第三批 PPP 示范项目时间基本吻合，地方政府的文件是在梳理综合管廊相关 PPP 规范性文件与总结综合管廊 PPP 项目实践经验的基础上逐步完善的。

从内容上看，各地出台的政策文件基本是在贯彻落实国办发〔2015〕61 号文的精神，积极推广在综合管廊项目中运用 PPP 模式，包括通过特许经营、投资补贴、贷款贴息、购买服务、股权合作等形式，鼓励社会资本参与城市地下综合管廊建设和运营。同时，提倡充分利用开发性金融支持政策，鼓励相关金融机构积极加大对地下综合管廊建设的信贷支持力度，包括通过投资补助、基金注资、担保补贴、贷款贴息等方式，推动城市地下综合管廊项目建设。

（二）地下综合管廊 PPP 项目的实操案例

1. 地下综合管廊 PPP 项目案例数据统计

（1）地下综合管廊的开工建设情况

随着中央和地方政府相关政策文件的陆续出台以及财政部相继推出三批 PPP 示范项目，这些政策和措施的出台推动和引导了地下综合管廊的开发建设。根据住房和城乡建设部的最新统计数据，截至 2016 年 12 月 20 日，全国 147 个城市、28 个县已累计开工建设城市地下综合管廊 2005 公里，全面完成了 2016 年全国"两会"上李克强总理在《政府工作报告》中提出的"开工建设城市地下综合管廊 2000 公里以上"的年度目标任务。①

（2）综合管廊 PPP 项目分布及实施情况

截至 2017 年 1 月 5 日，财政部政府和社会资本合作中心全国 PPP 综合信息平台项目库数据显示，全国共有 245 个综合管廊 PPP 项目，从地域上看，主要分布在贵州、云南、四川、内蒙古、山东及吉林等省份（见图 1）；从项目所处实施阶段上看，只有 37 个综合管廊 PPP 项目处于项目执行阶段，其余大多数仍处于项目前期阶段；从项目投资总额上看，10 亿元以上的有 129 个，3 亿~10 亿元的有 74 个；从项目示范级别上看，有 44 个项目属于财政部示范项目，18 个项目属于省级示范项目。

---

① 住房和城乡建设部：《今年城市地下综合管廊开工建设任务全面完成》，http://www.mohurd.gov.cn/zxydt/201612/t20161223_230082.html，最后访问日期：2017 年 1 月 21 日。

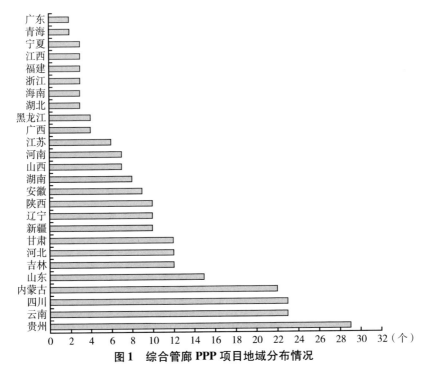

图 1　综合管廊 PPP 项目地域分布情况

2. 类型化综合管廊 PPP 项目案例①

考虑到管廊的不同性质和项目投资范围等因素，结合综合管廊 PPP 项目实操案例，对综合管廊 PPP 项目进行类型化归类如下。

（1）新建管廊 PPP 项目

新建地下综合管廊 PPP 项目涉及管廊的设计和建设等事项，在实操层面上，常采用 BOT、BOOT 和 BOO 等模式运作。

①BOOT（建设－拥有－运营－移交）模式。财政部第三批 PPP 示范项目中，公主岭市 2015~2018 年地下综合管廊建设工程 PPP 项目②即采用了 BOOT

---

①　考虑到本文篇幅限制以及管廊 PPP 项目有大量实操案例，本文仅选取典型案例作为该部分类型化综合管廊 PPP 项目案例写作的基础，该部分内容参见周兰萍主编《PPP 项目运作实务》，法律出版社，2016。

②　公主岭市住房和城乡建设局：《公主岭市地下综合管廊 PPP 项目招标公告》，http：//www. ccgp. gov. cn/cggg/dfgg/gkzb/201604/t20160408_ 6657843. htm，最后访问日期：2017 年 1 月 21 日。该 PPP 项目名义上"采用 BOT 的模式进行运作"，但项目合作期间因投资建设所形成的项目资产归项目公司所有，期满进行项目资产设施移交，为广义上的 BOT 模式，实为 BOOT 模式。

模式，合作期间投资建设所形成的资产设施归项目公司所有。具体模式如图 2 所示。

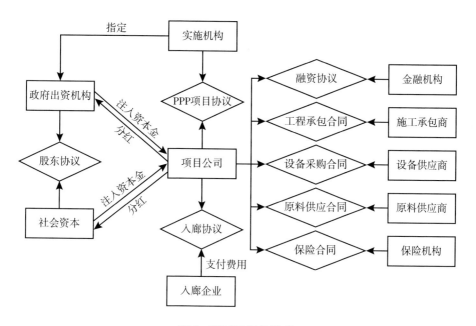

图 2　BOOT 运作模式

②BOO（建设 - 拥有 - 运营）模式。国家发展改革委第二批推介的 PPP 项目中，仙桃市城市地下综合管廊建设项目拟采用 BOO 模式①，在 BOO 合同中一般会注明保证公益性的约束条款，不涉及项目期满的移交，即项目合作期满后地下综合管廊的资产及其所有权仍属于 PPP 项目公司所有，项目公司可以通过法定程序再次获得项目经营权，或将管廊出租于其他获得经营权的社会资本。并且，采用 BOO 模式的目的在于鼓励 PPP 项目公司从项目全寿命期的角度合理建设和经营设施，以提高项目产品或服务的质量，追求全寿命期的总成本降低和效率的提高，使项目的产品或服务价格更低。

③BOT（建设 - 运营 - 移交）模式。对财政部政府和社会资本合作中心全国 PPP 综合信息平台项目库检索发现，财政部于 2015 年推出的 10 个地下综合

---

① 国家发展改革委固定资产投资司：《第二批推介的 PPP 项目》，http：//tzs. ndrc. gov. cn/ zttp/PPPxmk/xmk/，最后访问日期：2017 年 1 月 21 日。

管廊试点城市的管廊项目中，包头、沈阳等9个城市的地下综合管廊项目均采用"BOT"模式，但以上大部分试点城市的综合管廊PPP项目因投资建设所形成的项目资产在合作期内归项目公司所有，期满进行项目资产移交，该模式实为BOOT模式。

以上三种模式PPP项目的区分实际体现的是政府对于项目设施愿意提供的私有化程度，其中，BOT的私有化程度最低，项目设施的所有权始终归政府所有；BOO模式的私有化程度最高，项目设施不需要进行移交；BOOT模式则代表了一种折中的私有化程度，项目设施的所有权在有限的时间内属于项目公司。因此，对于类似地下综合管廊等需要采用可行性缺口补助或者是以政府购买服务方式提供公共产品的项目，采用BOT模式或BOOT模式能在有效减轻财政支出压力的同时，保证政府对项目设施所有权的控制。

（2）存量（包括在建）项目

存量项目（包括在建项目）有以下几种模式。

①TOT（转让－运营－移交）模式。长沙市地下综合管廊试点建设PPP项目（第一批）中的存量管廊资产设施即采用TOT模式①，政府将已存在的项目资产，包括管廊及其附属设施②通过有偿转让的方式转让给PPP项目公司，并授予项目公司一定期限的项目经营权，在该项目合作期内项目公司向管线单位收取租赁费或使用费，并根据实际情况可由政府提供可行性缺口补助，项目合作期满后由项目公司将项目资产移交给政府方指定的接收机构。

具体模式如图3所示。

---

① 长沙市住房和城乡建设委员会：《长沙市地下综合管廊试点建设PPP项目（第一批）预中标公告》，http://www.changsha.gov.cn/xxgk/szfxxgkml/czxx/zfcg2/zbgg1/201604/t20160414_901430.html，最后访问日期：2017年1月21日。该项目中，高铁新城区域内的7段管廊作为长沙国际会展中心的配套工程，估算投资约为170411万元，属TOT项目，由管廊对应道路的业主单位建设；高铁新城区域内的其他管廊、湘府西路管廊和管廊监控中心，估算投资约为229097万元，属BOT项目，由组建的PPP项目公司负责投融资和建设。

② 根据《财政部关于印发〈政府和社会资本合作模式操作指南（试行）〉的通知》（财金〔2014〕113号）规定，TOT中第一个"T"是指政府将存量资产所有权有偿转让给社会资本或项目公司。但是实操层面，由于所有权转移涉税、国有资产进场交易、增大投资额等因素，演变出转让经营权的做法，也称其为"TOT"。

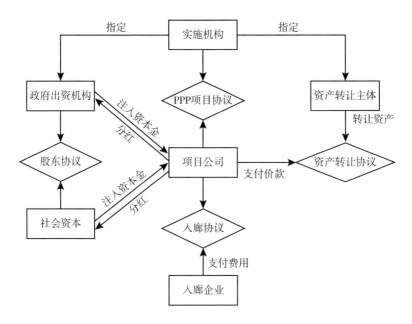

图 3　TOT 运作模式

与以 BOT 模式实施的综合管廊项目相比，采用 TOT 模式实施的综合管廊项目由于省去了建设环节，一方面，使得社会资本降低了建设阶段的风险，并能较快地进入运营阶段产生相关收益。另一方面，由于项目已步入或将要步入正常运转阶段，使得通过经营收益权抵押的方式进行项目再融资变得更加便捷。

②ROT 模式。贵州省省级 PPP 项目库（2016 年 12 月 30 日更新）中拟建设的桐梓县城市管廊及地下停车场项目①即采用 ROT 模式，项目公司除了要支付资产转让的对价和运营维护之外，还需要负责管廊或管线的改建或扩建以满足老城区旧城更新、道路改造等具体规划要求。

除上述几种基本形式之外，实践中，地下综合管廊项目通常还会涉及对管廊上覆道路打包招商，因此在模式的选择上可以灵活变动。针对道路部分，由

---

① 贵州省发改委：《贵州省省级 PPP 项目库（2016 年 12 月 30 日更新）》，http：//www. gzdpc. gov. cn/art/2016/12/30/art_ 3787_ 141390. html，最后访问日期：2017 年 1 月 21 日。本项目已完成地勘和可行性研究，拟采用股权合作的方式。

于道路建设运营本身并不能产生收益，社会资本或项目公司主要负责道路建设投资和后期养护服务，并通过政府支付运维服务费来收回建设投资，因此可供选择的运作模式包括 BTO（建造－移交－经营），DBFO（设计－建造－融资－经营）等。

二　综合管廊行业 PPP 模式的发展

随着国办发〔2015〕61 号文及发改价格〔2015〕2754 号文等专门针对地下综合管廊开发建设的规范性文件颁行以及 PPP 模式规范性文件的逐渐健全，2015～2016 年，地下综合管廊 PPP 项目的开发建设进入快速发展阶段。

（一）综合管廊 PPP 项目实施过程中存在的问题

1. 项目收益缺乏稳定性

虽然国家发展改革委、住房和城乡建设部颁布的发改价格〔2015〕2754 号文对城市地下综合管廊有偿使用费标准原则上确定了协商、政府定价和政府指导价三种途径，但是，由于各地对"具备供需双方协商定价条件"的理解不一，出现了地方政府倾向于把入廊收费标准事宜推给项目公司与管线单位协商定价，同时不承担兜底付款责任的情况，因此产生无论是采用"直埋成本法"还是"空间比例法"均不能公平、合理地确定使用者付费标准的问题。

因地下综合管廊的建设成本及运营成本难以在地方政府及入廊管线单位之间进行合理分摊，导致来源于使用者付费的项目收益和地方政府需承担的财政补贴数额均存在不确定性，而使用者付费标准和政府补助金额直接影响了综合管廊 PPP 项目的整体收益稳定性。

2. 管线入廊不可控风险加大

在地下综合管廊项目实践中，部分管线单位出于资金、管理、产权意识等因素的考虑，缺乏入廊的积极性，甚至出现一些管线单位宁可绕着走，也不愿把管线纳入管廊的现象。由于地下综合管廊的建设目的是解决管线有序管理及"马路拉链"等问题，如果无法保障规划内既有的管线全部入廊，就不能充分发挥地下综合管廊作为"城市的良心"的作用，影响其社会效益。同时，管线不能全部入廊，也势必导致项目无法按照预期获得使用者付费收入，不利于 PPP 项目投资收益的实现，可能打击社会资本方的投资信心，并可能引发政府支出责任增加而带来的风险。

3. 存在土地使用权获取不确定性风险

由于地下综合管廊是在城市地下用于集中铺设电力、通信、广播电视、给水、排水、热力、燃气等市政管线的公共隧道，该类 PPP 项目的建设必然会涉及项目用地问题，特别是地下空间土地使用权问题。

就地下综合管廊 PPP 项目而言，无论是对于项目用地的取得方式、取得主体，还是对于地下空间土地使用权与地上土地使用权的区分与权属登记等问题，由于《物权法》《土地管理法》及其实施条例等法律、法规及该类 PPP 项目相关规范性文件均未对以上事项做出明确规定，加之地方国土部门对该类项目是否属于"经营性用地"认定不一，目前 PPP 项目合作各方对上述问题的认知及实操做法各异，由此导致地下综合管廊 PPP 项目取得土地使用权的风险问题。

4. 为管廊建设运营项目配置土地、物业等经营资源难操作

根据发改价格〔2015〕2754 号文规定，政府要依法依规为管廊建设运营项目配置土地、物业等经营资源，统筹运用价格补偿、财政补贴、政府购买服务等多种渠道筹集资金，引导社会资本合作方形成合理回报预期，调动社会资本投入的积极性。但是，实操层面，由于土地使用权的取得有严格的招拍挂等出让程序，而直接将经营性用地划拨给社会投资方又不具备可操作性，因此，在实际中地下综合管廊 PPP 项目如何合法、合理地配置土地等经营性资源较难操作。

（二）解决综合管廊 PPP 项目实施过程中存在问题的措施

1. 项目收益缺乏稳定性的应对措施

（1）采用使用者付费与政府可行性缺口补助结合的回报机制

考虑到地下综合管廊 PPP 项目的投资总量及投资周期等因素，单独依靠入廊管线单位缴纳的入廊费及运维费不足以覆盖项目投资总额及合理收益，缺口部分需由政府给予财政补助。因此，建议采用使用者付费与政府可行性缺口补助相结合的可用性付费机制。

（2）明确收费不足风险的承担主体

在政府依法制定强制入廊政策及收费标准的前提下，由项目公司（中选社会资本）作为收费主体向入廊管线单位收取入廊费和运维费的，即应当由项目公司（中选社会资本）承担实际收取入廊费及运维费收费与政府定价应收费用差额的风险，以促使项目公司（中选社会资本）积极行使项目业主权利，同时减少政府方支付补贴金额。

（3）政府方应承担最低需求量风险

由于综合管廊 PPP 项目多采用可用性付费机制，而可用性付费通常与项目的设施容量或服务能力相关，不考虑项目设施或服务的实际需求，因此，项目公司（中选社会资本）一般不需要承担需求风险，只要所提供的设施或服务符合合同约定的性能标准即可获得相应付费收入。当政府的强制入廊政策及收费标准确定后，仍不足以覆盖社会资本方的投资成本及合理收益的，应当由政府方承担相应的缺口部分，并将政府为此支付的缺口补助金额纳入政府财政预算及中长期财政规划。

2. 管线入廊不可控风险的应对措施

（1）政府应出台明确的强制性入廊政策

政府应明确规定已建设地下综合管廊的区域。该区域内的所有管线必须入廊，不得在管廊以外的位置上新建管线。既有管线在改造时，应有序迁移至地下综合管廊。该措施在国办发〔2015〕61 号文中已经明确了相应的入廊需求，但是，该效力级别的文件需要进一步上升到法律或者单行法规层面，以强化必须入廊的基本需求。同时，应在配套措施上确保强制入廊政策的执行力度，如对管线单位申请新建管线或改造既有管线时不予审批其非入廊新、改建管线申请，以达到强制入廊的目的。

（2）科学编制地下空间规划

在编制地下空间规划时，应根据城市总体规划、地下管线综合规划、控制性详细规划编制，将地下综合管廊与地下空间规划、道路规划等保持衔接，确保管廊建设区域内的所有管线在管廊内规划布局。该措施与城市总体规划、地下综合管廊专项规划紧密关联。

3. 土地使用权获取不确定性风险的应对措施

土地使用权获取风险中最大的问题是以何种方式取得项目土地使用权

（地上及地下空间土地使用权），因地下综合管廊项目属于准经营性市政基础设施项目，可由项目所在地政府根据项目投资情况、项目交易架构、资产归属等因素确定项目用地的取得方式，一般建议采用划拨的方式确定项目所需的土地使用权，但就地上空间与地下空间土地使用权区分、地下资产等权属登记事宜，需要与规划、国土行政主管部门单独进行确认。建议督促和协调相关职能部门尽快出台地下综合管廊土地取得方式和产权登记事项的相关政策法规文件。

4. 配置土地、物业等经营资源的应对措施

从引导社会资本合作方形成合理回报预期、调动社会资本投入积极性的角度，可以参照《关于联合公布第三批政府和社会资本合作示范项目加快推动示范项目建设的通知》（财金〔2016〕91 号）的规定："可将通过竞争方式确定项目投资方和用地者的环节合并实施"执行。在项目实操层面，需要与地方国土资源主管部门协调确认具体合并实施的细节，将两者有序衔接。

（三）对综合管廊开发建设项目实施 PPP 模式的展望

在综合管廊行业应用和推广 PPP 模式，是为了发挥和体现 PPP 模式"物有所值"的价值理念，提高综合管廊建设及运营服务的质量与效率。虽然各地在实施地下综合管廊 PPP 项目过程中面临管廊有偿使用费标准及项目收益率标准难确定、造价成本高等问题，但是，该等问题会随着 PPP 法律体系的健全以及 PPP 项目实践的深入逐渐得以解决，综合管廊项目的 PPP 模式操作将步入规范化、常态化。

三　小结

在国家主推采用 PPP 模式建设和运营地下综合管廊的热潮下，地下综合管廊 PPP 项目的数量不断增加，地下综合管廊项目的开发建设也在稳步推进。虽然地下综合管廊 PPP 项目的投资大、回报周期长，但如果项目交易结构设计合理，在国家政策的支持下，也能成为项目收益稳定、对社会资本方具有吸引力的优质项目。国办发〔2015〕61 号文及发改价格〔2015〕2754 号文的颁

行，为今后地下综合管廊有偿使用制度提供了指导性意见，将极大地推动地下综合管廊 PPP 模式的发展。笔者期待，国家层面能有更多后续的配套政策出台。随着地下综合管廊 PPP 项目建设在全国展开，将会涌现更多的成功案例，为今后的综合管廊建设提供经验，PPP 模式在综合管廊行业中的应用将会越来越成熟。

B.12
污水处理、垃圾焚烧行业中
PPP 模式的应用与发展

薛 涛 赵喜亮*

摘 要： 污水处理、垃圾焚烧行业是市政环保领域 PPP 模式应用最成
熟的领域，此类项目属于 B 类，具有边界清晰、商业模式较
容易实现合理的责任和分配、基础设施的 BOT 模式相对较易
对接资本市场等特点，行业实践面临着三大挑战。

关键词： 污水处理 垃圾焚烧 PPP 模式

一 行业背景及 PPP 应用概述

改革开放以来，随着经济的发展，环保问题日益受到国家重视，实行污染
物总量控制成为我国近 20 年环境保护工作第一阶段的重要治理模式[1]，由此
带来了市政环保设施建设的大发展。1996 年，《国民经济和社会发展"九五"
计划和 2010 年远景目标纲要》把污染物排放总量控制正式确定为中国环境保
护的一项重大举措。

随着污染物排放总量控制的推进，在一系列行业相关政策的指导下，污水
处理等环保市政基础设施建设进入快速发展阶段，截至 2016 年 6 月底，我国
已建成 3934 座污水处理厂。此外，同样作为重要的市政基础设施的垃圾焚烧

---

* 薛涛，E20 环境产业研究院执行院长，中国 PPP 咨询机构论坛第一届理事会副秘书长；赵
喜亮，E20 环境产业研究院 PPP 中心副经理。

① 王金南等：《2016 环境质量管理新模式全面启动》，《中国环境管理》2016 年第 1 期，第 9
页。

行业的快速发展，则主要由于以填埋为主的垃圾处理方式已无法满足日益增长的垃圾处理需求，基于场地的限制，垃圾焚烧设施被逐步推广。自 2000 年以来，国家陆续出台了一系列鼓励垃圾焚烧产业发展的政策，截至 2015 年底，我国已建成 259 座垃圾焚烧厂。

与行业发展同步，2004 年，建设部令第 126 号《市政公用事业特许经营管理办法》的出台推进了 PPP（政府与社会资本合作）模式在中国市政公用领域的大量运用，污水处理、垃圾焚烧行业 PPP 模式的发展深刻影响了市政环保公用行业的产业格局。污水处理、垃圾焚烧行业形成了以 A 方阵和 B 方阵为主的运营服务阵队（见图 1）[①]，目前市政污水处理行业的 BOT/TOT 项目约占 40%，垃圾焚烧领域的 BOT 项目占 70% 以上。E20 环境产业研究院预判，随着 PPP 2.0 时代的到来，Ⅰ方阵将逐步出现并引领环境产业新格局。

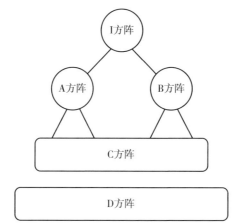

注：Ⅰ方阵：环境产业一级开发商；A方阵：重资产环境集团；
B方阵：区域环境综合服务集团；C方阵：细分领域系统解决方案领跑者；
D方阵：装备、材料生产制造领跑者。

图 1　面向未来五年的环境产业战略地图

二　行业 PPP 项目特点及经验

住建部城建司主管的市政领域的部分子领域，是中国 PPP 项目最早成功

---

① E20 环境产业研究院：《面向未来五年的环境产业战略地图》，2016。

大范围落地的主战场，早在 2003 年，原建设部就成功推出了特许经营改革，尤其在燃气、排水、垃圾处理三个领域最为成功，供水和供暖次之，排水和垃圾处理属于本部分详述的范畴。

基于长期观察市政环保领域 PPP 项目的发展规律和特点，E20 环境产业研究院提出了如下分类方法（见图 2）。

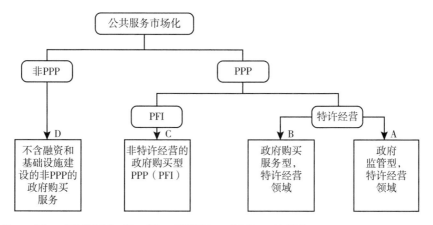

注：A：供水 PPP（股权合作为主，燃气、供热 PPP 性质类似）、工业危废 BOT、地下管廊；
B：污水厂 BOT、垃圾焚烧厂 BOT、垃圾填埋厂 BOT、餐厨处理厂 BOT、污泥处理厂 BOT 等（上述项目可能打捆，包含收集运输）；
C：管网融资建设、不含污水厂的黑臭水体治理和海绵城市、土壤修复、农村污水或垃圾治理等；
D：垃圾清扫或收运（不含收运站融资建设）、城市水体维护、环境监测服务、基础设施的委托运营服务。

图 2　E20 市政环保 PPP 分类格局[①]

（一）项目特点

1. A 类项目

A 类项目指的是采用特许经营方式，直接向非政府的用户经营并收取费用的项目，基本特点是垄断经营、价格监管（听证会调价）、厂网一体，直接面对最终用户。供水、供暖、燃气甚至地铁、高速公路 PPP 项目都属于 A 类。

2. B 类项目

B 类项目是同属于 2004 年所规定的特许经营范围但支付方主要来自政府

---

① 薛涛：《市政环保 PPP 年度盘点：分类后的顶层思考与产业变局》，http：// mp. weixin. qq. com/s/ yYUOh8lsVPOda6aelvMKcg，2016 年 11 月 18 日。

的项目类型，城市排水和垃圾处理落在了这个领域。B 类项目通常采取 BOT/TOT 模式，此类项目是市政环保领域 PPP 应用最成熟的领域，项目的特点如下。

（1）边界清晰，可操作性强

边界清晰体现为两点：一是物理界面清晰。污水处理厂、垃圾焚烧厂以厂区为界，厂区外部工作通常（在 PPP1.0 时代尤其如此）都是政府的事项，比如建设管网、垃圾收运等。二是责任界面清晰。社会资本方负责项目的设计、建设和特许运营期内的运营管理，运营期期满后社会资本方将运营特许权和设施移交给政府，政府有关部门的职责是确保社会资本方满足项目建设目标和环保目标。

（2）项目属于 B 类政府购买服务型特许经营项目①

B 类项目区别于 A 类政府监管型特许经营项目，具备以下六个特点：

一是政府付费。B 类项目是依据 BOT 惯例的保底量"或取或付"模式由政府付费（政府可能同时会向民众或其他用户收费——污染者付费），而 A 类项目是向非政府的用户直接收费（受益者付费）。

二是项目服务费与政府向用户收取的价格无关。B 类项目的定价方式来自前期选择社会资本时的竞争程序，后期通过协议事先约定的调价公式来定价，不宜搞成本监审和价格听证会，而 A 类项目的执行期调价由居民参与的成本监审和价格听证会来确定。

三是此类项目中创新的所谓的厂网一体化由于没有且无法面对直接用户收费，其本质是厂区 BOT 加上管网 BTO 的模式组合，单厂区的项目较适宜采用简单的 BOT 模式，而 A 类项目往往采用厂网一体化且直接面对用户收费的模式，此类项目采用股权合作模式较多。

四是此类项目不需要也无从授予垄断权，而 A 类项目需要政府在其管网覆盖范围内授予独家经营的垄断权。

五是此类项目中的政府和社会资本方属于买卖平等主体，出现问题应该走民事范畴的仲裁或者上法院，而 A 类项目中，政府与社会资本双方并不平等，政府和社会资本出现争议应该走行政复议。

① 薛涛：《当环保产业碰到 PPP》，《财经年刊：2017 预测与战略》，2017。

六是可运营性①。政府购买服务型 B 类项目与 A 类项目有一个共同点，即可运营性，这一共同点也区分了同为政府购买服务型的 C 类 PFI 项目。B 类项目的可运营性具有下述两个显著特点。

• 项目的基础设施资产具有类似"产权"属性。B 类项目社会资本的项目公司拥有该资产的部分"产权"，由此厂区可被合法运营，也可被关闭（存在违背协议的风险），但关闭会带来城市功能的某种损伤。反之，不具"可运营性"的 C 类 PFI 项目不具备产权属性，没有被关闭的可能，这对政府不构成付费违约行为的制约，此类项目所形成的所谓资产不符合金融机构抵押物的习惯，导致社会资本及金融机构认为此类投资不够安全。

• 项目设施的运行计费按量结算，交付界面按质考核。可运营的 B 类项目在项目交付界面上简单的通过交付物的数量、质量来约定和考核"购买服务"的交易界面。污水按水量结算，垃圾焚烧按垃圾量决定，在项目交付界面上按质考核。而 C 类项目依据社会资本的施工造价，通过"可用性付费"模式来安排某种固定利率的还款模式作为此类项目的回报机制，外加项目金额大、系统复杂等因素，社会资本更看重前期利润，上述因素都导致 C 类 PFI 项目有拉长 BT 的风险，需要方案设计者规避。

（3）商业模式比较容易实现合理的责任和分配

基于以量价考核的基本商业模式和在厂区边界约定绩效，在政府通过保底量照付不议的 BOT 模式下，污水处理厂/垃圾焚烧厂比较容易通过招投标程序限定收益。

（4）项目基础设施的 BOT 模式相对较易对接资本市场

相对而言，BOT 模式在 B 类项目应用中所需探讨的问题较少，基于较易制定支付和考核方式，且又不需要政府对工程的实际造价进行评估，绩效考核成熟可控，是业内公认的成熟 PPP 模式。基于项目的基础设施具有的准产权属性（虽然和 C 类项目一样按照财务制度并计入无形资产）、付费主体的客观

---

① 为了与国家发展改革委〔2014〕2724 号文中所提到的经营性、准经营型等定义进行区分，笔者采用"可运营性"这个词语，因为核心概念有所区别。财政部的"使用者付费"概念和国家发展改革委的"经营性"从上下文来看，核心意思指的是项目的收费回报是否足够覆盖项目成本和收益要求，财政补贴是否需要被安排，所以将政府付费的污水处理 BOT 项目也看成使用者付费的经营性项目。

存在和项目稳定现金流相对比较容易对接资本市场，就目前国内的情况来看，是比较安全的资产，被市场普遍认可，容易实现项目融资，也是现在国家发展改革委所推进的 PPP 资产证券化（ABS）的首选领域。

三 行业 PPP 项目实践面临的困难及发展趋势

新《环保法》的落地和"三个十条"（"水十条""土十条""大气十条"）的相继出台，地方政府成为地方环境质量的责任主体，国家对环境治理的要求已经从总量控制走向环境质量改善，而这个变化又与 PPP 的 2.0 时代相叠加，E20 研究院所预判的环境效果时代即将来临。因此，对于污水处理和垃圾焚烧行业而言，虽然单体厂区的商业模式最为成熟，但是 A 方阵的社会资本方除了要面临环保排放与低价竞争的难题以外，还面临着三大挑战：一是污水治理从单体厂区扩围至水环境修复，各种垃圾末端处置（生活垃圾、城市矿山和餐厨废弃物等）要走向收集环节；二是在项目扩围后的项目绩效考核模式有待在项目实践中持续突破；三是跨区域的环境治理统筹机制和污染者付费的收费机制均有待突破。

1. 环保末端排放之危与低价竞争

2017 年，环保部的"达标计划"行动全面启动，市政基础设施（污水厂、垃圾厂等项目）既是污染治理者，也是污染排放者，将在这次行动中接受考验，尤其是垃圾焚烧厂的末端排放和飞灰处理都将被更严格地监管。很多业绩突出的社会资本未来有可能要被更频繁地挂在环保部的违法通告榜上，而且还将出台更明确的罚则。不同于工业企业的关停，即便环保排放不达标，很多市政基础设施由于要保障城市基本功能，往往会带病继续运营，那么对于采用 PPP（包括早前的特许经营）模式的项目，社会资本在面对罚款、边界条件被迫变动、升级改造等运营期调整之时，将有可能结合环保要求的提高与地方政府重新洽谈价格和补偿，这将是一个痛苦的拉锯过程。此外，更多的领先企业则同时选择率先启动环保信息公开来巩固品牌地位和建立与民众的互信关系，尤其是饱受邻避事件困扰的垃圾焚烧行业[1]。

---

[1] 薛涛：《2017：市政环保领域 PPP 绕不过的五件事》，《中国经济导报》2017 年 1 月 11 日，B06 版。

除了上述末端排放之危以外，在简单的 BOT 模式竞争中，由于招投标所带来的充分竞争，很多企业一哄而上，低价竞争扰乱了市场，加上后期监管跟不上，也给不少垃圾处理厂和污水处理厂实际运营带来了消极影响，而雪上加霜的是，末端排放指标不断提高。此外，通过资本手段带来的套利空间也会造成超低价投标野蛮扩张的恶性循环，这些均有待于通过信息公开来倒逼市场向良性发展。

2. 环境效果时代所带来的对单体厂区常规模式的扩围挑战

"河长制""水十条"和新《环保法》的出台，对改善环境质量提出了更高要求，结合 PPP 2.0 所带来的更彻底的市场化趋势，政府需要社会资本参与更多的项目环节，在水污染治理领域已出现了厂网一体化、海绵城市及流域黑臭水体治理的 PPP 项目；在垃圾领域也出现了突破厂区环节的各种固体废弃物处理处置的市场化项目，如餐厨、厨余、城市矿山循环经济等 PPP 项目，也由此使很多社会资本方开始介入各种垃圾收运环节，如垃圾焚烧企业接管了前端垃圾收运甚至介入村镇垃圾收集等。

在固废的收运体系环节（也包括农村污水），社会资本如何更好地介入前端，与政府合理分工合作做好收集工作，体现了 PPP 2.0 核心逻辑的要求，需要进一步探索和总结。

3. 绩效难度有待在 C 类 PFI 项目实践中持续突破

项目扩围后，在城市水污染防治领域出现的海绵城市、黑臭水体治理项目，其性质属于 C 类非特许经营的政府购买型 PPP（PFI）项目。C 类项目的特点导致方案设计中如何落实绩效要求难度提高，社会资本方实现绩效有难度，政府绩效监管也存在难度和考验。此类项目如果操作不够细致有可能演变为项目内涵上类似的 BT，导致社会资本短期套取工程利润而忽视长期运营绩效。目前此类项目虽在实践中有所突破，以南宁竹排江 PPP 项目为例，该项目初步探索了基于河道断面的绩效考核模式，且在项目结构设计安排上取得了一些进展，但距离落地还有很大的空间。

为了避免 PFI 项目沦为单纯的融资工具且与 BT 的核心划清界限，项目设计上需要体现以下三点：一是，项目应该有明确的可实施的考核指标；二是，要达到项目的考核指标需要系统化的整体方案；三是，项目需要长期维护以达到考核指标。C 类项目的执行中出现了 PPP 项目中的一个常见问题，即在招标

PPP 蓝皮书

之前用户没有能力制订完善的项目方案，此外，对技术方案的优化需要在招标和评审阶段完成。实际操作过程中，由于留给这一阶段的时间过短，并且与招标流程的纪律要求冲突，并且价格是主要的竞争因素，导致社会资本只能在中标后的实施阶段才真正开始完善技术方案，这也带来了竞争环节失效的风险。笔者建议适当延长招标期，同时可引入世界银行的"两步招标法"来解决这个问题。同时，笔者建议将可用性付费与运营绩效进行一定程度的捆绑，而不仅仅与竣工验收有关。

4. 缺乏污染者付费的健全制度，收运、收费机制有待建立

在环境效果时代，水环境治理要结合流域本身的特点，突破行政区划的限制，而不仅仅是以城市或县镇为范围，目前这个方面的研究还未展开，在 PPP 架构下如何实现尚未深入探索，值得关注。

对于城市各种固废废弃物的处理，国家已经开始全面布局，每个细分领域都有其不同的特点，不宜简单照搬城市生活垃圾焚烧的 BOT 模式。同时，农村的环境问题也日益凸显，污水和垃圾的处理需要突破一些机制，需要结合农村特点合理安排分散与集中的比例，配套部分合理管网建设。

当前困扰环境治理 PPP 的核心问题，是缺乏污染者付费的健全制度，环保投入即便通过 PPP 实现，本质上依然是政府的财政负担，绝大部分是通过地方税收和出让的土地收入来实现，既不符合社会公平性原则，也不利于促进全民参与环境保护。以垃圾处理为例，我国垃圾处理企业的收入来源主要为政府补贴及垃圾焚烧上网电价（焚烧处置），向百姓收取的垃圾处理费目前尚不能完全覆盖垃圾处理处置的全部成本，农村更是缺少收费机制。如何结合 PPP 的推进，完善作为配套政策重要支撑的价格机制建设，影响着该领域的商业模式构建及环境产业发展，亟须国家在顶层设计上做出安排。

参考文献

　[1] 王金南、秦昌波：《环境质量管理新模式：启程与挑战》，《中国环境管理》2016 年第 1 期。

［2］ E20 研究院：《面向未来五年的环境产业战略地图》，2016。

［3］ 薛涛：《市政环保 PPP 年度盘点：分类后的顶层思考与产业变局》，2016 年 11 月 18 日，http：//mp. weixin. qq. com/s/yYUOh8lsVPOda6aelvMKcg。

［4］ 薛涛：《当环保产业碰到 PPP》，《财经年刊：2017 预测与战略》，2017。

［5］ 薛涛：《2017：市政环保领域 PPP 绕不过的五件事》，《中国经济导报》2017 年 1 月 11 日，B06 版。

B.13
城市轨道交通行业 PPP 模式应用和发展

陈宏能　肖　靓[*]

摘　要：　自 2014 年开始，中国大量轨道交通项目开始采用 PPP 模式进行投资建设。本文分析了中国轨道交通领域 PPP 模式的应用现状，总结了经验教训，并对我国未来轨道交通行业 PPP 模式的健康发展提出了建议。

关键词：　轨道交通　PPP　地铁项目

一　城市轨道交通行业 PPP 应用概述

（一）我国城市轨道交通 PPP 发展历程

城市轨道交通（Rail Transit）是指具有运量大、速度快、安全、准点、保护环境、节约能源和用地等特点的交通方式，简称"轨交"。按国家标准《城市轨道交通技术规范》（GB50490-2009）的定义，城市轨道交通（Urban Rail Transit）是指采用专用轨道导向运行的城市公共客运交通系统，包括地铁系统、轻轨系统、单轨系统、有轨电车、磁浮系统、自动导向轨道系统、市域快速轨道系统。本文所提及"轨道交通"或"轨交"皆指城市轨道交通。

历经 2003~2014 年十余年的探索实践，截至 2014 年国家开始大规模推广 PPP 模式之前，我国轨道交通 PPP 模式应用主要集中在地铁建设领域，共有 5 个项目相继应用 PPP 模式，分别是深圳地铁 4 号线、北京地铁 4 号线、14 号

---

* 陈宏能，北京金准咨询有限责任公司董事长、总经理，高级工程师；肖靓，北京金准咨询有限责任公司副总经理。

线和 16 号线，以及杭州地铁 1 号线。

上述 5 个项目实施 PPP 模式对推动我国轨道交通乃至基础设施 PPP 模式应用产生了积极深远的影响。从实施方面分析，上述 5 个项目体现了以下共同特点：

（1）引资对象皆为香港铁路公司；

（2）PPP 运作模式方面，皆将项目划分为土建和机电（含车辆）相对独立的 A、B 两个部分，对于 B 部分实施 PPP，引入社会资本投资建设和运营；

（3）合作期限通常达到 25～34 年，其中运营期多为 30 年；

（4）政府为项目提供可行性缺口补贴，补贴模式皆采用以客流预测为基础的"约定票价"补贴模式。

2014 年以后，随着城镇化的发展，我国掀起了新一轮轨道交通建设高潮。截至 2016 年 9 月底，全国有 43 个城市的轨道交通建设规划获得批复，规划总里程约 8600 公里。城市轨道交通平均每公里投资 7 亿元，按照规划测算，一年总投资超过 3000 亿元，我国城市轨道交通投融资需求空间巨大。在国家基础设施和公共服务领域大力推广政府和社会资本合作（PPP）的政策推动下，在轨道交通投融资创新、深化供给侧改革的政策引领下，除地铁项目外，国内大量轨道交通项目开始采用 PPP 模式运作。

从本轮轨道交通 PPP 实践分析，可总结为两个特点：一是轨道交通建设的巨大投资压力，在政策推动下，各地主要以实现项目筹资目标为主，轨道交通项目实施 PPP 的需求较为强烈，预计以实现项目筹资为首要目标的状况在可见的未来难以从根本上改变；二是在 PPP 政策逐步完备的当下，各地结合项目实际情况，突破既有的"港铁投资模式"，呈现"百花齐放"局面。

（二）政策支持

为适应国家轨道交通建设新形势需要，加强行业管理，自 2014 年至今，国家出台了一系列有关轨道交通规划、前期工作、审批程序、投资建设管理等方面的政策性或规范性文件，对促进和规范轨道交通建设发挥了重要作用。这些政策文件包括但不限于：

（1）住房和城乡建设部：《关于印发〈城市轨道交通建设工程验收管理暂行办法〉的通知》（建质〔2014〕42 号）；

（2）住房和城乡建设部：《关于加强城市轨道交通线网规划编制的通知》（建城〔2014〕169号）；

（3）《城市轨道交通运营管理办法》（中华人民共和国建设部令第140号）；

（4）国家发展改革委：《关于加强城市轨道交通规划建设管理的通知》（发改基础〔2015〕49号）；

（5）国家发展改革委、住房和城乡建设部：《关于优化完善城市轨道交通建设规划审批程序的通知》（发改基础〔2015〕2506号）；

（6）住房和城乡建设部：《关于印发〈城市轨道交通工程质量安全检查指南〉的通知》（建质〔2016〕173号）；

（7）住房和城乡建设部：《关于印发〈城市轨道沿线地区规划设计导则〉的通知》（建规函〔2015〕276号）；

（8）住房和城乡建设部：《关于印发〈地铁国家建筑标准设计体系〉的通知》（建质函〔2016〕36号）。

二 轨道交通行业 PPP 项目及实践的特点

（一）轨道交通行业 PPP 项目的特点

1. 项目社会效益巨大，具有明显的准公益性

轨道交通建设将促进沿线城市区域发展，沿线区域发展也将为轨道交通聚集客流。轨道交通为城市生活的重要组成部分，居民可以通过地铁站快速到达城市的商业中心、办公地点以及居住地，同时相关站点逐渐成为城市社交活动的场所以及商业货物供给的主要通道之一。轨道交通作为城市重要的交通系统，将极大改善城市的投资环境，增强置业、就业吸引力；轨道交通的开通运营，为城市直接带来沿线社区发育、经济发展、土地升值等"地铁经济"，为城市沿线区域经济社会发展注入强大动力。与其他基础设施相比，轨道交通项目对城市发展的促进作用巨大。

2. 承载巨大公共利益关切，且影响牵涉面大

城市轨道交通是实现城市各区域之间连通的重要桥梁，为城市居民出行提

供服务，是城市公共交通的重要组成部分，承载着巨大的公共利益关切和民生期盼。同时，轨道交通项目的利益相关方众多，牵涉面大，项目规划、建设、运营对各方面造成的影响大。相较其他基础设施项目，轨道交通 PPP 项目更需妥善安排好"政府—社会资本—公共利益"的多元关系，要体现"风险共担、利益共享、激励相容"的原则，在提高公共交通服务水平、兼顾社会资本利益诉求的同时，确保公共利益。

3. 投资规模巨大，要求参与的社会资本具有雄厚的资金实力

城市轨道交通项目初始投资额大，动辄上百亿元或几百亿元，同时运营期间更新改造和追加投资额也巨大。尽管在轨道交通 PPP 项目中政府方往往以直接投资承担部分工程建设、参股 PPP 公司、提供投资补贴等方式减轻社会资本投资压力，但依然对参与的社会资本资金实力形成考验。在对社会资本投融资能力的要求方面，轨道交通 PPP 项目与其他基础设施 PPP 项目形成明显区别。

4. 实施 PPP 边界条件复杂，需要完备的协议体系予以支撑

与其他基础设施相比，城市轨道交通项目技术体系复杂，设计、建设、运营技术复杂、要求高。对于实施 PPP 模式的轨道交通项目，需考虑的技术、管理、财务等方面的边界条件较多，需要处理的各种风险因素众多，需要科学合理设计各种机制。相应，在 PPP 项目实施过程中，轨道交通 PPP 合同体系和相关约定较为复杂，涉及轨道交通建设标准和运营标准确定、建设投资控制、工期质量安全控制、追加投资和更新改造安排、运营组织管理、客流风险处理、非票业务资源开发、补贴机制及调价机制、绩效评价考核、项目监管模式等方方面面，需要在 PPP 方案设计之初即予以全面研究和周密策划。

5. 项目自身收入不足，需政府提供补贴支持

城市轨道交通项目作为准经营性项目，投资规模巨大，运营成本和资产更新追加投资压力也大，相应城市轨道交通自身的盈利点也相对有限，主要包括客运收入，以及依托项目资产所进行的广告、通信、零售商业、通道经营等开发性非客运业务收入，与项目投入相比，客运收入和非客运收入远远不能支持项目自身的投资回收和回报，因此，轨道交通项目须由政府提供可行性缺口补助是必要的，尤其在 PPP 项目中，政府补贴机制安排成为各方关注的核心问题。

6. 涉及政府部门多，PPP 项目推进协调难度大

城市轨道交通 PPP 项目在规划、建设、运营等环节涉及的政府管理部门众多，包括发改、财政、建设、交通、国土、税务、城管、房管、环保、价格、法制办等职能部门，在 PPP 项目实施过程中，需要充分衔接和协调相关管理部门。与其他基础设施 PPP 项目相比，来自管理部门的协调工作更多，来自管理层、投资方和公众利益相关方的关注度更高，对 PPP 的实施带来挑战。

（二）轨道交通行业 PPP 项目实践特点

1. 地方轨交国企深度参与

在本轮轨道交通 PPP 实践中（2014～2016 年），地方政府轨交国企（平台公司）皆深度参与 PPP 实施。具体参与方式包括以下几种。

（1）地方政府轨交国企作为政府方指定的出资代表，参股 PPP 公司，其中大多数项目在政策范围内以较大比例（49%）参股。在部分项目公司中，地方政府轨交国企与社会资本方实行"同股同权"，同时也有部分地方政府轨交国企不参与项目公司分红。

（2）受 PPP 公司委托承担运营工作。大多数城市政府以落网整体运营技术要求和保障运营安全为名，提出了 PPP 公司须在项目建成后将项目运营任务以委托方式再交由政府轨交国企具体运营的要求或诉求。

（3）协助政府实施机构承担项目相关推动和监管工作。在 PPP 实施过程中，当地轨交国企协助实施机构承担大量推动支持工作，包括 PPP 前期策划、咨询机构选聘、招商对接、实施协调等，发挥了积极作用。同时，从相关项目 PPP 合同约定分析，当地轨交国企作为城市政府专业力量，还将受实施机构委托，协助承担项目投资、建设、运营和移交环节相关的监管工作。

2. 全投资口径的"整体 PPP 模式"受到重视

在本轮 PPP 实践中，乌鲁木齐轨道交通 2 号线一期 PPP 项目率先采用了按项目总投资口径将全部投资责任交由 PPP 公司承担、以 BOT 模式运作的"整体 PPP 模式"。该模式得到业内关注，并在多个城市的多个项目中得以应用。该模式能最大限度地减缓政府当期投资压力，并有利于项目整体管理。此前香港地铁参与投资的 5 个项目皆采用"A/B"划分模式，即项目在总体上划分为土建部分（A 部分）和机电及车辆部分（B 部分），A 部分投资由政府方负责，B 部分由 PPP 公司负责。

3. 项目补贴模式呈现探索期特征

2014 年之前实施的轨道交通 PPP 项目皆采用"约定票价"补贴模式，由于在本轮轨道交通热潮中，不少轨道交通项目在城市新区建设中承担了连接中心城区与郊区的实际情况，客流预测准确性风险在 PPP 项目实施中凸显出来。为减少该风险对 PPP 机制的影响，促进各方对 PPP 理念的认识，业界、学界开始重视对多种补贴模式的研究，政府补贴模式也呈现"百花齐放"现象，体现了较为明显的探索期特征。近两年在轨道交通 PPP 项目中得以应用的补贴模式主要包括以下几种。

（1）基于客流预测的"约定票价"补贴模式。该模式关注项目公司面向客户（乘客）的服务销售量（客流量），以预测客流为基础，以竞争程序确定的覆盖可行性缺口的"影子票价"（或"约定票价"）与项目实际人次票价之间的差额作为政府提供项目补贴的依据。该模式是目前轨道交通仅有的已有实际运营案例实证的模式，其最大特点是，补贴机制受客流预测不确定性的影响十分明显。采用该模式的项目包括本文前述由港铁投资的 5 个项目以及杭州地铁 5 号线项目等。

（2）基于运营里程服务量的"车公里计价补贴"模式。该模式关注政府向项目公司购买轨道交通公共服务的数量和价格，以项目公司向公众提供的轨交服务量（按运营里程）为计量考核基础，构建相应的可行性缺口补贴机制。该模式以体现政府购买轨道交通公共服务的思路，减缓客流预测不确定性因素对 PPP 项目利益风险的影响，并可提升社会公众对轨道交通服务水平的预期。采用该模式的轨道交通项目包括乌鲁木齐轨道交通 2 号线、3 号线和 4 号线项目，成都地铁 18 号线、9 号线和 17 号线项目，北京轨道交通新机场线项目等十余个项目。

（3）基于"财政部补贴公式"的补贴模式。财政部针对 PPP 项目以实现项目投资回收和运营成本补偿为目标提出了一组补贴公式，要求在 PPP 项目财政承受能力论证阶段予以应用。目前该模式尚缺少进一步的政策性应用指导和规范，在轨道交通领域仅有少数项目采用，如呼和浩特轨道交通 1 号线和 2 号线项目等。

（4）"建设可用性绩效付费＋运营绩效付费"补贴模式。该模式分别针对项目投资建设和运营两个环节构建了"可用性"付费补贴模式：以竣工验收为标志对项目投资（或经"下浮率"竞争后的工程投资）结果予以补偿；以项目运营指标考核评价为标准就项目运营支出予以补偿。该补贴模式兼顾了社会资本（尤其是大型施工承包型企业）按类似"BT"模式尽早收回工程投资的诉求，工程投资回收风险与项目运营绩效脱钩。采用该模式的项目如大连地铁 5 号线等。

（5）"现金流缺口补贴"模式。该模式关注项目运营期间项目公司现金流情况，以实现项目合理收益和实现项目公司运作资金保障为目标，以弥补运营期间社会资本方现金流缺口作为提供"可行性缺口"补贴的依据。目前有个别项目采用该模式，如福州地铁 2 号线项目。

4. 轨交国企投资分红安排差异

源于对轨交国企定位和发展、政府对项目支持模式，以及在 PPP 理念等方面的认识差异，在轨道交通 PPP 项目中，不同的项目对参与项目投资的政府出资主体实行了不同的分红安排。大部分项目采用了"同股同权"的利润分配模式，这些项目主要分布在当地轨交建设已形成相应规模，或未来轨道交通建设规模较大的城市，如北京、成都、乌鲁木齐、杭州等，而在其他一些首次启动地铁建设或轨交规划总规模有限的城市，或财力相对较弱的城市则较多采用政府出资主体占有股权但不参与项目分红的模式。

5. 央企占主要地位，地方国企进入全国市场

从已完成 PPP 招标的轨道交通项目分析来看，参与项目的社会资本方绝大部分为以工程承包为主营业务的央企。这些央企资金实力雄厚，工程建设管理能力强，备受各地城市政府青睐，并依托可获得相应的工程施工或供货作为竞争比较优势，在轨道交通 PPP 市场竞争中成为主力军，"央企＋当地国企"几乎成为目前轨道交通 PPP 项目投资结构的标配。此外，也有个别项目引入了以基金机构为代表的财务投资人参与，如贵阳市轨道交通 2 号线一期工程项目和青岛市轨道交通 1 号线项目。

在此轮轨道交通 PPP 实践中，另一个值得业内期待的是，部分具备实力的地方轨交国企开始走向全国市场，在其他城市谋求参与 PPP 项目。2016 年 4月，北京市基础设施投资有限公司、中国铁建股份有限公司和北京市轨道交通

建设管理有限公司联合体中标乌鲁木齐市轨道交通 2 号线一期 PPP 项目，标志着地方市属企业成功跨出了 PPP 区域拓展的实质性一步，为地方轨交企业走向全国市场提供了参考。

三 行业 PPP 项目实践面临的困难及发展趋势

（一）城市政府财政承受能力受到挑战

2016 年，国家发展改革委已批复 43 个城市的约 8600 公里的城市轨道交通建设规划，目前在建的里程超过 3000 公里；到 2020 年我国拥有轨道交通的城市预计将达到 50 个，总里程将达到 6000 公里，总投资将达到 4 万亿元。不少城市制定了投资规模巨大的轨道交通建设规划，未来轨道交通建设任务艰巨，相应对城市政府财政承受能力提出了巨大挑战。按财政部要求，每一年度全部 PPP 项目需要从预算中安排的支出责任占一般公共预算支出比例应不超过 10%，此条红线将对大规模铺开的轨道交通建设和 PPP 项目运作产生了明显的制约和影响。

（二）地方轨交国企面临多重角色协调

轨道交通 PPP 项目为地方轨交国企市场化改革和转型提供了契机。目前，地方轨交国企以多种方式参与 PPP 项目，存在多重角色冲突现象，需要从政府管理、项目公司运作、受托承运等各方面进一步厘清地方国企在 PPP 项目中的定位，以及与政府部门、社会资本和项目公司之间的关系，促进轨道交通 PPP 健康发展，并为地方轨交国企转型创造良好条件。

（三）"轨道 + 土地"模式亟待破题

在本轮轨道交通 PPP 实践中，受制于相关土地政策，尽管业内呼声较高，但以土地资源开发和轨道建设打捆实施的"轨道 + 土地"案例极为个别。目前在国内轨道交通建设中，大多数项目沿线土地开发皆由政府方另案处理，轨道建设和沿线土地开发各自实施，遵循项目管理独立、利益机制独立、招商程序独立的原则，这是目前政策条件下的必然选择。轨道交通建设极大地促进了

沿线区域经济社会发展，如何将轨道交通建设产生的巨大外部效益内化为轨道交通项目自身效益，并结合 PPP 有效推动 TOD 模式开发，以最大程度发挥项目的社会效益和经济效益，仍是目前和未来一段时期管理层和业内需要不断探索的课题。

（四）市场运营主体有待培育

在本轮轨道交通 PPP 项目中，大多数项目中标单位为施工承包企业，地方政府基本上都要求项目公司将项目运营任务委托给当地轨交国企实施，这种状况除表明地方政府发展自身轨交运营力量的诉求外，也凸显轨道交通行业运营主体严重缺乏的现实。轨道交通 PPP 项目绝大部分按 BOT 模式运作，通过 PPP 引入专业运营主体，在同一个城市中安排不同运营主体实现运营服务水平对标效应。促进城市轨交服务水平整体提升是实施 PPP 的应有之义，但由于运营市场主体缺乏导致这一目标较难达成。值得期待的是，除香港铁路公司外，北京、深圳等轨道交通强市的专业力量开始尝试走向全国市场，同时也有个别项目提出了拟引入其他外资运营主体参与轨道交通的设想。创造条件培育和发展轨道交通运营市场主体是我国轨道交通 PPP 发展中需要着力解决的问题之一。

（五）审视和摒弃项目"可批性"对前期工作的影响

出于项目审批需要，在现实中，轨道交通项目的可研、初步设计等前期研究工作或多或少受到项目"可批性"诉求的影响。轨道交通 PPP 项目前期论证工作需进一步结合新形势、新情况，在前期研究中为 PPP 实施创造必要的条件。为此，本报告建议，地方政府在严格要求项目勘察设计单位按相关技术规范规程开展前期工作的基础上，应结合本地 PPP 实施需要，进一步在客流预测、系统规模确定、行车组织计划、资产更新计划、分期建设安排等方面提出达到相应深度和有针对性的技术研究成果，尤其是需在前期阶段尽量夯实工程概（估）算成果，避免工程（概）估算"戴高帽"或成为投资"钓鱼"工程。

（六）轨道交通 PPP 模式应由发散探索向合理模式收敛

轨道交通是国家大力发展的重大基础设施领域，目前各城市轨道交通 PPP

运作模式差异明显，尚未形成稳定和成熟的模式。尽管各地实际情况和项目诉求千差万别，但轨道交通 PPP 发展应有其自身规律和内在要求，在 PPP 运作涉及的重要理念、关键机制、核心方法等方面如果长期处于"百花齐放"状态，将不利于行业健康发展，轨道交通 PPP 运作模式在实践中由各地的发散性探索向相对合理的模式收敛显得十分必要而迫切。值得肯定的是，在 PPP 模式稳健发展方面，目前已出现一些可喜迹象，如轨道交通 PPP 项目"车公里补贴模式"自乌鲁木齐轨道交通 2 号线首次采用以来，已在数十项轨道交通项目中陆续得到应用，在业内的推广应用前景值得期待。

B.14
收费公路走过 BOT，又见 PPP

李 飞[*]

摘　要：　自1988年我国第一条高速公路建成通车至今，我国政策和经济环境不断变化，收费公路的建成模式不断改进与变革，我国收费公路的建设模式经历了由最初公建公营到特许经营 BOT 模式，再到公私合营的 PPP 模式。本文对各个模式的优缺点进行了分析和总结，并且对未来收费公路 PPP 的发展模式进行了展望。

关键词：　BOT　PPP　收费公路　特许经营　融资模式

自1984年国务院第54次常务会议做出"贷款修路，收费还贷"的重大决策以来，我国公路建设模式在单纯依靠财政投资的机制上实现了突破创新，投融资模式逐步向"国家投资、地方筹资、社会融资、利用外资"的多元化格局转变，公路交通基础设施实现了跨越式发展。收费公路的建设模式也从公建公营的收费还贷模式、民建民营的特许经营模式发展到今天公私合营的 PPP 模式。

一　收费公路现状

自1988年我国第一条高速公路建成通车，实现了我国高速公路零的突破之后，我国的高速公路建设步入了高速发展的快车道。收费公路的快速发展，大幅提高了公路通行能力和运输效率，促进了我国经济社会持续健康发展。我

---

*　李飞，北京明树数据科技有限公司常务副总经理，中国 PPP 咨询机构论坛第一届理事会副秘书长。

国收费公路主要按照政府还贷及经营性收费公路两种性质投资、建设及运营管理，两种性质的收费公路在建设投融资主体、收费期限等方面存在一定差异。

截至 2015 年底，我国收费公路总里程达到 16.44 万公里，累计建设投资总额 69488.5 亿元，债务余额 44493.7 亿元，其中高速公路达到 12.35 万公里，里程规模居世界第一位。

截至 2015 年底，我国政府还贷公路里程达 10.21 万公里，占收费公路里程的 62.1%（其中，政府还贷高速公路 6.58 万公里，一级公路 1.82 万公里，二级公路 1.78 万公里）；经营性公路里程 6.23 万公里，占全国收费公路里程的 37.9%（其中，经营性高速公路 5.12 万公里，一级公路 0.52 万公里，二级公路 0.50 万公里）。

二　收费公路传统特许经营情况分析（2013 年之前）

2013 年前，收费公路主要采用 BOT 模式，大多是为了解决收费公路前期建设资本金不足问题，当时实施特许经营的项目通行费收入大多能覆盖建设运营成本及合理利润，从而可以通过授予特许经营权收取通行费的模式筹集公路建设发展资金。同时，该模式还可以适度缓解收费公路运营管理服务效率不高的问题。因此，早期收费公路的传统特许经营模式肩负了缓解政府当期资本金不足，吸引社会资金和提高运营管理效率的双重使命。

（一）特许经营项目整体情况

尽管通过收费逐步收回投资，再用于公路建设的模式，在一定程度上缓解了公路建设资金短缺的压力，但政府利用通行费收入收回前期投入资金需要较长的时间，在一定期限内，资金仍然沉淀在项目中，无法有效解决资金短缺问题。为了解决这些问题，借鉴西方发达国家高速公路特许经营的经验，交通行业适时提出了在我国收费公路建设和运营领域实施特许经营的思路，并开始了采用特许经营模式的探索与尝试。

截至 2013 年，采用 BOT 模式的收费公路主要有高速公路、一级公路、二级公路及独立桥隧四类项目，这四类项目有效地缓解了收费公路建设资金不足问题。

1. 政策情况

1996 年，交通部颁布了《公路经营权有偿转让管理办法》，以规定期限的收费经营权为条件，通过转让经营权方式吸引社会资金进入公路基础设施域。

1997 年，交通部颁布了《公路法》，规定筹集公路建设资金，可以依法向国外金融机构和外国政府贷款；国家鼓励国内外经济组织对公路建设进行投资；开发、经营公路的公司可以依照法律、行政法规的规定发行股票、公司债券筹集资金。

2004 年，国务院颁布了《收费公路管理条例》，完善了收费公路建设运营管理体制，标志着我国收费公路投融资体制越来越完善。

2007 年，交通部颁布了《经营性公路建设项目投资人招标投标管理规定》，明确了经营性公路确定社会投资人的工作流程，完善了拟签署的特许经营协议基本要素，是早期收费公路特许经营工作的重要指导文件，也是收费公路特许经营稳步发展的有力保障。

2. 融资模式、架构

我国收费公路 BOT 项目大多是以由市政府授权的政府职能部门作为项目实施机构，通过公开招标等方式选择适合的社会投资人负责投资、建设及运营管理高速公路（见图 1），政府作为甲方对社会投资人（或项目公司）监管力度不足，大多仅从政府行政层面负责工程质量及运营养护服务效果的监督考核及管理，对项目运营情况了解较少，导致出现收费公路成为"印钞机"的现象或巨额亏损争议不断。

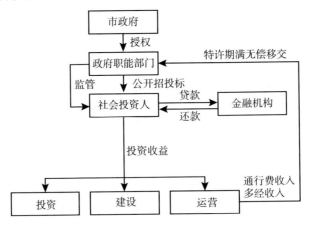

图 1　收费公路特许经营融资模式架构

（二）成功经验

20世纪90年代末，我国在收费公路领域实施特许经营制度进行了积极探索和尝试。我国首例收费公路特许经营项目是1981年的广深珠高速公路，比较规范的第一个收费公路特许经营项目是1994年的福建泉州刺桐大桥建设项目。此后，全国各地相继实施一些收费公路特许经营项目。

我国收费公路特许经营起步较早，在特许经营实践中存在经营主体的准入门槛较高、资产的转移不确定性较大、经营期限难以合理界定等不规范现象，同时还存在对收费公路经营目的认识不明确，价格调控手段受制约，经营企业盲目追求自身利益最大化，政府还贷公路和经营性公路形成收费公路的"双轨制"，难以统筹等问题。

1. 创新投融资模式

特许经营模式运用于收费公路，开了我国在收费公路领域创新投资模式的先河，通过引入特许经营这一新模式，有利于加强地方收费公路建设，促进政府职能转变，充分发挥市场配置资源的作用。

2. 减轻政府的债权压力

特许经营模式引入社会投资人负责项目的投资、建设和运营，减轻了当前各地政府修建收费公路的资金压力，使地方政府能够腾出更多的资金和精力投入其他领域的基础设施建设。

3. 有效引入市场竞争机制

通过公开形式选择社会资本，建立公平公正的竞争秩序促进同业竞争，有效提高了收费公路的建设运营水平，适度降低了建设运营成本。

（三）不足之处

1. 政府自身定位不清

政府方由于过度依赖该模式，对自身的监管地位认识不充分，对项目认知不清晰，导致对社会资本的控制力难以界定一个清晰的尺度，过度干预与"大撒把"都是特许经营过程中出现的问题。

2. 政策约束力不强

收费公路特许经营相关的政策较为模糊，没有一部较高层级的法规性文

件，项目的操作流程、操作方式均存在一定程度的不规范现象。

3. 对预期收益过于乐观

收费公路特许经营项目通常有长达几十年的建设及运营过程，在项目前期，由于政府及社会投资人对交通量或收入预测误差过大，导致实际收益远低于预期水平，收益无法覆盖成本，项目公司无法偿还债务进而导致破产。

4. 对社会投资人约束不强

特许经营合同体系对政府和社会投资人的权责利没有明确且较充分的规定，政府对项目公司运行情况了解不充分，对项目把控力不足，在项目运行过程中缺乏适度的监督管理，不时发生因双方争议而引起的提前回购。

三　收费公路 PPP 项目情况（2014 年至今）

自 2010 年以来，国家层面出台了一系列相关政策控制地方政府融资平台，希望通过投融资体制机制改革逐步化解地方政府债务风险，转变政府职能，变管理为监管，收费公路作为动辄百亿元、投资极大，且关系地方区域经济发展的重要项目，也经历了从传统 BOT 到新阶段 PPP 模式转型的种种阵痛。

随着中国银监会对地方政府融资平台的进一步严格要求，地方政府利用融资平台公建公营的传统收费公路建设运营模式遇到了融资难的问题，老的 BOT 模式又面临政府监管不到位的窘境。为此，在国家发展改革委、财政部鼓励和吸引社会资本参与基础设施建设的政策推动下，收费公路再次成为这轮 PPP 的主力军。长期来看，收费公路合理运用 PPP 模式可以形成城市基础设施建设可持续的资金投入机制，有利于提高公路服务的质量和供给效率，对于政府转变自身职能、创新投融资模式、减轻当期建设资金压力、平滑地方政府财政资金支出压力、盘活民间资本及提升管养效能等具有重大的意义。

（一）国家政策

在国家层面，国务院、财政部、交通运输部等有关部门相继出台了一系列政策，对收费公路采用 PPP 模式建设运营提供了有力的政策支持。

2015 年，国务院发布了《关于在公共服务领域推广政府和社会资本合作模式的指导意见》（国办发〔2015〕42 号）；为落实国务院的精神，国家发展改革委出台了《关于开展政府和社会资本合作的指导意见》（发改投资〔2014〕2724 号）、《基础设施和公用事业特许经营管理办法》、《关于切实做好传统基础设施领域政府和社会资本合作有关工作的通知》（发改投资〔2016〕1744 号）、《关于国家高速公路网新建政府和社会资本合作项目批复方式的通知》（发改办基础〔2016〕1818 号）、《关于进一步做好收费公路政府和社会资本合作项目前期工作的通知》（发改办基础〔2016〕2851 号）等文件，支持和规范收费公路 PPP 工作。

自 2014 年以来，财政部相继发布了《关于印发〈政府和社会资本合作模式操作指南（试行）〉的通知》（财金〔2014〕113 号）、《关于在收费公路领域推广运用政府和社会资本合作模式的实施意见》（财建〔2015〕111 号）、《关于收费公路通行费增值税抵扣有关问题的通知》（财税〔2016〕86 号）、《政府和社会资本合作财政管理暂行办法》（财金〔2016〕92 号）等系列文件支持及规范收费公路 PPP 工作。

交通运输部也响应国家政策，颁布了系列政策文件。包括与财政部共同出台的《关于在收费公路领域推广运用政府和社会资本合作模式的实施意见》（财建〔2015〕111 号）、《关于推进交通运输领域政府购买服务的指导意见》（财建〔2016〕34 号）；以及《关于深化交通运输基础设施投融资改革的指导意见》（交财审发〔2015〕67 号）、《收费公路政府与社会资本合作操作指南（试行）》（交办财审〔2015〕192 号）等。

（二）收费公路 PPP 项目情况及主要模式

在全部收费公路 PPP 项目中，由于前期有较好的基础，项目数量相对较多，且单体投资额相对较大（平均接近 100 亿元）。截至 2016 年 9 月，财政部项目库中有交通运输类项目 62 个，投资近 5065.9 亿元。其中前三批示范项目库中涵盖交通运输类项目 106 个，投资近万亿元。

国家发展改革委推介交通运输类 PPP 项目 373 个，总投资 14793 亿元。

（三）社会投资人分类

根据社会投资人的性质，社会投资人可以分为四类：央企、民企、地方国

企、外资企业。

1. 央企

央企一般由国资委管理，企业规模巨大，业绩较好，信誉较好，融资能力强，金融风险抵抗力较强，建设能力强、履约能力较好，对政府相关要求的响应度较高，但企业性质决定了工作灵活度不足。

2. 民企

民企的政府背景较弱，企业规模相对较小，融资手段灵活，金融风险抵抗力不足，建设大项目业绩较少，运营能力较强，履约能力良莠不齐，工作灵活度较高，建设运营成本控制力较强。

3. 地方国企

地方国企在项目所在地规模较大，当地政府背景较强，本地项目业绩众多，运营比较能结合地方特色，融资能力一般，履约能力较强，管理粗放，建设运营能力较强但成本控制力较差。在"走出去"后，以往的粗放式管理导致建设运营成本较高，往往出现水土不服、竞争力不足的现象。

4. 外资企业

政策对外资企业准入门槛限定较高，企业规模较大，国际项目业绩众多，融资能力强，融资来源多样，项目运营理念较新，运营创新能力强，履约能力良莠不齐。

（四）招标标的分类

根据已经落地的收费公路 PPP 项目来看，招标标的的设置大致可以分为三类。

1. 保底交通量

社会投资人结合实际收费标准、项目建设运营成本及合理回报自行对交通量进行预测，并根据预测结果向招标人报送交通量预测数据，招标人根据交通量预测数据给予可行性缺口补贴。

2. 约定通行票价

社会投资人根据招标人给定的预测交通量，结合实际收费标准、项目建设运营成本及合理回报，自行测算约定通行费标准，招标人根据差额给予可行性缺口补贴。

3. 特许经营年限

社会投资人根据招标人给定的预测交通量，结合实际收费标准、项目建设运营成本及合理回报，自行测算需要招标人授予的特许经营年限。

（五）运作比较规范的项目

1. 北京市兴延高速公路 PPP 项目

一方面，由于本项目的通行费收入不能覆盖建设运营成本及合理收益，为了降低政府可行性缺口补贴，采用了政府出资人代表不分红的模式；另一方面，为了鼓励社会投资人参与公益事业，在车流风险分配时本项目参考了轨道交通 PPP 模式，做了"保底不兜底"的设计，保障了社会投资人合理适当的收益预期。

2. 北京市首都地区环线高速公路 PPP 项目

本项目在评标办法上运用了综合评标法，能够更客观合理地找出适合的社会投资人，不再以价格作为第一评判要素，而是把社会投资人的融资能力、建设能力和运营能力综合起来，选取最优方式进行匹配。

3. 河北省太行山高速公路 PPP 项目

由于本项目在运作中采取了按车型收费模式与计重收费模式两种模式，所以最终采用了以约定计费交通流量比率作为招标标的，不仅有效避免了交通量预测不准确的风险，而且后期的补贴测算体系相对简单。

四　本轮收费公路 PPP 项目的亮点及经验

（一）实施方案架构

从大多数收费公路发展现状来看，项目建设成本高，经营性收益不足以覆盖建设及运营管理成本，且项目多属于准公益性项目。为了保证社会投资人有参与积极性，鼓励社会投资人参与公益事业，原则上应通过公开招标的模式确定社会投资人与政府出资人代表共同成立项目公司，由项目公司负责投资、建设及运营管理，项目特许经营期结束后，无偿移交给政府。社会投资人通过通行费收入及可行性缺口补贴获得合理收益。

（二）车流量真实性问题

传统的高速公路项目，为了满足高速公路项目建设等级、政府审批、经济评价等要求，在可行性研究报告中对车流量的预测普遍偏高，项目经济效益过于乐观，沿用传统的预测交通量会对政府方和社会投资人在项目的选择和投资上产生一定的误导。

收费公路 PPP 项目则可针对车流量预测方面做到真实客观的评价，对于高速公路的近期及远期的预测交通量及收益情况能够做到实事求是，在项目后期能够最大程度地控制政府方及社会投资人的收益风险。

（三）选择社会投资人方式

考虑到收费公路市场化运作已经较为成熟，且项目投资较大，边界条件较为清晰，经济技术指标明确，车流预测手段较为成熟，社会投资人较多，市场竞争较为充分等因素，公开招标方式是收费公路 PPP 项目确定社会投资人最适宜采用的模式。使用该模式，既可以综合考量社会投资人对项目的融资、建设、运营等方面的综合掌控能力，还可以通过价格的合理竞争适度降低项目建设运营成本。通过设置一定的门槛，使政府方和社会投资人能够达到最优的配置组合，通过合理且充分的竞争达到"建设最优、运营最新"的建设运营目标，符合政府大力推广 PPP 模式的初衷。在 PPP 项目招选社会投资人过程中，通过设置针对社会投资人选择的各类建设、运营等资格条件，还可以实现投资人与施工方一次性招标，即"两标并一标"。如此操作有利于社会投资人控制项目建设成本，保证项目建设进度，并为后续运营管理提供坚实保障。

（四）标的设置

截至目前，在已完成招标的收费公路 PPP 项目中，标的设置多为以下三种情形：约定通行费标准，如兴延高速公路、首都地区环线高速公路（通州－大兴段；约定计费交通流量比率，如河北太行山等高速公路；约定运营年限，如河南台辉高速公路。

1. 以约定通行费标准作为标的

适用于按车型收费的高速公路项目。在招标文件中明确补贴方式和车型折算系数，社会投资人会根据对该项目运营期内车流量、车型比例的预测情况，评估该项目的盈利能力，有利于社会投资人准确把握项目情况。同时，采取约定通行费标准作为标的，有利于降低运营期政府可行性缺口补贴操作难度，明确财政补贴用途。对于实际车流量低于保底车流量时，财政补贴用于降低车流量不足的风险，保障社会投资人的最低收益水平；对于实际车流量高于保底车流量时，财政补贴用于保障社会投资人的合理收益。但是，由于不同种类车型折算系数各异，车型换算较为复杂，影响了交通流量测算的准确性，容易发生合作双方因为在车流量测算细节上处理不同而对项目收益情况判断存在出入的情况，不利于社会投资人合理准确报价，也给后期合作双方的谈判埋下隐患。

2. 以约定计费交通流量比率作为标的

用于按车型收费模式与计重收费模式并存的高速公路项目。计费交通流量比率是每年实际的通行量和可研预测通行量的比值。通过设置计费交通流量比率，可以直观看出每年车辆通行量的实际情况，对超出可研预测的部分，通过分成设置来合理分成，对不够的部分由财政按照实际缺失的百分比来补偿相应的资金。此种办法规避了可研报告中对于交通量预测不准确的风险，后期的测算及补贴体系都相对简单。

3. 以约定特许经营年限为标的

适用于项目远期收益较好的项目。通过把特许经营年限作为标的，运营期政府不再进行可行性缺口补贴，通过设置最长的特许经营年限和最短的特许经营年限，能够让政府在最短的时间内收回项目资产及经营权。目前的交通量预测手段先进，能够比较准确合理地预测交通量。

（五）合作双方责权利划分清晰

PPP合同是保障项目成功运营的核心要件，在合同体系中，目前的项目合同在风险分担和利益分配方面兼顾公平与效率，对责任分担、收益分享、风险分摊、项目监督等多方面予以合理分配，并且预留了调整和变更空间，保证了政府方和社会资本方双方的利益。地方政府可以更好地履行项目监督管理职能，确保社会资本履行合同条款，保证社会资本方能够合理履行项目出资、建设、工程质量、工程进度和运营管理等职能。

五　存在的问题

目前，随着国家层面严控地方政府债务融资平台，力推 PPP 模式，地方政府参与基础设施的融资、建设及运营管理的角度发生了微妙的变化，从原来的融资平台融资、招标建设、自行运营管理，发展到今天 PPP 模式下的社会投资人承担全部角色，政府负责监督管理绩效考核等内容。这些变化产生了一系列问题，制约着 PPP 的良性发展。

1. 特许经营立法亟待解决

目前，在特许经营立法方面，国家尚未明确颁布相关法律，特许经营项目尚未实现有法可依，因此，在特许经营项目实施过程中，一些重点问题悬而未决或缺乏相关法律依据，不利于明确划分特许经营项目合作双方的权利义务边界，导致项目界面不清晰，增加了双方长期稳定合作的风险。例如，在收费公路特许经营项目实施过程中，一般会在 PPP 合同或特许协议中约定将沿线服务区的加油站、广告及其他附属设施的经营权授予项目公司，但此做法与现行法律法规存在一定矛盾，存在一定的法律风险，影响收费公路特许经营项目的稳定实施。

2. 上级政府的工期压力

目前，很多收费公路 PPP 项目要求咨询单位 2 个月搞定"实施方案＋两个论证批复"，1 个月完成招标工作，1 个月进场施工，总共 4 个月的工作时间，咨询单位难以结合项目自身特点、区域财力特点及地域特点等深入研究项目，制定有针对性的方案。

3. 政府与社会投资人对项目认知及诉求的错位

地方政府对项目的需求是融来钱、按期保质保量干好活、顺利安全运营；社会投资人对项目的需求是拿到项目，工程建设报高价、运营报低价，工程建设时把施工利润尽量挣足，运营时钱不够再想办法。双方的需求错位直接导致了对项目投资、报价等判断的错位，进而严重影响了履约项目的可持续性。

4. 车流量虚高普遍存在

目前，受收费公路项目传统运作模式的影响，PPP 项目可行性研究报告对车流量预测普遍虚高，夸大了收费公路中远期的车流量预测结论，以满足建设等级要求。在实际工作中，车流量虚高会对项目收益情况评价造成影响，不利于客观评价项目的经济效益。

5. 土地问题凸显

目前，收费公路项目建设用地均通过划拨方式获得。在采取 PPP 模式运作项目过程中，项目附属设施的用地问题逐渐凸显。项目公司作为项目法人，负责项目的建设运营，包括服务区、加油站等经营性附属设施的经营收益权。为保障项目公司能够顺利获取附属设施用地，应逐步探索将附属设施用地直接划拨给项目公司，或作为项目的组成部分，在招标过程中一并招标。

6. 税收问题众口不一

在收费公路增值税缴纳方面，国家尚未颁布明确的政策文件，因此在财务测算中，增值税的测算依据缺失，不同的测算模型对增值税的测算方法不一，导致与社会投资人的谈判存在争议，降低了谈判效率。

7. 咨询机构无序竞争，咨询费圈地报价

在 PPP 项目运作中，一个没有任何经验的咨询公司，就能够大包大揽 PPP 业务，然后再层层分包下去，难以保证质量，也变相造成了信息不对称，政府的要求难以在方案中落实，一个是听不懂，另一个则是听不到。

目前的咨询服务取费标准不适用于 PPP 项目，咨询服务机构的跑马圈地、低价中标现象严重。采用低价法会造成恶性竞标，不仅扰乱了咨询服务市场秩序，也难以保证中标机构能够提供高质量的咨询服务，增加项目推进难度。

8. 社会投资人报价不平衡

在已经完成招标的收费公路 PPP 项目中，社会投资人一般为施工单位，较为关注施工利润，普遍存在建设费用报价较高、运营费用报价较低的现象。

六　收费公路 PPP 发展方向

党的十六大以来，我国收费公路建设突飞猛进，一方面拥有持续性的稳定现金流入，另一方面又有长期性的资金投入需求，这个巨大的供需矛盾就意味着收费公路 PPP 模式将大有可为。

1. 积极探索存量收费公路采用 PPP 模式

在今后的收费公路 PPP 项目推进中，随着经济的稳步发展，建设步伐将

适度放缓，存量收费公路 PPP 项目将逐步取代增量项目，通过对存量项目的运作，可以一次性提前收回政府前期投入的资金，进而加快其他基础设施项目建设，适度解决融资难的问题，推进城市化发展进程。在推进存量项目 PPP 工作中，由于收费公路的性质不但决定了是否可以采用 PPP 模式，还决定了收费经营期限。因此，首先要注意收费公路的性质变更问题，只有从政府还贷变更为经营性收费公路才能确保程序合规；其次还要注意存量资产的评估事宜，通过第三方评估等多种手段防止造成国有资产流失；最后要在存量资产转让前，尽量处理好前期审批手续、工程建设、征地拆迁等历史遗留问题，避免受让人由于对项目历史缺乏了解而产生新的争议。

2016 年，国家发展改革委、中国证监会联合下发了《关于推进传统基础设施领域政府和社会资本合作（PPP）项目资产证券化相关工作的通知》，从国家层面肯定和鼓励了对存量项目进行资产证券化，为盘活存量资产提供了有效的路径，可以适度提高资金使用效率。收费公路作为较早采用特许经营模式的项目，存量 BOT 项目丰富，可以在实践中不断探索资产证券化的方式，同时，收费公路存量项目还存在政策不明朗、体量大、协议不完善等问题，需要不断完善。

2. 不断完善增量收费公路 PPP 模式

近三年，新建收费公路已广泛采用 PPP 模式，不仅从协议角度明确了政府和社会资本方的权利和义务，还解决了前期政府资本金不足的问题，有效降低了项目建设运营成本，从全过程、全生命周期对项目进行统筹。

项目建设投资直接影响国家相关补贴政策的执行以及社会投资人的施工利润，但在评标过程中没有足够的权重，难以在投标报价中反映真实的建设成本。建议适当提高项目建设投资评标权重，促使投标人尽可能降低建安费用，暴露其真实的建设成本控制水平，在合理范围内进一步压缩施工利润，真正实现节约建设成本。同时，为保障运营期服务质量，可适当降低运营成本打分权重，避免投标人为中标过分降低运营成本报价，达到适度保障运营费用的目的。

根据《收费公路管理条例》规定，地方政府通过 PPP 招标授予社会投资人收费公路的收费经营权、广告经营权及沿线附属设施经营权，但在实际操作过程中，由于其他上位法规定广告经营权及沿线附属设施经营权的取得方式必须是在相关流转平台进行招标选择确定，造成 PPP 项目招标仅能确定收费经营权，其他两个权益还要由社会投资人再次去其他流转平台进行投标。建议通过上位法的协调统一，明确社会投资人的"多权"主体身份。

虽然收费公路的建设投资巨大，但对沿线的经济发展起到了不容忽视的推动作用，实际工作中，周边土地开发的收益往往与交通部门、社会投资人关联性不强，建议参考铁路及轨道交通 TOD 模式，对收费公路带动的周边区域进行评估并反哺，更有利于吸引社会投资人。

B.15
医疗养老行业 PPP 模式应用情况

童　玫*

摘　要： 我国医疗养老行业常用的 PPP 模式包括股权合作、委托运营和非核心业务经营等。目前，在医疗养老行业发展 PPP 模式面临的问题主要体现在行业政策法规有待明晰、专业人才资源匮乏、投资方市场尚待培育等方面。

关键词： 医疗养老行业　政府和社会资本合作

一　医疗养老行业特点

1. 我国医疗养老领域供需矛盾突出

中国是一个拥有 14 亿人口的大国，且人口结构逐渐进入老龄化阶段，医疗、养老设施的供需矛盾十分突出。根据《2015 年社会服务发展统计公报》显示，截至 2015 年底，全国 60 岁及以上老年人口为 22200 万人，占总人口的 16.1%，其中 65 岁及以上人口为 14386 万人，占总人口的 10.5%。2016 年 7 月，中国市长协会、国际欧亚科学院中国科学中心共同发布《中国城市发展报告（2015）》预测，到 2050 年，中国 60 岁及以上人口的比例将达到 34.1%。老龄化趋势的加剧促使未来 30 年对医疗养老的需求进一步提高。

2. 传统建设模式亟须改进

我国医疗、养老体系的构建以公立为主，传统的医疗、养老设施的建设基本上采用由财政出资，行政事业单位（医院或养老院）作为项目业主方负责

---

* 童玫，金准咨询有限责任公司副总经理，注册咨询师。

项目建设管理的传统模式。该建设模式存在较为明显的弊端：一方面，项目建设受政府财力影响较大。项目完全由政府出资，项目能否建设的主要矛盾取决于财政能否筹措到足够资金，而不是取决于市场需求。不能有效应对我国跨入老龄化社会所面临的日益迫切的医疗养老需求。另一方面，项目建设管理效率不理想。项目业主方作为工程管理的第一责任主体，其在工程建设领域的经验积累有限，在设计方案把关、设备选型等方面往往难以做出最优决策。

3. 养老供给方式与市场需求错位

养老市场存在一个比较尴尬的现象：一方面，养老床位与老龄化人口相比，床位保有量存在较大缺口；另一方面，目前养老产业的经营情况并不理想。中国老龄科学研究中心发布的数据显示，全国养老机构平均空置率达到48%，约40%的养老机构处于亏损状态，只有9%的养老机构是盈利的，而其中78%的机构盈利率只有5%[1]。主要原因在于，目前大部分养老服务机构为公立养老院，其服务定位是只提供吃、住服务，基本护理人员很难配备足。这样的服务很难得到大多数老年群体的认同。而一些设施和服务均较为完善的私立养老机构，由于完全脱离了政府的补助，其服务价格又难以为大多数老年人所接受。

从未来的整体需求来看，需通过"医养结合""政府与社会资本合作"等方式将医疗资源与养老资源结合，提供价格适中的、"医、养、娱"一体化的服务，满足老龄化社会的需要。

二　行业政策分析

2012 年 7 月 24 日，民政部《关于鼓励和引导民间资本进入养老服务领域的实施意见》（民发〔2012〕129 号）指出，民间资本举办的养老机构，可区分营利和非营利性质，即民办非企业单位和企业两种法人登记类型。民间资本举办养老机构合理安排用地需求，符合条件的，按照土地划拨目录依法划拨。对民间资本举办的非营利性养老机构，可给予一定的建设补贴或运营补贴。对民间资本举办的养老机构或服务设施提供的养护服务免征营业税。民间资本举

---

① 吴玉韶、王莉莉：《中国养老机构发展研究报告》，华龄出版社，2015。

办的非营利性养老机构或服务设施提供的养老服务，其价格实行政府指导价。营利性养老机构提供的服务，根据其提供的服务质量，实行企业自主定价。

2013 年 9 月 6 日，国务院出台《关于加强发展养老服务业若干意见》（国发〔2013〕35 号），文件要求充分发挥市场在资源配置中的基础性作用，逐步使社会力量成为发展养老服务业的主体，营造平等参与、公平竞争的市场环境。政府投资兴办的养老床位应逐步通过公建民营等方式管理运营，积极鼓励民间资本通过委托管理等方式，运营公有产权的养老服务设施。

2014 年 1 月 16 日，民政部、国家标准化管理委员会、商务部、国家质量监督检验检疫总局、全国老龄工作委员会办公室出台了《关于加强养老服务标准化工作的指导意见》，文件规定，要加紧制定养老机构分类与命名、养老服务基本术语、养老服务图形符号等标准；加紧制定养老机构设施设备配置规范、养老机构内设医疗机构服务质量控制规范等标准；继续加大已发布标准的宣传贯彻力度，贯彻实施《养老机构基本规范》《老年人能力评估》等标准以及养老护理员国家职业技能标准等。

2014 年 9 月 12 日，国家发展改革委出台《关于加快推进健康与养老服务工程建设的通知》（发改投资〔2014〕2091 号），提倡在公立资源丰富的地区，鼓励社会资本通过独资、合资、合作、联营、参股、租赁等途径，采取政府和社会资本合作（PPP）等方式，参与医疗、养老设施建设和公立机构改革。养老机构用电、用水、用气、用热按居民生活类价格执行，养老机构可以按照税收法律法规的规定，享受相关税收优惠政策，对非营利性医疗养老机构建设要免征有关行政事业性收费，对营利性医疗、养老机构建设要减半征收有关行政事业性收费，对养老机构提供养老服务要适当减免行政事业性收费。

2015 年 1 月 19 日，国家发展改革委、民政部出台《关于规范养老机构服务收费管理促进养老服务业健康发展的指导意见》，规定民办营利性养老机构服务收费项目和标准均由经营者自主确定，政府有关部门不得进行不当干预；民办非营利性养老机构服务收费标准由经营者合理确定，政府有关部门可结合对非营利机构监管需要，对财务收支状况、收费项目和调价频次进行必要监督。

2015 年 2 月，民政部、国家发展改革委、教育部等十部委联合发布了《关于鼓励民间资本参与养老服务业发展的实施意见》，支持采取股份制、股份合作制、PPP 等模式建设或发展养老机构。对按《城市居住规划设计规范》《老年人居住建筑设计规范设计标准》等建设标准规划建设的养老社区和老年公寓项目，其配套的符合独立登记条件的养老机构按规定享受相应的扶持政策。

2015 年 4 月 14 日，民政部、国家开发银行出台《关于开发性金融支持社会养老服务体系建设的实施意见》，要求养老项目的资本金占比应不低于总投资的 20%，不足部分可申请贷款；项目资本金应与贷款资金同比例到位。

2015 年 11 月 18 日，国务院办公厅转发国家卫生计生委等部门《关于推进医疗卫生与养老服务相结合指导意见的通知》（国办发〔2015〕84 号）指出，拓宽市场化融资渠道，探索政府和社会资本合作（PPP）的投融资模式。国家选择有条件、有代表性的地区组织开展医养结合试点，规划建设一批特色鲜明、示范性强的医养结合试点项目。

2016 年 12 月 7 日，国务院办公厅印发《关于全面放开养老服务市场　提升养老服务质量的若干意见》（国办发〔2016〕91 号）指出，到 2020 年，养老服务市场全面放开，养老服务和产品有效供给能力大幅提升，供给结构更加合理，养老服务政策法规体系、行业质量标准体系进一步完善，信用体系基本建立，市场监管机制有效运行，服务质量明显改善，群众满意度显著提高，养老服务业成为促进经济社会发展的新动能。

三　医疗养老行业 PPP 应用情况

（一）医疗养老行业 PPP 项目概况

截至 2016 年 11 月 30 日，财政部全国 PPP 综合信息平台项目库入库项目共 10828 个，其中医疗养老项目 757 个，占全部入库项目的 7%。从入库项目的分布看，各省推出的 PPP 项目数量差距较大，项目数量最多的是贵州（128 个）；其次是山东（105 个）。大部分省份的项目数量为 20 个左右，有些省份的项目数仅为个位数，上海、天津、西藏等省份甚至没有入库的医疗养老类项目。从实际需求来看，并非这些省份的没有医养 PPP 项目的需求，而是受限于前期工作进度，或者在项目入库上报时采取了较为审慎的决策机制等。

从项目进度情况看，绝大多数项目（占 89.6%）处于识别和准备阶段；有 45 个项目（约占 5.9%）处于采购阶段；仅有 34 个项目（约占 4.5%）进入实施阶段。

（二）医疗养老 PPP 项目实施路径

从医疗养老类 PPP 项目的类别来看，绝大多数项目主要为新建及改扩建项目，同时也出现了一些服务类项目，如沈阳市区域人口健康信息平台 PPP 项目。从 PPP 模式看，大多数项目采用 BOT 模式和 BOO 模式。在项目的盈利模式方面，主要有股权投资、托管运营、非核心业务经营等模式。

（1）股权投资。由社会资本参与公立医院股份制改革，出资新建或扩建医院项目，并通过项目运营收回投资。这是社会资本方在参与其他基础设施建设领域 PPP 项目最常见的模式。虽然这一模式在医疗养老领域有所应用，但很难成为主流。在前些年的公立医院股份制改革中，也出现过引入社会资本参股公立医院的做法，虽然改制后的医院经营状况得到很大改善，但仍然面临公众对政府举办营利医院的质疑。[1] 近年来，医疗项目 PPP 模式面临政策上的困境。如果改制后的医院定位为营利性医院，则不符合 2009 年新医改方案中"政府在每个县（市）重点办好 1~2 所县级医院（含中医院）"的要求；如果改制后的医院定位为非营利性医院，则社会资本方的投资回报无法通过正常渠道实现，往往只能通过上下游供应链实现收入。随着医疗改革"去以药养医"政策的逐步落实，上下游收入能否合法实现成为未知数。

（2）托管运营（又称"公建民营"）。由政府出资兴建医院或养老设施，项目所有权归政府方所有。项目的具体运营工作由社会资本的管理团队负责，项目运行初期由政府进行财政补贴，运行后期由社会资本自负盈亏。该模式在养老项目中更习惯称之为"公建民营"，这种模式应用于养老领域具有明显的优势。由于具有养老机构经营经验的社会资本方往往为个体或民营

---

[1] 2004 年实施的江苏省南通市通州区人民医院实施股份制改革，通过公开竞拍，引进江苏大富豪啤酒有限公司作为医院大股东，持股 45%，国有资本持股 30%；职工持股 25%。改制后的 10 年间，该医院的建筑面积从 4 万平方米增加到 10 余万平方米，床位从不足 400 张增加到 1600 余张，国有资产增值 132%。但有人质疑改革后的"人民医院"顶着"人民"的招牌却属于私人，不能保证公立医院的公益身份。

企业，其资金筹措能力有限，采用公建民营模式可以使社会资本方摆脱资金压力，只需专心负责运营。托管运营模式在医疗领域也有应用，该模式通过引入社会资本方灵活的管理机制，有利于提高医院运营管理效率。[1] 托管模式也存在一定的局限性：一是项目的建设仍然要依靠政府；二是托管费如何收取、收取依据，以及如何激励等缺少政策支撑；三是托管后如何监管以保障医院的公益性等。

（3）非核心业务（又称非临床业务）经营模式。由社会资本控股的项目公司出资负责项目的融资、建设。项目建成后，项目公司负责医院的物业管理、后勤服务等非核心业务的经营管理，临床医疗业务由公立医院负责。这一模式在英国等国的医疗 PPP 项目中广泛采用，也符合我国现行法律法规，在近两年的医疗 PPP 项目中应用较多。该模式在实施中，需要对项目激励方式和风险分配模式做细化规定，以促使社会资本方在建设项目中充分发挥其资金优势，保障项目建设质量。

（三）医疗养老行业投资方构成

目前活跃在医疗养老领域的投资方主要有四类：施工承包商、专业营运管理机构、产业链上下游供应商和资本型投资人。

第一类是建造施工类企业。和其他基础设施和公共服务领域的 PPP 项目一样，医疗养老类项目绝大多数为新建项目，建造施工类企业具有相关的优势，因此其对于参与医疗养老产业表现出比较积极的态度。不同于其他基础设施项目，医疗养老类 PPP 项目的建设风险和难度并不高，项目能否发挥效益更多要依靠项目建设完成后的管理运营。这就要求施工承包商类社会资本积极转型，通过整合自身的资源，新建运营团队，或通过引入第三方对项目进行运营管理。无论是自行组建运营团队还是引入第三方，都需要一定的项目积累和磨合，才能为医疗养老 PPP 项目提供全生命周期的优质服务。

第二类为专业营运机构。受医疗养老 PPP 项目巨大市场的吸引，大量

---

[1] 2010 年，门头沟区医院与凤凰医疗集团合作办医，建立理事会领导下的院长负责制。凤凰医疗集团组成管理团队，门头沟区政府每年支付其 200 万元管理费。改革实施两年后，医院床位从 252 张增至 502 张，副高职称人员由 48 人增至 60 人；从百姓就医来看，2012 年，医院门诊急诊人数达到 48 万人次，同比增长 28.6%。

过去经营民办医院、私立养老项目的机构纷纷尝试与政府合作，参与 PPP 项目。专业营运类投资人的优势在于拥有丰富的行业经验，具有相对比较成熟的运营模式，对于目前的医疗行业改革也有自己独特的见解，通过探索一些新的营利模式，如收取管理费、供应链收益等保障医疗养老行业 PPP 项目的成功。

第三类为行业上下游供应商。受 PPP 带来的行业运行模式变化的冲击，医疗行业的上下游供应商纷纷加入项目投资人行列，最为典型的是医药企业和医疗器械供应商。和施工承包企业一样，这类企业仅仅对行业产业链的某一环节具有优势，尚需通过资源整合提升竞争力。

第四类为资本导向型企业。投资型企业由于自身并无相关投资经验和部分政策的不明朗，对于医疗养老行业投资的态度是既想参与又担心政策风险，大多处于观望阶段，希望能够有一两种比较成熟的模式之后再进行复制。可以预见，随着行业营利模式的日益清晰，基于资本对其他资源的整合优势，这类投资人会逐渐成为医疗养老行业 PPP 项目潜在社会资本的主要力量。

四　医疗养老 PPP 项目实施难点

（一）行业政策法规有待明晰

任何一个行业的 PPP 项目的实施，都必须严格遵照行业的法律框架。目前，我国医疗体制改革尚在进行中，尚未形成严密、稳固的法规体系，这是医疗养老项目 PPP 实施中遇到的最大障碍。例如，在社会资本参与公立医院的建设方面，尽管国家医改政策所释放出的信号是清晰的，鼓励社会资本办医、破除"以药养医"、允许医生多点执业等，然而由于缺乏实施细则，许多社会资本方还处于观望状态，当然他们最担心的是地方实施细则和他们对国家政策的解读出现差异。这种担心不无道理，在笔者参与的一个医疗项目中，当地卫计委对"社会资本负责医院的建设和非核心业务的经营"这样的安排提出质疑，原因就在于该省份正在征求意见的文件中有禁止社会资本以任何形式参与公立医院建设管理的表述。

（二）专业人才资源匮乏

医疗养老项目市场需求巨大，对专业人员的需求同样巨大。特别是在养老项目中，机构住养老人对照料护理的专业化服务需求与专业护理人员严重不足之间的矛盾日益凸显：一方面，社会职业培训机构的养护专业人员数量不足，经过培训的专业人才更少；另一方面，受限于护理人才在养老机构无法注册护理资格等政策因素，一些经过专业护理培训的人才也不愿在养老机构就业。

（三）投资方市场尚待培育

在医疗养老领域推广采用 PPP 模式，最终目标是利用市场对资源的配置作用，将最优的资源引入项目的投资、建设、运营和管理环节，以促进医疗养老领域服务水平的提高。成熟的市场供给资源是实现这一目标的前提。与目前日益增长的市场需求相比，尽管目前关注医疗养老领域的各类社会投资方数量较多，但还需要经历行业经验的积累。与巨大的潜在项目需求相比，医疗养老行业成熟、合格的投资方远远不足。

B.16
规模体育场馆 PPP 模式应用

潘玉凤 *

摘　要： 规模体育场馆是指体育场、体育馆、游泳馆及跳水馆等单体
　　　　规模较大、建筑形式相对独立、附属功能较为完备的体育建
　　　　筑，其体量大、投资大、运营难度较大，是场馆建设运营的
　　　　重点和难点。本文从规模体育场馆建设运营 PPP 模式的现状
　　　　出发，分析规模体育场馆采用 PPP 模式的可行性和存在的困
　　　　难，提出要分类实施、突出运营、多重支持的发展方向。

关键词： PPP 模式　规模体育场馆　资产证券化　PPP

体育场馆是体育产业的重要固件，是开展体育活动的基础平台。由于场馆
的建设初衷、使用需求、投资金额、服务人群等不同，场地规模大小差异明
显，其建设运营难度差别巨大。本文选择建设投资多、运营难度较大的体育场
馆，即规模体育场馆进行分析。规模体育场馆是指体育场、体育馆、游泳馆及
跳水馆等单体规模较大、建筑形式相对独立、附属功能较为完备的体育建筑。
规模体育场馆具有准公共物品属性，投资金额大，运营期限长，适合采用 PPP
模式进行建设运营。

一　规模体育场馆建设运营 PPP 模式现状

尽管我国规模体育场馆投资建设主要依靠财政拨款，但近年已经趋于多元

---

* 潘玉凤，华体集团有限公司（国家体育总局体育设施建设和标准办公室）PPP 事业部副部长。

化。据统计，2013 年底全国有规模体育场馆 14084 个，总投资 26650477 万元（见表 1），其中 27.78% 的规模体育场馆的资金来源为非财政拨款，6.95% 的场馆是业主通过与专业运营公司合作或委托运营，这说明我国规模体育场馆的多元化融资趋势已经显现。从我国规模体育场馆的建设投资发展过程看，可分为单一投资阶段、创新投资模式阶段、多元化阶段三个阶段。

表 1　2013 年底规模体育场馆的投资构成及运营情况

投资构成		
资金来源	金额（万元）	占比（%）
财政拨款	19247578	72.22
单位自筹	6067063	22.77
社会捐赠	241879	0.91
其他	1093957	4.10
运营情况		
运营模式	场馆数量（个）	占比（%）
自主运营	13105	93.05
合作运营	329	2.34
委托运营	650	4.61

2000 年以前，单一投资阶段。这一阶段我国规模体育场馆建设基本由中央和各级政府负责，财政资金是这一阶段规模体育场馆建设投资的主要来源，具体由国家预算内资金和预算外资金组成，主要有预算内拨款融资、财政贷款融资、"贷改投"融资、政策性银行融资、预算外专项建设基金、财政补贴、政策性优惠融资等。如首都体育馆、北京奥林匹克体育中心、山西省奥林匹克体育中心等各省份体育中心（一般包括"一场三馆""一场两馆""一场一馆"）等都是由政府财政投资建设。这些体育场馆主要是为了举办亚运会、全运会、省运会的需要而建设的场馆，或者是为完善城市基本功能而兴建的大规模体育场馆等。

2001～2013 年，创新发展阶段。这一阶段我国规模体育场馆投资开始出现多元化，尤其是在 2008 年北京奥运场馆建设中，北京市政府积极创新场馆建设运营模式，出现了 BOT、BOO 等模式，如鸟巢、五棵松体育文化中心等（见表 2）。

表2 北京2008奥运场馆投融资模式

项目名称	总投资（亿元）	融资类型	运作模式	联合体的权益
国家体育场（鸟巢）	31	BOT	政府（以北京市国有资产经营公司为代表）出资58%；中信联合体出资42%，并负责项目的设计优化、投融资、建设、运营及移交	拥有国家体育场30年特许经营权；政府给予土地使用及其他方面的优惠政策
国家游泳中心（水立方）	10	华侨捐款	北京市国有资产经营公司负责建设、管理和运营	—
国家体育馆及奥运村	奥运村:33；国家体育馆:8.7	BOT项目捆绑	北京城建联合体负责国家体育馆的投融资、建设、运营及移交和奥运村的投融资、建设及经营	拥有国家体育馆30年特许经营权；拥有奥运村的土地使用权和开发经营权，包括出租、出售奥运村内的住宅等
国家会议中心	21	BOO项目捆绑	北辰实业联合体负责项目的设计、投融资、建设及经营和旁边商业用地的设计开发	拥有50年的土地使用权和开发经营权
五棵松文化体育中心	45	BOO项目捆绑	中关村建设联合体负责体育中心的设计优化、投融资、建设及运营和商业用地的开发	拥有50年的土地使用权和开发经营权
奥林匹克水上公园	20	BOT项目捆绑	天鸿集团联合体负责项目的设计、投融资、建设、运营及移交和商业用地的开发	拥有奥林匹克水上公园30年特许经营权；拥有周边商业用地的土地使用权和开发经营权

2014年以后，多元化投资阶段。顺应国家政策以及国内投资市场发展需求，各地规模体育场馆建设纷纷采用PPP模式。截至2016年11月底，进入国家发展改革委PPP项目库的各类体育设施项目有51个，总投资435.37亿元。在入库的项目中，其中单个项目投资大于2亿元的项目有35个，总投资417亿元，占入库项目总投资的95.78%，这说明入库的体育场馆以规模体育场馆为主。从具体运作模式看，明确以BOT模式运作的有31个，占61%（见图1）；从项目省、市、县三级分布看，项目主要集中在地级市和县级，省级城市较少（见图2），这与我国目前体育场馆建设需求吻合。

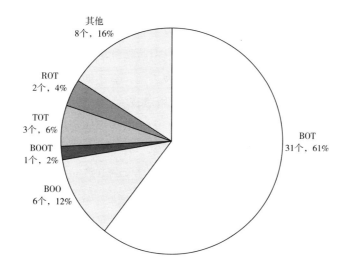

图1 国家发展改革委 PPP 项目库入库项目的运作模式分布

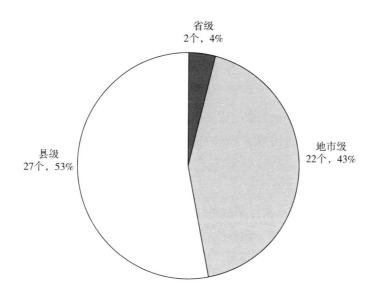

图2 入库项目省、市、县分布情况

二 规模体育场馆采取 PPP 模式的可行性

在我国，规模体育场馆一般是由政府财政拨款或通过其他方式筹集社会资金建设，以满足群众健身娱乐、运动竞技表演、运动训练等需要。规模体育场馆由于其规模体量较大，所需投资数额相对较大，一般都由政府投资建设为主，体现了其作为公共产品的非竞争性。大多数规模体育场馆的建设初衷是承办大型体育赛事，还有部分场馆是作为国家、省市专业运动训练基地，这些都体现了体育场馆的非排他性。规模体育场馆介于公共产品和私人产品之间，是准公共产品，可以由政府和私人部门共同提供。因此，采用 PPP 模式，推行场馆设计、建设、运营管理的一体化运作，既减轻了政府财政负担，提高了社会资本利用率，又提高了体育场馆的建设运营效率。

（一）国家政策大力支持

2013 年以来，国家积极推广政府与社会资本合作模式，国务院《关于创新重点领域投融资机制鼓励社会投资的指导意见》（国发〔2014〕60 号）提出要建立健全政府和社会资本合作（PPP）机制，还提出鼓励社会资本加大社会事业投资力度。通过独资、合资、合作、联营、租赁等途径，采取特许经营、公建民营、民办公助等方式，鼓励社会资本参与教育、医疗、养老、体育健身、文化设施建设。相关部门也先后颁布了操作指南、合同指南、管理办法等政策文件。规模体育场馆属于政府负有提供责任又适合市场化运作的公共服务类项目，在国家确定的政府和社会资本合作的项目范围内，采用 PPP 模式建设运营可以获得国家政策支持。

"全民健身"已经成为国家战略，国民休闲健身意识不断增强，体育消费需求越来越旺盛。2014 年，国务院办公厅出台《关于加快发展体育产业促进体育消费的若干意见》明确提出，推广和运用政府和社会资本合作等多种模式，吸引社会资本参与体育产业发展。"十三五"体育发展规划在多个角度多个领域对体育场馆行业未来发展提出了具体要求，提出要探索大型体育场馆所有权与经营权分离。规模体育场馆采取 PPP 模式建设运营，是体育产业发展的大趋势。

（二）具备成熟的市场条件

我国已有体育场馆投融资建设的经验，在 2008 年北京奥运会场馆建设中，国家体育场、五棵松体育馆等均采取了 PPP 模式，为规模体育场馆的 PPP 模式推广积累了经验。近年，以黄石奥体中心、济宁奥体中心、开封体育中心等为代表的各地体育中心纷纷采用 PPP 模式，引入社会资本参与场馆的建设运营管理。

三　规模体育场馆 PPP 模式面临的困难

（一）场馆经营企业优势有限

规模体育场馆由于工程量大，投资多，根据国家对固定资产投资项目资本金的规定，社会资本至少要支付 20% 的固定资本金。如 10 亿元的项目至少要支付 2 亿元的资本金。这一规定，对以场馆运营为主的企业来说很难做到。相反，对大型建筑企业的吸引力非常大，因此，大型建筑企业基本是国内规模体育场馆 PPP 项目的主要参与主体。目前，各地政府已经意识到规模体育场馆运营的重要性，如开封体育中心 PPP 项目提出，牵头方必须是场馆运营或建设单位，但在实际竞标中，场馆运营企业的优势少之又少，很难与建筑企业竞争。尤其随着规模体育场馆 PPP 模式的不断应用，由于受资金限制，场馆运营单位很难在这场长期竞争中坚持下去。建筑企业的目标是通过场馆建设获得工程利润，而他们缺乏专业的运营团队，因此，体育场馆建成后的运营问题尤为突出。

（二）场馆存在可经营性与专业性的矛盾

规模体育场馆建设的目的是为赛事服务，所以体育专业性是首位。许多体育场馆为赛事而建，场地专业性强，运维成本高，如大型游泳馆的跳水池和游泳比赛池、体育场内场的天然草坪足球场、大型体育馆的主场地等。另外，国内部分城市新建的规模体育场馆都远离居住区，因位置、交通等客观原因，即便开放人流也非常少，运行成本却不会因此减少，这些都会影响场馆的经营。

为了提高运营效率，必须要增加体育场馆的可经营面积，增加可经营面积只能来自体育场馆的配套用房，而这些用房大部分是赛事用房，如何协调赛事需求和运营需求，是场馆建设和运营的关键。

（三）场馆的收入模式不固定

规模体育场馆很难有固定的收入模式。在我国目前的经济社会发展阶段，体育健身不是人们生活的必需消费，规模体育场馆很难有固定的大量客流。根据目前国内体育场馆经营情况看，经营收入主要为场地租赁、健身培训、赛事活动、广告赞助等。目前对于大部分场馆来说，场地租赁是我国体育场馆经营收入的主要来源之一。在经营较好的场馆中，广告赞助是收入主力，但这对市场开发要求很高。健身培训市场需求很大，但在实际中经营者自己做得很少，基本以外包为主。赛事活动应该是体育场馆核心，但实际中体育赛事收入并不理想，更多的是文化演出活动的收入。因此，体育场馆的收入模式很难确定，在 PPP 项目招标中，很难确定边界条件，增加了政府和社会资本方的博弈难度。

（四）公共部门政策支持有限

规模体育场馆承担公共服务的职责，需要政府在运营中给予补贴。为支持体育场馆的发展，从中央到地方均出台了系列支持政策，如财政补贴、免缴房产税和土地使用税等。这些政策的出台促进了体育场馆的快速发展，但从执行效果看，又带来新的问题或不利影响，需要引起高度重视。如大型体育场馆免费、低收费开放补贴范围有限，局限于体育部门所属的大型体育场馆向社会免费或低收费开放，PPP 模式建成的规模体育场馆很难向社会免费或低收费开放，这项补贴基本无法获得。

2015 年底出台的《关于体育场馆房产税和城镇土地使用税政策的通知》指出，由事业单位和符合条件的社会组织管理的体育场馆自用的房产和土地免缴房产税和城镇土地使用税，但对外出租的部分房产和土地以及企业管理的有财政拨款的体育场馆等仍需要缴纳房产税和城镇土地使用税。针对企业拥有和管理的大型体育场馆则可以减半征收。PPP 模式建设的规模体育场馆需要按企业减半征收，减半后的税负相对于这些体育场馆来说，负担也非常大。另外，政府虽然可通过政府购买服务方式支持企业类型场馆，但对企业类型场馆获得政府的合同收入仍需缴纳相应的税费。

四 规模体育场馆 PPP 模式的发展建议

（一）明确定位，分类实施

首先要明确场馆的功能定位，即是非公共体育设施、公共体育设施还是基本公共体育设施。体育场馆如果属于基本公共体育设施范畴，那么政府就有义务承担全部建设、运营等全生命周期内的成本和费用，这类场馆不适合采取PPP 模式建设，而应由政府负责投资建设；若属于公共体育设施范畴，政府可以有选择地采取 PPP 模式建设，政府除了必要的建设补贴外，还应考虑运营补贴，以吸引更多的社会资本投资建设运营，提高公共产品提供效率；若其为非公共体育设施，政府应大力推行 PPP 模式，通过购买公共服务的方式给予适当的运营奖励，激励社会资本提供更多的公共服务，使其更好地发挥作用。

（二）科学规范，公平竞争

规模体育场馆作为一项准公共物品，承担着为广大人民群众提供公共服务的重任，建设周期长，投资回收期长，参与方多，运营环境复杂，风险较大，因此，要设计合理的风险分担与利益分配机制，明确政府和社会资本方的风险范围和责任，并在合同中予以明确。同时，还要降低场馆运营单位的投资门槛或给予一定的支持，努力营造公平竞争的氛围。

（三）整合力量，多重支持

规模体育场馆建设要通过 PPP 模式，整合各方面的专业力量，推进场馆由单一主体、多重运营向多重主体、专业运营转变，以实现场馆的专业化运营。政府对规模体育场馆的回报不能仅限于经济补贴，还要积极做好项目周边的市政基础设施配套、周边环境培育，如建立商业区、办公区、居住小区等，促进场馆社会资本方的投资回收。同时，政府要积极推动本地体育消费市场的建设和形成，协助社会资本引进大型赛事和文化活动，做好赛事支持和必要的

保障工作。

总之，PPP 模式是解决我国规模体育场馆建设运营难的一种有效方式，各地在建设规模体育场馆时可根据当地实际及项目特点，积极探索、大胆创新、科学规范、通过建立合理的投资回报机制等方式，增强吸引社会资本的能力，并灵活运用多种 PPP 模式（BOT、TOT、BOO、BOOT 等），切实提高项目运作效率，开辟出一条适合我国规模体育场馆建设运营的创新、协调、绿色和可持续发展道路。

参考文献

［1］国家体育总局体育经济司：《第六次全国体育场地普查数据汇编》，2015 年 11 月。
［2］开封市体育中心 PPP 项目采购文件。
［3］扬州市南部体育公园项目采用 PPP 模式实施方案。
［4］陈元欣、杨金娥、王健：《体育场馆运营支持政策的现存问题、不利影响与应对策略》，《上海体育学院学报》2016 年第 6 期，第 27～33 页。

融资创新篇

Financing Innovation

B.17
PPP 项目资产证券化面临的
问题与发展建议

罗桂连*

摘　要：　目前，国内大规模推进 PPP 模式还存在很多制约因素，还缺乏可以快速推进 PPP 资产证券化的可选合格基础资产。PPP 资产证券化本身也存在一些问题和挑战，需要各相关方着力解决。本文提出针对这些问题的政策建议。

关键词：　PPP 模式　资产证券化　政策建议

一　PPP 发展本身存在的问题

近 3 年多来，我国采用 PPP 模式的名义签约项目金额已经超过 8 万亿元，

---

* 罗桂连，中国工程咨询有限公司研究中心投融资咨询处处长。

实际落实融资且具备开工条件的项目约 1 万亿元，占 3 年来地方基础设施项目投资总规模不到 5%。表面上成绩显著，实际已陷入泥潭。虽然很多地方政府耗费大量人力、物力签约诸多项目，但就是没有项目落地执行。财政部门发现可能造成更加严重的地方政府债务问题，忙着全面整改清库。施工企业落实不了融资，很多项目面临违约困局，已经勉强开工的项目也忐忑不安。咨询机构还幻想从处理后续纠纷中再捞一把。金融机构庆幸没有深度介入。当前 PPP 模式存在的主要问题如下。

（一）缺乏权威规范的法规与政策支持

目前国内 PPP 领域仅有一项部门规章，主要靠数量众多的规范性文件指导。规范性文件的法律位阶低、相互之间存在冲突、权威性不强，难以取信于社会资本及公众。国家发展改革委与财政部两部门发布的政策性文件，存在很多冲突和不一致的地方。这种政策混乱局面，给地方政府及社会资本实施 PPP 项目造成实质性困难。另外，PPP 模式的内在要求，与当前预算、土地、国资、税收、融资、招投标、政府采购等相关的法律规定存在不衔接的问题，甚至有明显冲突，增加了法律与政策风险。特别是 2017 年下半年有关部委相继发布一系列针对 PPP 乱象的规范文件，国内 PPP 模式的下一步发展面临较大的不确定性。

（二）地方政府的公共治理能力普遍不足

在 PPP 模式下，政府从直接实施项目，转变为整合各类社会资源，用公共治理机制和市场化方式实施项目。政府应当从行政命令方式，转变为平等协商的公共治理方式。这种转变难以在短期内完成，地方政府经常出现行为不当甚至违约现象。

（三）政府的规制与监管能力不足

PPP 项目合作周期长，特许经营期内可能遇到的不可预期事项会很多。政府在合同管理方面会遇到几个方面的挑战：一是 PPP 合作协议可能经常需要调整，政府需要参与并主导有关协议的再谈判；二是具体项目的日常运行涉及多个政府部门，需要整合各方面的力量对项目公司及其主要股东进行全方位、全流程的日常规制和监管；三是项目实施过程中，可能出现项目公司违约、工程事故、经营事故、社会冲突、不可抗力等突发事件，有时还需要政府介入和接管项目公司，政府要有能力主动应对，尽可能控制损失与影响。地方政府普遍缺乏这方面的能力和人员积累，挑战和风险很大。

（四）缺乏众多合格的候选社会资本

实施 PPP 项目的社会资本，需要筹集稳定长期、成本合理的巨额资金，需要具备按百年工程标准组织好项目建设、运营管理好项目资产实现最佳社会效益与经济效益的综合能力。理论上，可以通过组建联合体来整合各方资源，但由于联合体的责任与利益划分、连带责任的法律界定、联合体本身的不稳定等问题，也存在明显困难。

（五）民营企业存在进入限制

2012 年以来，我国民间投资增速总体呈下滑态势，2016 年首次出现民间投资增速低于总体投资增速的现象，与总体投资增速的缺口有所增大。民营企业参与 PPP 项目，存在以下障碍：一是部分项目通过招标条件设置限制民营企业参与；二是融资成本较高存在竞争劣势；三是民营企业应对政府履约风险的能力较弱；四是重建设轻运营不利于民营企业发挥运营管理方面的优势；五是获取项目信息较难且不及时。实际上，民营企业在看重持续运营能力和效率的污水处理、垃圾处理、环卫等市政基础设施领域，以及养老、文化等社会基础设施领域，有特别明显的体制机制优势。未来，随着金融市场化改革的继续深入，民营企业在公共基础设施和基本公共服务领域的发展前景可期。

（六）难以实现基于项目本身现金流的项目融资方式

基础设施项目投资规模以亿元为单位，依靠社会资本的表内融资或主体担保，普遍无法承受。唯有实现以项目现金流为基础的项目融资，做到表外融资和有限追索，才有可能打破融资困局，为 PPP 模式提供稳定的资金支持。前两年依托央企主体信用的融资模式，显著抬高了央企的资产负债率和或有负债风险，不可持续。最近几年，国内的财政政策与金融监管政策不稳定、难落实、冲突多，进一步加大了项目融资的难度。

（七）缺乏中长期稳定资金支持

PPP 项目通常是资金密集型项目，项目投资回收期往往超过 15 年，特许经营期接近 30 年，稳定、巨额、低成本的资金供应是项目稳定运行的基础，具有长期资金积聚能力的财务投资者，应当是 PPP 项目的主要出资者。国内适合 PPP 项目投资的长久期金融产品尚不发达，商业银行与保险机构这类主流财务投资者，尚不熟悉项目融资方式，制约了 PPP 模式在国内的大范围推广。

（八）对国内外经验教训的借鉴不够扎实

政府购买服务形式的 PPP 在英国已经有超过 20 年的实践，特许经营形式的 PPP 在法国更有超过 60 年的实践，澳大利亚、加拿大、新西兰、新加坡、日本以及中国台湾等国家和地区都有比较长时间的 PPP 实践。在国内，原国家计委从 1994 年开始试点，2003 年起原建设部推动市政公用行业市场化运作，也有超过 6000 个案例。认真、全面、客观总结国内外经验与教训，避免犯重复错误，特别重要。不过，从各种渠道了解的信息看，这轮 PPP 项目在操作上过于粗糙，无知无畏的特征比较突出，存在较高的潜在隐患。

国内 PPP 存在诸多问题，源于各方对 PPP 的核心内涵尚未达成共识。

实质上，PPP 是道而不是术，PPP 是理念而不是具体模式。PPP 的核心内涵在于有效积聚整合各方面的优势资源，构建有弹性的激励相容的公共治理机制，通过诸多不同利益诉求的相关方长达几十年的持续博弈，各方合力同心、尽力而为、量力而行、按贡献和绩效取酬，实现公共基础设施项目全生命周期综合效能的最优化。

如此，各方在 PPP 事业中要找准定位。地方政府要承担公共基础设施项目发起人的兜底责任，这种政治责任无法真正转移，能外包的只是具体工作任务。财政部门要放弃不切实际的认识，将 PPP 事业的主导权交给有公共治理能力的政府部门，甘当配角。施工企业需要着力培育 PPP 项目所需要的综合能力。金融机构需要从主体融资转向项目融资。构建公共治理机制和各方能力建设任重道远。

二 PPP 项目资产证券化的发展情况

与其他类型的基础资产的资产证券化一样，PPP 项目资产证券化也涉及构建资产池、设立 SPV、资产转移、信用增级、信用评级、销售交易、产品管理等具体工作流程，涉及原始权益人、发起人、资产管理机构、信用增级机构、资产评估机构、信用评级机构、证券承销机构、资金托管机构、投资者等诸多主体。

（一）出发点

公共基础设施项目普遍投资规模巨大，PPP 合同授予的特许经营权往往长达 30 年左右，项目投资回收期通常长达 15 年以上，对投资资金的规模与期限要求很高。几乎没有合适的资金类型可以满足基础设施项目全生命周期的资金需求。如果一定要求投资者始终持有基础设施项目资产，直至 30 年左右的特许经营期结束，将严重制约基础设施项目的融资落实和大面积推广。

由此，针对基础设施项目不同阶段的风险收益特征，整合不同种类投资者的资源优势和投资诉求，构建具有充分弹性、可灵活调整的多元化融资结构，实现项目全生命周期的综合融资成本最优化，是基础设施项目融资结构设计的核心要义。在控制风险的前提下，实质性提升基础设施资产的流动性，是基础设施项目投融资方案的重要内容。

基础设施项目全生命周期不同阶段的风险收益特征存在显著差异。在 2～5 年的项目建设期，项目设计、建设与试运营阶段的风险相对较高，尚未产生充分的现金流，需要由能够管理项目建设风险的投资运营商或承担项目建设风险的施工企业主导融资。在这个阶段，通过投资基金等私募渠道筹集能够承担高风险的资金，是可行的选择，不过融资成本相对较高。

基础设施项目所提供的基本公共服务的需求弹性低、进入壁垒高，往往具备自然垄断特征，一般还建立了按照通货膨胀调整的收入回报机制。因此，进入稳定运营期的基础设施项目往往可以提供定期、稳定、可预测、可控制的现金流。通过资产证券化工具，将成熟但缺乏流动性的处于稳定运营期的基础设施资产转换为标准化的金融产品，可以转由追求合理稳定回报、风险承受能力

较低的财务投资者或公众投资者持有。并且，由于标准化的资产证券化产品有较好的流动性，能够在金融市场更加方便的转让，可以缓解国内长期资金稀缺的困局，通过减少期限利差进一步降低资金成本。在这个阶段，项目已经建成，不存在因资金不到位而影响项目建设运行的问题，还可以为资金规模庞大的金融市场提供合适的标准化产品，提升金融市场的成熟度和发展深度，扩大直接融资规模。

同时，前期风险管理能力较高的投资者，通过资产证券化可以盘活巨额存量资产，将盘出资金滚动投入新的基础设施项目，可以切实降低其融资压力，扩大有效运作的资金规模和项目投资规模，助力有综合优势的专业投资者"强者更强"，从而提升社会整体效率。

通过两个阶段不同风险管理能力与风险收益要求的投资者群体的平稳切换，可以有效降低基础设施项目在可能长达 20 年以上的稳定运营期的资金成本，从而有助于降低长达 30 年左右的特许经营权的综合资金成本。

（二）业务发展潜力

证券化最理想的基础资产，是由数量众多、单个小额、相关性低的资产所构成的资产池，因此房贷、车贷、小贷等金融资产是美国等资产证券化成熟市场的主流基础资产。基础设施领域单个 PPP 项目的资产金额就足够大，个位数的基础设施资产组合在一起就是很大金额的资产包，要构建以成千上万为数量级的众多基础资产所组成的资产池，显然缺乏操作性。

实际上，诸多使用者付费类的基础设施项目，其付费用户往往数以百万计，包括不同收入水平的家庭用户，以及处于不同行业的工商企业用户，众多的付费方具备数量众多、单个小额、相关性低的特征，违约率符合统计意义上的大数定律，是合适的实施证券化的潜在大类基础资产。如果再进一步，构建由多项处于不同行业、不同地域的基础设施资产所组成的资产池，基础资产的分散性效应更佳。

需要指出，美国有一个强大的市政债券市场为基础设施领域提供长期、稳定、低成本的资金供应，通过 PPP 模式实施的基础设施项目占比非常低，在这个领域进行证券化的需求并不强烈，因此基础设施资产并非美国资产证券化的主流基础资产类型。但并不能据此认为，美国市场上基础设施类资产证券化案例不多，由此在国内开展基础设施资产证券化的业务前景不大。

目前，国内有使用者付费机制的存量基础设施资产，按重置成本法保守估计超过 100 万亿元，其中相当一部分可以通过资产证券化方式盘活。2016 年新建基础设施项目投资总额已达 11.88 万亿元，[①] 待项目建成进入稳定运营阶段后，也可以通过资产证券化方式转变为标准化证券。在国内，使用者付费类的基础设施领域，开展资产证券化的潜力很大、前景广阔，完全有可能走出一条适应国内需求和特点的基础设施资产证券化的光明坦途。

截至 2017 年底，国内证券行业已备案并发起设立了 121 只以公用事业收费权作为基础资产的企业资产证券化产品，总发行规模 1,136.27 亿元，平均单只发行规模 9.39 亿元，平均期限 6.18 年，基础资产涉及收费公路、供热、供电、供气、公交、供水、供电、污水处理等。国内金融市场对基础设施类资产证券化产品有了一定的认识和实践经验，培养了一批专业人才，为下一步更广泛开展业务打下了良好的基础。

（三）产品发行情况

2017 年 2 月 22 日，各省级发展改革委共上报项目 41 单，其中污水垃圾处理项目 21 单，公路交通项目 11 单，城市供热、园区基础设施、地下综合管廊、公共停车场等项目 7 单，能源项目 2 单。国家发展改革委组织专家评审后，向中国证监会推荐 9 个传统基础设施领域 PPP 项目。3 月 8 日，两家证券交易所受理首批 4 单产品的申报材料，3 月 10 日，中信证券 – 首创股份污水处理 PPP 项目收费收益权、华夏幸福固安工业园区新型城镇化 PPP 项目供热收费收益权、中信建投 – 网新建投庆春路隧道 PPP 项目三只资产支持证券获得上交所挂牌转让无异议函，同日广发恒进 – 广晟东江环保虎门绿源 PPP 项目资产支持专项计划获得深交所挂牌转让无异议函，标志着国家发展改革委和中国证监会推进的传统基础设施领域 PPP 项目资产证券化产品正式落地。首批四只 PPP 项目资产支持专项计划产品的基本情况见表 1。随后国家发展改革委又向中国证监会推荐 8 个传统基础设施领域 PPP 项目，有关产品正在推进之中。

---

① 国家统计局：《中华人民共和国 2016 年国民经济和社会发展统计公报》，国家统计局官网，http：//www. storts. gov. cn，2017 年 2 月 28 日。

表 1 首批 PPP 项目资产支持专项计划的基本情况

项目名称	发行规模（亿元）	期限	结构	评级	发行利率
首创股份污水处理 PPP 项目收费收益权资产支持专项计划	5.3	1～18 年（优先 01：1 年；优先 02：2 年；优先 03：3 年；优先 04 至优先 18：4～18 年，每 3 年回售或赎回）	优先 1～18 档	AAA	优先 01：3.70%；优先 02：3.98%；优先 03～优先 18：4.60%
华夏幸福固安工业园区新型城镇化 PPP 项目供热收费收益权资产支持专项计划	7.06	1～6 年（优先 01：1 年；优先 02：2 年；优先 03：3 年；优先 04：4 年；优先 05：5；优先 06：6 年；每三年回售或赎回）	优先 A1～A6 档	AAA	优先 A1：3.9%；优先 A2：5.0%；优先 A3～优先 A6：5.2%
网新建投庆春路隧道 PPP 项目资产支持专项计划	7	14 年（A：每两年回售或赎回；B：每三年回售或赎回）	优先 A	AAA	4.05%
			优先 B	AAA	4.15%
广晟东江环保虎门绿源 PPP 项目资产支持专项计划	3.2	3～15 年（优先 01：3 年；优先 02：6 年；优先 03：9 年；优先 04：12 年；优先 05：15 年）	优先	AAA	优先 01～优先 05：4.15%

2017 年 7 月 27 日，华西证券 - 川投 PPP 项目资产支持专项计划取得深圳证券交易所无异议函，由四川省投资集团作为发起人并担任原始权益人，资产服务机构为四川省川投航信股权投资基金管理公司，基础资产为资阳市雁江区停车场 PPP 项目。该产品是全国首单以停车场经营权为标的物的 PPP 资产证券化项目，是财金〔2017〕55 号文印发后首个获批的 PPP 资产证券化项目，亦是全国首单无外部增信的区县级 PPP 资产证券化项目，以及全国首单以可行性缺口补助为回报机制的 PPP 资产证券化项目。

2017 年 7 月 28 日，首批两单 PPP - ABN 项目在交易商协会成功注册。8 月 11 日，华夏幸福固安新型城镇化 PPP 资产支持票据成功发行，这是首单落地的 PPP 资产支持票据（ABN），也是全国首单园区市政服务类 PPP 资产证券化项目。另一单是"唐山世园投资发展有限公司 PPP 项目资产支持票据"，由国家开发银行担任主承销商和托管银行，中信信托担任交易安排人和发行载体管理机构，采用财产权信托加单一资金信托贷款的双 SPV 结构设计。产品注册金额为人民币 2.9 亿元，分为 1～4 年期，共四档，各档产品评级均为 AA＋。项目公司以 PPP 项目项下的运营收入和建设运营补贴等收入产生的现金流作为资产支持票据的还款来源。

2017 年 11 月 27 日，华夏幸福基业股份有限公司公告披露，该公司间接全资子公司九通基业投资有限公司收到上海证券交易所《关于对华夏幸福固安工业园区新型城镇化 PPP 项目资产支持证券挂牌转让无异议的函》。基础资产为九通投资持有的固安工业园区新型城镇化项目的项目公司三浦威特园区建设发展有限公司股权。该专项计划发行规模不超过 40 亿元，期限不超过 10 年，面向合格投资者发行，次级资产支持证券由华夏幸福和（或）华夏幸福体系内其他子公司认购，票面利率将根据发行时市场状况确定。

三　存在的问题与挑战

从推动 PPP 资产证券化的实践看，我国资产证券化领域也存在一些问题，让原始权益人不愿意积极主动参与 PPP 资产证券化，制约基础设施领域的 PPP 项目资产证券化业务的稳步发展。

（一）规范 PPP 项目资产证券化业务的法规层次较低，缺乏足够的法律支持与保障

除信贷资产证券化业务外，国内其他类型的资产证券化业务的 SPV 的信托法律关系主体地位，尚未得到《信托法》的明确支持，基于信托关系实现资产独立和破产隔离的法律基础不够牢固。PPP 与资产证券化领域的法规大多限于部门规章和规范性文件，法规层级低，难以保障各方利益，制约产品设计和交易结构的创新。

（二）税收成本的不确定性，制约了包括 PPP 项目资产证券化业务在内的资产证券化业务的发展

由于资产证券化业务涉及的交易环节与交易主体较多，国际成熟市场往往制定专门的税收法规，确保不因实施资产证券化业务而增加税收负担，即实现税收中性。目前，在资产证券化业务中，我国仅针对信贷资产证券化出台了相

关税务处理规定，即《关于信贷资产证券化有关税收政策问题的通知》，企业资产证券化业务一直缺乏比较明确的税务处理规定。PPP 资产证券化项目涉及机构较多、资金流转环节也较多，PPP 项目的投融资架构、建设运营模式不同，直接影响项目公司的会计处理与资产证券化的途径，相应也会对基础资产转让、原始权益人取得证券化对价、证券持有人取得收益等环节的税务处理产生重大影响。如果没有明确的税收规定，不同地方税务局的理解和判断不同，可能会引起重复征税、征过头税的现象，在很大程度上增加了 PPP 项目发行 ABS 或 REITs 产品的税收成本。

（三）部分地方政府信用存疑，使用者付费机制未到位，基础资产的净现金流不足

国内的基础设施领域，普遍尚未建立起足够水平的使用者付费机制，靠使用者付费无法提供扣除成本费用之后的稳定净现金流。即使有使用者付费机制的基础设施项目，大多也还需要政府补贴，地方政府是否具有足够的支付能力成为关键因素。由于净现金流不足，现有 PPP 项目资产证券化业务普遍依赖原始权益人及其关联机构的主体信用，实质上还是主体信用融资，而不是真正的资产支持产品。

（四）受托人能力不足，缺乏主动管理能力和风险控制能力

目前国内资产证券化业务的受托人普遍被通道化，仅凭金融牌照赚点通道费，缺乏积聚、培育、提升基础资产市场价值的专业能力，也不能熟练运用结构化等金融技术，导致资产证券化交易结构中的各方主体的权利与责任难以落实，与规范的信托型资产证券化产品的治理结构和激励机制差距较大。受托人是代人理财的受信人，要坚持受益人利益最大化的原则，切实落实信义责任，国内的各类受托人缺乏信托文化的熏陶、法规制度的制约、问责机制的锤炼，路还很长。

（五）银行业一家独大，缺乏具有足够风险承受能力的多元化合规投资者

从美国市场的经验来看，长期限资产证券化和 REITs 的主要投资者类型

为养老金、共同基金、个人投资者等。目前国内保险公司、社保基金、养老金的资金规模较小，参与 PPP 资产证券化产品投资的能力与意愿均不强，银行资金仍为主要资金来源。银行资金一般是自营资金或理财资金，通常偏好 3 年以内的投资周期，对于长期限 PPP 资产证券化产品（无回售含权结构）的需求通常不强。为拉长融资期限确保发行规模，同时又为了控制发行成本，目前市场上 PPP 资产证券化产品主流的设计为"定期票面利率调整权 + 投资者回售选择权 + 再销售机制"（通常每 3 年开放一次），但若届时发生极端情况，导致大额回售且再销售不顺利，会给原始权益方造成阶段性的资金压力。因此，中长期机构投资者的引入是这类产品未来规模化发展的重要突破口。国内固定收益市场缺乏长期投资者和高风险投资者，由此造成：一是期限超过 3 年的产品难以销售；二是次级产品往往由原始权益人或其关联方自持；三是往往还需要外部增信。同时，基础设施资产证券化产品规模较小，缺乏做市商，交易不活跃，流动性较差，导致同一主体发行基础设施资产证券化产品的利率比公募债券普遍要高 50～100BP，甚至高于长期银行贷款利率，存在成本劣势。

（六）PPP 资产证券化产品的流动性较弱，发行利率缺乏竞争力，影响优质项目开展资产证券化的动力

由于 PPP 资产证券化产品目前的流动性不高，相比于同期限、同评级的公司债（中短期票据）具有较高的流动性溢价。将企业资产证券化产品与中短期票据的收益率曲线进行比较，目前的流动性溢价大概为 50～100BP。另外，自 2016 年 12 月以来，随着去杠杆、防风险进程的推进，资金面一直维持紧平衡态势，国内固定收益市场利率出现了较大幅度上涨。优质 PPP 项目往往能够获得银行的低息贷款，据调研，很多此类项目目前可以获得银行贷款基准利率或下浮 10% 的贷款成本，在目前市场环境下，PPP 资产证券化并不具有利率优势，使得很多优质 PPP 项目的发行意愿不高。

（七）市场化增信工具缺乏

在 PPP 资产证券化项目中，地方融资平台公司不能为产品提供增信，地方政府仅能在"政府付费"模式下作为服务采购方按照合同约定履行政府付费义

务，但不能为资产证券化产品提供担保。在 PPP 资产证券化项目实务中，若为"使用者付费"项目，由于 PPP 项目公司自身实力通常不强，在中国目前的信用评级体系下需要寻找外部增信（通常是由社会资本或第三方担保公司提供增信）。在很多 PPP 项目中，由于社会资本的实力可能不强，或者难以向第三方担保公司提供满足其要求的反担保措施，因此这类项目将难以开展资产证券化，而且境外市场中债券担保、CDS 等市场化增信工具在国内资产证券化领域也比较缺乏。

（八）信用评级体系尚待完善

对于收益权资产和股权资产，国内目前的信用评级体系过于看重主体增信，对基础资产的质量、资产服务机构的运营能力等因素考虑不足，使得很多优质的"使用者付费"模式的 PPP 资产证券化项目在没有外部强担保的情况下难以获得较高评级，而对这类项目金融机构从贷款角度的认可度却很高。比如某省会城市的自来水收费项目，如果 PPP 项目公司自身财务实力不是很强，则资产证券化产品评级可能还到不了 AA，实际上这类基础资产的现金流稳定性很高，且付费方也足够分散和稳定，实际信用风险较低。

四　政策建议

包括 PPP 项目在内的基础设施领域的资产证券化业务作为推进公共基础设施项目市场化运作的重要环节，是新一轮投融资体制改革和金融体制改革的突破口，应从全局高度谋划，加强监管协调。

（一）推动立法并明确税务政策

推动研究制定统一的资产证券化法等基本法规，明确特殊目的载体（SPV）作为合格信托的法律主体地位，解决资产独立、破产隔离等关键法律问题，修订完善评级、会计、税法、抵押变更登记等配套法规政策。税务处理是资产证券化的重要基础性问题，如果要推动 PPP + ABS、PPP + REITs 的规模化发展，"税收中性"原则需要得到贯彻和落实，不宜因为开展资产证券化或 REITs 而带来额外的税收负担。同时，管理人需对证券化的交易结构进行严密安排，降低证券化的交易税负与资产支持证券存续期间的税负，避免双重征税风险或减少其影响。

（二）提高原始权益人的持续经营能力

由于诸多原因，国内目前的基础设施资产证券化业务普遍未能真正做到资产独立和破产隔离，未能实现相对于原始权益人的会计出表，原始权益人通常兼任资产管理人，还是次级档的实际持有人。因此，原始权益人的持续经营能力，对基础设施资产证券化产品的安全性至关重要。随着包括 PPP 模式在内的基础设施项目市场化运作的深入推进，具有综合优势的行业龙头企业能够得到更强的支持，可能会影响很多基础设施子行业的竞争格局，进而引导出现投资运营商的兼并与收购，有效提升行业专业管理水平和集中度，进而推进 PPP 项目资产证券化产品实现相对于原始权益人的资产独立和破产隔离，实现更多的基于基础资产现金流的初衷。

（三）培育项目净现金流

第一，未能产生稳定现金流的基础设施资产，不适合搞资产证券化。比如，处于建设期的项目，能否如期建成，能否产生稳定的现金流存在不确定性，不能满足推进资产证券化的基本条件。第二，需要重点关注项目净现金流。基础设施资产的正常运营，需要偿还巨额借款的本息，持续支出包括人工费、材料费等在内的直接运营成本，以及维修养护等各类费用，基础设施资产的经营性现金流入扣除各种刚性支出后的净现金流，才是支持资产证券化产品的可靠现金流。比如，国内的供水行业，由于水费价格未到位，普遍缺乏可用的净现金流，目前大规模开展证券化的条件并不成熟。第三，应当设计有效的现金流归集和划转机制，及时归集并有效控制项目净现金流，切实防止出现资金混同风险与挪用风险。需要指出，基础设施项目的净现金流来源高度依赖于使用者付费，并不意味着马上就要全面大幅度涨价，但是确实需要建立价格机制以形成稳定合理的预期。

（四）培育专业化的中介机构团队

在统一法律框架内，明确保险资产管理公司、证券公司、基金管理公司等非银行业金融机构依据《信托法》从事资产证券化业务的受托人身份，尽快统一基础资产、受托机构、信用评级、信息披露等监管标准，为受托人履职构建一些行业公共基础设施，比如，交易场所及专门机构进行产品登记和确权，公共信息

与技术平台等。基础设施资产证券化涉及法律、会计、税务、评级与金融工程等多个通用专业领域。对于基础设施资产证券化来说，合格的受托人与资产管理人这两个角色尤为重要。资产证券化业务的交易结构中，受托人是核心，应当根据成熟市场的经验，构建以受托人为核心的治理结构。相对于金融资产支持的证券化业务，基础设施资产证券化业务对成批的独立第三方资产管理人的要求更为迫切。如果缺乏可以替换原始权益人的候选资产管理人，将严重制约基础设施资产证券化业务的推广。

（五）提高产品结构的精细化，实现精确定价

相比于传统的公开市场债务融资工具，资产证券化的核心优势在于结构化。将基础资产的现金流进行精细的结构化，设计出众多不同期限、不同风险收益特征的数量高达数十种的一系列证券，进而匹配不同类型投资者的多元化的风险收益特征，是成熟市场资产证券化业务的重要特征。根据微观经济学的价格歧视理论，子产品与特定投资者的风险收益特征匹配得越到位，定价可以越精准，消费者剩余越少，原始权益人与（或）受托人获得的利益越大，资产证券化相对于传统主体债务融资工具的优势越明显，各方推动资产证券化的积极性就会越高。目前国内包括 PPP 项目在内的资产证券化产品的结构普遍简单，尚不能满足不同投资者的投资需求，次级产品的销售比较困难，保险资金对资产证券化产品兴趣不大等。

（六）培育做市商

PPP 资产证券化的发展需要"一级市场做市商"和"二级市场做市商"。所谓"一级市场做市商"是指"对基础资产进行做市"，即做市机构主动寻找或创设资产，然后把资产设计成证券化产品销售给资本市场投资人。这类机构需要挖掘资产价值，对资产风险进行合理定价，提高资产的标准化程度（包括合同法律标准、信息披露标准等），设计产品对接资本市场，实现非标转标并创造流动性；所谓"二级市场做市商"是指"对证券化产品进行做市"，即由有实力的机构进行双边报价和交易撮合，以提升证券化产品流动性。考虑到 PPP 资产证券化产品期限通常都很长，做市商的引入显得非常重要。

（七）引入多元化投资者

通过优选基础资产和精细化产品设计，也可为市场投资者提供良好的投资标的。建议相关监管部门适当降低准入标准，积极引导保险、社保基金、养老金等中长期机构投资者参与 PPP 资产证券化产品投资。另外可通过设置一些优惠政策增强主流机构投资者参与投资的积极性，比如，银行机构投资 PPP 资产证券化的额度在进行 MPA 等指标考核时可以考虑降低其对资本额度的占用比例；提高保险公司投资 PPP 资产证券化产品的偿付能力认可比例等。

（八）纳入质押库

对于优质的 PPP 资产证券化产品（比如评级为 AAA），可以考虑将其定向纳入"质押库"，作为机构投资者向央行申请再贷款的可接受质押标的，并允许其纳入中证登标准券范围以开展质押式回购，这将极大地提升 PPP 资产证券化产品的流动性，是降低其发行利率的重要措施，同时由于设置了较高准入标准，也可以有效控制相关风险。

（九）强化后续管理

国家发展改革委和中国证监会明确提出，要研究完善相关信息披露及存续期管理要求，确保资产证券化的 PPP 项目信息披露公开透明，项目有序实施，接受社会和市场监督。相关中介机构在具体业务推动过程中要强化对信息披露和后续管理的重视程度，通过专人专岗设置、流程优化和信息系统建设等措施，提高产品的标准化、流程化和动态化程度，及时有效地防范、监测和应对产品风险。

参考文献

[1]〔瑞士〕芭芭拉·韦伯等：《基础设施投资指南：挑战策略、可持续性、项目融资与 PPP》，罗桂连等译，机械工业出版社，2018。

［2］〔美〕斯蒂芬妮·克鲁森凯莉等:《REITs 分析与投资指南》,罗桂连、尹昱译,机械工业出版社,2018。

［3］林华、罗桂连、张志军等编《PPP 与资产证券化》,中信出版社,2016。

［4］〔美〕马克·戈登:《REITs 投资指南》,林华等译,中信出版社,2017。

［5］林华、许余洁、罗桂连、彭超等:《中国 REITs 操作手册:基础设施和商业地产资产证券化操作指南》,中信出版社,2018。

B.18
PPP 基金：破解融资难的利器

管清友*

摘 要： 作为一项重要的改革，虽然 PPP 自推出之时便备受关注，但其落地情况不容乐观，其中融资难是掣肘 PPP 落地的关键因素。为破解这一难题，各地相继推出融资创新举措，PPP 基金便是其中重要的一项，各地纷纷设立 PPP 基金，以期通过结构化融资，破解 PPP 项目融资难题，缓解社会资本的资金压力，助力 PPP 项目落地。

关键词： 融资难 PPP 基金 结构化融资

近年来，国务院、财政部、国家发展改革委等接连发文推进 PPP 发展，但是由于 PPP 项目周期长、规模大、增信不足，许多社会资本暂持观望态度，PPP 项目落地情况并不乐观。为了改善这一状况，各地纷纷设立 PPP 基金，以期发挥引导和杠杆作用，破解 PPP 项目融资难题，增强对社会资本的吸引力，助力项目落地。

一 PPP 基金政策梳理与成效

PPP 基金的兴起得益于政策的催化，目前，国家和地方相继出台政策鼓励发起设立 PPP 基金，规范基金运作管理。

---

* 管清友，如是金融研究院院长、首席经济学家。

（一）国家层面

表 1　国家层面政策文件

时间	政策文件	发布部门	主要内容
2014 年 11 月 16 日	《关于创新重点领域投融资机制鼓励社会投资的指导意见》（国发〔2014〕60 号）	国务院	鼓励民间资本采取私募等方式发起设立主要投资于公共服务、生态环保、基础设施、区域开发、战略性新兴产业、先进制造业等领域的产业投资基金
2015 年 4 月 25 日	《基础设施和公用事业特许经营管理办法》（2015 年第 25 号令）	国家发展改革委、财政部、住建部、交通部、水利部、中国人民银行	国家鼓励通过设立产业基金等形式入股提供特许经营项目资本金。县级以上人民政府有关部门可以探索与金融机构设立基础设施和公用事业特许经营引导基金
2015 年 5 月 22 日	《关于在公共服务领域推广政府和社会资本合作模式的指导意见》（国办发〔2015〕42 号）	国务院	中央财政出资引导设立中国 PPP 融资支持基金，作为社会资本方参与项目，提高项目融资的可获得性。鼓励地方政府与金融机构共同发起设立基金，通过结构化设计，吸引社会资本参与
2015 年 11 月 12 日	《关于印发〈政府投资基金暂行管理办法〉的通知》（财预〔2015〕210 号）	财政部	从政府投资基金的设立、政府投资基金的运作和风险控制、政府投资基金的终止和退出、政府投资基金的预算管理、政府投资基金的资产管理、监督管理规范政府投资基金的管理办法

表 2　国务院常务会议

时间	主要内容
2014 年 10 月 24 日	优化政府投资方向，通过投资补助、基金注资、担保补贴、贷款贴息等，优先支持引入社会资本的项目。发展股权和创业投资基金，鼓励民间资本发起设立产业投资基金，政府可通过认购基金份额等方式给予支持
2015 年 4 月 21 日	鼓励以设立产业基金等形式入股提供项目资本金，支持项目公司成立私募基金，发行项目收益票据、资产支持票据、企业债、公司债等拓宽融资渠道
2015 年 5 月 13 日	支持地方政府与金融机构共同设立基金，用好税收优惠、奖励资金、转移支付等手段，多措并举吸引社会资本参与公共产品和服务项目的投资、运营管理
2015 年 8 月 26 日	进一步破解审批烦琐、资金缺口大等问题，加快棚改、铁路、水利等重大工程建设，设立 PPP 项目引导资金，扩大有效投资需求

在上述政策的保障和力推下，两只国家级 PPP 基金现已成立，积极发挥了引导示范作用。

2015 年 5 月，中央级的引导示范性 PPP 基金获批，规模约为 500 亿元。其中，财政部出资 100 亿元，金融机构负责 400 亿元，作为母基金下发到省级部门，为 PPP 增信提供了强力金融支持，使其成为吸引社会资本的重要手段。

2016 年 3 月，财政部联合中信集团有限公司、光大保德信资产管理有限公司、建信（北京）投资基金管理有限责任公司、中国人寿保险（集团）公司、中银资产管理有限公司、农银汇理（上海）资产管理有限公司、交银国际信托有限公司、建信资本管理有限责任公司，工银瑞信投资管理有限公司 9 家法人股东和全国社会保障基金理事会出资成立中国政企合作投资基金股份有限公司，负责 1800 亿元融资支持基金的运作管理。2016 年 7 月，该基金作为社会资本方参与呼和浩特轨道交通项目，投资规模为 24 亿元，主要为股权投资，有效地提高了项目融资的可获得性。

（二）地方层面

与此同时，地方政府也积极响应号召，河南、山东、云南、新疆、福建、山西、四川和江苏等地纷纷设立地方性 PPP 发展基金，并公布配套支持措施，促使 PPP 项目及时安全落地。

表 3　地方政府法规

时间	政策文件	发布部门	主要内容
2015/5	《吉林省产业投资引导基金管理暂行办法》	吉林省人民政府	由省政府出资设立吉林省产业投资引导基金,按市场化方式运作,明确机构职责、投资运作、激励机制、风险控制与管理监督等
2015/6	《江苏省 PPP 融资支持基金实施办法(试行)》	江苏省财政厅	明确江苏省 PPP 融资支持基金的设立目标、发起与设立、投资与收益、管理与风险控制,指导基金运作实施
2015/6	《河南省 PPP 开发性基金设立方案》	河南省财政厅	制定了设立河南省 PPP 开发性基金的运作方案,明确了基金设立的目的、原则、发起与设立、投资与收益、管理等

时间	政策文件	发布部门	主要内容
2015/7	《山东省政府和社会资本合作（PPP）发展基金实施办法》	山东省财政厅	设立山东省政府和社会资本合作（PPP）发展基金，并制定实施办法，包括基金设立的目的、发起与设立、投资范围和运作模式、管理体制、投资回报和收益分配、监督管理和风险防控、退出机制
2015/9	《云南省政府和社会资本合作融资支持基金设立方案》	云南省财政厅	明确云南省 PPP 融资支持基金设立目的、发起与设立、投资与收益、管理等
2015/11	《关于设立广西政府投资引导基金的意见》	广西自治区人民政府	充分认识设立引导基金的重要性和必要性；准确把握设立引导基金的总体方向；探索建立规范化的引导基金管理体制；充分运用市场化方式运营子基金；建立科学合理的组织协调和工作运行机制
2015/12	《四川省 PPP 投资引导基金管理办法》	四川省财政厅	明确了四川省 PPP 投资引导基金的总则、管理架构、基金管理、风险控制、监督管理等
2016/4	《贵州省政府和社会资本合作（PPP）基金设立方案》	贵州省财政厅	由贵州省贵民投资有限责任公司发起设立母基金，依法选择基金管理人，拟定基金相关协议、制度，确保基金尽快运行
2016/4	《浙江省基础设施投资（含PPP）基金管理办法》	浙江省财政厅	为规范和加强浙江省基础设施投资（含PPP）基金的运作与管理，明确管理机构和职责分工、投资原则、范围和方式、投资管理程序、风险防控和监督管理等
2016/5	《新疆维吾尔自治区政府和社会资本合作引导基金管理暂行办法》	新疆自治区财政厅	为加快推广运用 PPP 模式，设立自治区政府和社会资本合作引导基金，暂行办法包括总则、管理架构、基金管理、风险控制、监督管理等
2016/8	《福建省政府和社会资本合作（PPP）引导基金管理办法》	福建省财政厅	制定项目准入指引和审批流程，进行项目摸底和初步筛选

表 4　地方级 PPP 基金

成立时间	基金名称	参与方	投资领域	投资规模（亿元）
2014/12	河南省新型城镇化发展基金	河南省财政厅、建设银行、交通银行、浦发银行	河南省新增城镇基本公共服务和城镇基础设施项目	3000
2015/5	中国城市轨道交通PPP 产业基金	建信信托、绿地集团、上海建工	纳入 PPP 项目库及政府统一采购的轨道交通与城市基础设施建设项目	1000
2015/6	河南省 PPP 开发基金	河南省豫资公司、若干家金融机构、其他社会资本	河南省 PPP 项目	50
2015/7	山东省 PPP 发展基金	政府引导基金、银行、保险、信托等金融和社会资本	纳入山东省级 PPP 项目库且通过财政承受能力论证的 PPP 项目	1200
2015/7	河南省 PPP 发展投资基金	河南投资集团	将按照优惠的资金成本给PPP 项目提供资本支持	1000
2015/8	安徽省 PPP 专项产业基金	安徽建工集团、兴业银行、浦发银行	安徽省 PPP 项目投资与运营	400
2015/8	上海建工 PPP 产业基金	上海建工、建设银行	纳入政府 PPP 项目库或由政府公开采购的城市基础设施建设项目	100
2015/8	江门 PPP 融资基金	江门市财政局、多家银行	PPP 重点示范项目	50
2015/9	广西公共基础设施PPP 产业基金	广西自治区政府与建设银行	城镇化建设、城镇基础设施、公共服务设施、土地一级开发和产业类投资等	不详(4 个主题基金共500 亿元)
2015/9	徽银－桐城－中辰PPP 城镇化基金	徽商银行、桐城市政府、安徽中辰投资集团	签署的项目包括 2 条城市道路、2 所学校共 4 个子项目	9
2015/9	湖南省 PPP 融资支持基金	湖南省财政厅、银行、保险等社会资本	对口支持联点 PPP 示范项目	200
2015/9	云南省 PPP 融资支持基金	云南省财政厅、其他社会资本方	财政部和省财政厅 PPP 示范项目	≥50
2015/10	新疆维吾尔自治区PPP 政府引导基金	新疆自治区财政厅、招商银行和浦发银行	丝绸之路经济带核心区基础设施投资 PPP 项目	1000

成立时间	基金名称	参与方	投资领域	投资规模（亿元）
2015/10	江西振兴发展基金	南昌银行、中航信托、太平资产管理公司	省内各级政府城镇化建设项目、PPP 项目及省内其他重点开发建设项目	100
2015/11	中交建壹期基金	全国社保基金理事会、中国交建	中国交建推荐的 BT、BOT 项目，轨道交通及城市综合体开发项目等重点基础设施建设项目	150
2015/11	贵州金砖 PPP 项目母基金	贵州省金砖城市一号基金企业	PPP 子基金；PPP 产业投资基金或 PPP 项目投资基金	200
2015/11	阿克苏地区 PPP 引导基金	地区财政局、县（市）财政及金融机构	基础设施和公共服务领域	1
2015/12	江苏省 PPP 融资支持基金	江苏省财政厅、江苏银行、交通银行、上海浦发银行、建设银行和农业银行	优先投入省级以上 PPP 试点项目	100
2015/12	四川省 PPP 投资引导基金	川投集团、中航信托、交行四川省分行、交银国际信托	基础设施、公用事业、农林和社会事业等重点领域 PPP 项目	100
2015/12	宁波市 PPP 投资基金	宁波市金江投资有限公司、中信信托	符合"提升城乡品质建设美丽宁波"行动计划等经市政府批准的 PPP 项目	250
2016/1	PPP 京津冀协同发展基金	河北省财政厅、银行机构、保险、信托资金以及其他社会资本	纳入省级 PPP 项目库且通过物有所值评价和财政承受能力论证的 PPP 项目，以及京津冀协同发展战略背景下的优质项目	100
2016/1	安徽城镇化 PPP 基金	安徽省级财政厅、徽商银行	省内城市基础设施建设的 PPP 项目	500
2016/1	贵州公共和社会资本合作（PPP）产业投资基金	贵州道投融资管理有限公司、苏交科	省内环保、水务、水利、智慧城市等行业 PPP 项目	20
2016/1	常山县政府和社会资本合作（PPP）引导基金	常山县财政局	全县基础设施和公共服务设施领域项目	3

续表

成立时间	基金名称	参与方	投资领域	投资规模（亿元）
2016/2	山西省改善城市人居环境 PPP 投资引导基金	山西省财政厅、住建厅与北京首创集团、兴业银行	城市基础公共设施 PPP 项目	144
2016/2	兴业厦门城市产业发展投资基金	兴业财富、厦门轨道交通集团	厦门轨道交通工程项目	100
2016/3	吉林市 PPP 引导基金（母基金）	省财政与部分市县财政、其他社会资本	省内基础设施和公共服务领域的 PPP 项目	50
2016/3	四川省 PPP 投资母基金	四川省企业经济促进会 PPP 发展研究中心与数家金融机构	省内 PPP 项目	300
2016/3	青岛市政府和社会资本合作发展基金	市财政局，部分区、市财政局、社会资本	青岛市境内通过物有所值评价和财政承受能力论证，并已获得同级政府批准的 PPP 项目	≥300
2016/3	黑龙江省 PPP 融资支持基金	黑龙江省政府联合 13 家商业银行、15 个市（县）政府	省内 PPP 项目	1340
2016/5	浙江省基础设施投资（含 PPP）基金	浙江省金融控股有限公司	省内综合交通、市政公用、环境保护、社会事业、保障房等领域 PPP 项目	100
2016/5	孝感市政府和社会资本合作（PPP）发展基金	孝感市财政局、交通银行孝感分行、汉口银行孝感分行及邮储银行孝感分行	孝感市 PPP 项目	30.03
2016/6	重庆三峡基础设施 PPP 基金	重庆市政府、中国长江三峡集团	区县基础设施建设 PPP 项目	100
2016/6	北京城建基础设施基金（有限合伙）	太平资产管理有限公司、北京城建、北京城建（上海）股权投资管理有限公司	北京城建控股子公司的项目	30
2016/8	福建省 PPP 引导基金	福建省财政厅、兴业银行	福建省级 PPP 项目库且通过财政承受能力论证的 PPP 项目	200
2016/9	广东省管廊 PPP 产业基金	广东省建筑工程集团有限公司、广东恒健投资控股有限公司联合建信信托有限责任公司、建设银行广东省分行、广东国有企业重组发展基金（有限合伙）	城市地下综合管廊建设 PPP 项目	100

二 PPP 基金功效解析

基于上面的统计可以看出，中央和地方相继设立 PPP 基金，总规模已超过 1.5 万亿元。PPP 基金可通过杠杆效应和结构化，起到撬动资金和降低融资成本的作用，进而成为点燃 PPP 的火种，破解项目融资难题，助力项目落地。

（一）杠杆效应，撬动资金

杠杆效应是 PPP 基金的一大特征，一般由财政部门或其指定机构通常充当劣后级，金融机构做优先级，规模较大的 PPP 基金还设置了中间级，杠杆比例通常为 5～10 倍，有的甚至多次使用杠杆，发挥"种子"作用，政府出资比例较低，以少量资金撬动金融机构出资，可有效缓解地方政府的财政压力，突破 PPP 项目资金不足的瓶颈。

（二）结构分级，降低成本

PPP 基金的另一大特点是结构化，对基金进行分级设置，一般分为优先级和劣后级两级，部分还可增加中间级，通过风险收益匹配，降低融资成本。优先级多为金融机构，只做财务投资人，享有固定收益，参照人民币中长期贷款基础利率，承担有限风险，当基金收益不足以支付约定收益时，相关主体会予以补足；劣后级常由政府认购，享有浮动收益，承担主要风险，起到引导和带领作用；中间级可获得的收益和需承担的风险介于优先级和劣后级之间。

（三）滚动续期，期限错配

PPP 项目的合作期限一般为 10～30 年，令许多社会资本望而却步。PPP 基金的存续期限取决于优先级，优先级主要对接的是银行等金融机构资金，通常期限在 1 年以上 5 年以下，以 3～5 年为主，难以满足 PPP 项目的期限要求，但银行具有得天独厚的资金池优势，可采取滚动续期的方式实现限期错配，满足 PPP 项目合作期间内的资金需求。

（四）融资增信，破解难题

PPP 基金成立的初衷是破解 PPP 项目融资难题，可为 PPP 项目融资提供增信，常见的增信方式有两种：一是入股项目公司，补足项目资本金，解决前期资金问题，便于后续项目融资；二是对短期出现融资困难的优质项目提供融资担保，提高项目资金的可获得性。现有的 PPP 基金大多有政府参与，认购劣后级，通过引入政府信用，可为项目融资增信。

三　PPP 基金组织形式

纵观现有的 PPP 基金，其运作模式大致可分为公司型、契约型、有限合伙型三大类。

（一）公司型

公司型 PPP 基金是依照《公司法》组建的具有法人资格的股份有限公司，依据公司章程运作，投资者是基金公司的股东，在其出资范围内承担责任，有权参与公司的重大决策，所有权和经营权没有彻底分离。

目前最具代表性的公司型 PPP 基金当属中国政企合作投资基金股份有限公司，由财政部、全国社保基金理事会和九家金融机构联合发起，总规模达1800 亿元（见图 1）。目前，该基金已成功助力多个优质项目落地，首笔投资花落呼和浩特市轨道 1 号线、2 号线，项目总投资 338.81 亿元，资本金占总投资的 50%，其中中国政企合作投资基金投资 24 亿元，主要为股权投资。

（二）契约型

契约型 PPP 基金是基于《信托法》《合同法》《证券投资基金法》等，按照基金契约组建，不具有法人资格，投资者作为基金的委托人和受益人，通常不参与基金的运作管理，全权委托给基金管理人。

湖北省首单契约型基金项目，也是湖北银行和天风证券的首单 PPP 业务，就采取了契约型基金融资方式，为湖北省随州市殡仪馆及万安公墓工程融资 1 亿元。具体的操作方式为天风证券设立发起天翼 1 号私募专项投资基金，湖北银行

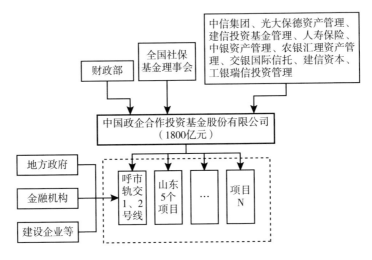

图 1　中国政企合作投资基金组织结构

随州分行发行理财产品专门对应项目，向社会募资认购私募基金，作为出资方进入项目公司股权，和随州城投公司共同运营、参与建设，天风证券的全资子公司天风天盈投资有限公司是基金管理人，收取一定的管理费（见图 2）。该基金存续期为 5 年，从第三年开始基金逐年退出，随州城投公司逐年回购股权；分红方面，每年都会分红，如果公司净收入不够分红，由随州城投公司差额补偿。

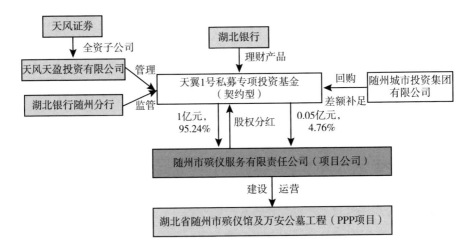

图 2　天意 1 号私募专项投资基金组织结构

（三）有限合伙型

有限合伙型 PPP 基金最为常见，是基于《合伙企业法》，按照合伙协议组建，有限合伙人（LP）与普通合伙人（GP）共同成立有限合伙企业，是非法人组织，投资者作为有限合伙人仅以出资额为限承担有限责任，并可通过约定保留一定的权利对管理人进行监督。

孝感市 PPP 发展基金是由市财政局与交通银行孝感分行、汉口银行孝感分行及邮储银行孝感分行三家银行共同出资成立的，总规模为 30.03 亿元（见图 3）。其中交通银行孝感分行、汉口银行孝感分行、邮储银行孝感分行为优先级有限合伙人，各出资 9 亿元；市政府授权孝感市市级产业发展基金管理公司作为劣后级有限合伙人，出资 3 亿元。3 家普通合伙人和基金管理人共出资 300 万元。原则上，基金投入期为 5~7 年，退出期为 2~3 年，共计 7~10 年，实际期限视项目结构而定。

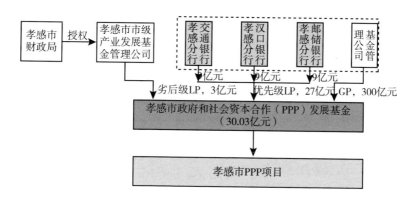

图 3　孝感市 PPP 发展基金组织结构

（四）三种形式比较

表 5　三种基金组织形式对比分析

组织形式	公司制	契约型	有限合伙制
成立依据	《公司法》	《信托法》《合同法》《私募投资基金监督管理暂行办法》	《合伙企业法》

组织形式		公司制	契约型	有限合伙制
法律地位		法人资格	不具有法人资格	非法人
灵活性		工商注册	无须注册	工商注册
稳定性		同股同权	几乎没有治理结构,一揽子关系,相对松散	LP:出资额有限,承担有限责任;GP:无限连带责任
容量		股份有限公司发起人数不得超过200人,有限责任公司股东人数不得超过50人	200人	2人以上,50人以下
投资门槛		100万元	100万元	100万元
责任与控制权	投资人	投资人以出资为限承担责任	以其投入的资金为限承担有限责任	有限合伙人(LP)以出资额承担有限责任
	管理人	如不持有公司股份,除重大失误外对公司不承担责任,负责基金的管理和运行	基金管理人负责基金的管理和运行,基金管理人依据基金合同约定管理基金财产,所产生的风险,由基金财产承担	普通合伙人(GP)对合伙企业负有无限责任,可以灵活自主进行经营活动,经营权不受干涉影响,优先风险承担、稳定的收入保证
报酬	投资人	投资利润	投资利润	投资利润
	管理人	工资+绩效	管理费用+业绩报酬	管理费用+业绩报酬
管理模式		自行管理、委托管理	基金管理人进行管理	GP负责管理决策,LP不负责具体经营
税收		重复征税(25%的企业所得税和20%的个人所得税)	个人所得税	不需缴纳企业所得税,仅需各合伙人缴纳个人所得税

四 PPP 基金发起方式

根据基金发起人的不同,PPP基金可分为政府发起、社会资本发起和金融机构发起三种形式。

(一)政府发起

这种模式较为常见,通常是由政府发起出资成立,以此吸引金融机构资金，发挥杠杆效应，起到撬动资金的作用。一般政府作为劣后方，为项目风险兜底，金融机构仅作为财务投资人，不参与基金与所投资项目的具体运作，收益相对稳定，本质上是明股实债。由于政府资信高，可成功为基金增信，从而吸引更多金融机构参与。

新疆维吾尔自治区 PPP 工作中心同招商银行、浦发银行总行合作设立新疆维吾尔自治区 PPP 政府引导基金，总规模 1000 亿元，其中自治区出资 100 亿元，招商银行和浦发银行各出资 450 亿元，由专业化基金管理机构运作管理。基金将通过资本金注入、股权投资、债权投资等方式进行投资（见图 4）。

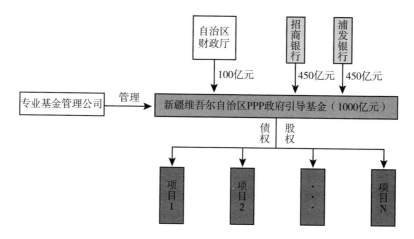

图 4　新疆维吾尔自治区 PPP 政府引导基金运作模式

（二）社会资本发起

作为发起方的社会资本多为具备建设运营资质和能力的实业企业，一般在与政府签订合作协议后，负责项目规划、设计、投融资、建设、运营、维护等全生命周期管理工作，社会资本一般会联合金融机构共同承担项目的资金运作。虽然政府没有直接参与，但考虑到项目投向为 PPP 项目，要么政府授予企业特许经营权或以特定方式购买服务，要么现金流稳定，收益得以保障。

中国城市轨道交通 PPP 产业基金由绿地集团、建设银行牵头发起，以有限合伙企业形式设立，由绿地金融、上海建工投资、建信信托三方成立的基金管理公司担任普通合伙人、执行合伙人，并由发起人、战略合作方作为有限合

伙人，总规模为 1000 亿元，分期发行，首期规模 240 亿元，期限为 5 + 3 年。绿地集团作为发起人，将优先向轨道交通基金推荐符合轨道交通基金投向、偏好的投资项目。同时，如轨道交通基金所投项目涉及周边物业开发，绿地集团将享有优先选择权；上海建工将严控项目施工质量、施工进度以及施工安全；建信信托将实现轨道交通基金投融资运作。中国建设银行上海分行则组织保险长期资金和建行理财资金对接优先级投资，并优先牵头后续相关项目银团贷款（见图 5）。

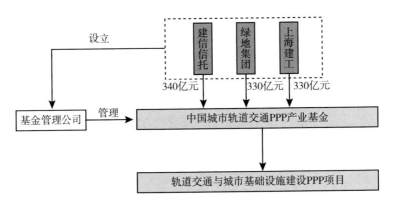

图 5　中国城市轨道交通 PPP 产业基金运作模式

（三）金融机构发起

在经济下行、长期利率持续下降的背景下，金融机构遭遇资产荒，PPP 项目投资期限长，可提前锁定收益，受到了金融机构的高度关注。且由于许多金融机构股权投资受限，PPP 基金可有效解决这一问题。一般由银行作为发起人，联合信托、保险等共同成立，专项投资于 PPP 项目。

江西振兴发展基金是由南昌银行主导发起，江西省内首家由商业银行与全国性保险资金合作成立的产业投资基金，首期注册资本达 50 亿元，总规模将达 100 亿元。由南昌银行、中航信托、太平资产管理公司三家合作，共同设立基金管理公司进行管理（见图 6）。基金资金主要来源于全国性的保险资金市场，太平资产管理公司作为优先级资金方出资，劣后级资金由南昌银行、中航信托提供，项目由南昌银行、中航信托共同筛选与管理。主要投向省内各级政府城镇化建设项目、PPP 项目及省内其他重点开发建设项目，投资方式除债权投资外，还可以支持项目股权融资需求，资金可参与 PPP 项目的投资、建设、运营、退出等全流程，全力支持政府与社会资本的 PPP 项目合作，投资期限可长达 5~7 年。

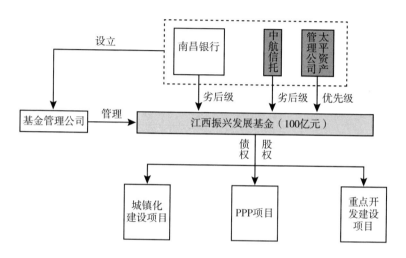

图 6　江西振兴发展基金运作模式

五　PPP 基金交易结构

PPP 基金成立的初衷是借助杠杆效应，撬动资金，破解项目融资难题，因此杠杆在 PPP 基金中的运用必不可少，根据杠杆的运用情况，PPP 基金有以下三种交易结构。

（一）一次杠杆：仅设立母基金，不另设子基金

PPP 基金一般是由政府财政部门或社会资本发起，联合银行、信托、保险等金融机构以及其他出资人共同出资，一般为 5~10 倍杠杆。仅运用一次杠杆成立后的基金只有母基金，不再下设子基金，直接由母基金参与 PPP 项目运作，提高项目的可融资性。

河南省 PPP 开发基金由河南省豫资城乡投资发展有限公司（代表省财政

厅出资）出资 10 亿元，金融机构（中信银行）出资 40 亿元合作设立河南豫
资信银股权投资基金，基金管理人由主要出资人指定（见图 7）。投资领域为
基础设施和公共服务设施领域项目建设，通过资本支持和技术援助两种形式对
河南省 PPP 项目给予支持，其中资本支持方式占财政安排资金的 90%，并吸
引金融机构共同参与，放大财政资金倍数；技术援助方式包括项目前期费用补
贴和示范项目奖励，占财政安排资金的 10%，包括前期费用补贴和项目奖励。

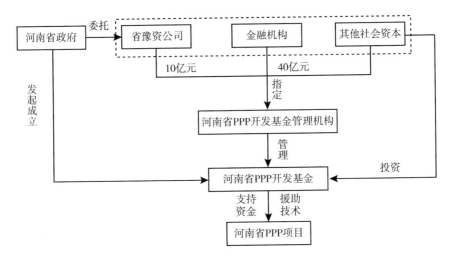

图 7　河南省 PPP 开发基金运作模式

（二）一次杠杆：同时设立母子基金，且子基金由母基金全额出资

此种交易结构下，同时设立 PPP 母子基金，但仅在母基金成立时发挥了
一次杠杆效应，子基金是由母基金全额出资，所有子基金的规模综合等于母基
金的总规模。

江苏省 PPP 融资支持基金总规模为 100 亿元，其中，江苏省财政厅出资
10 亿元，江苏银行、交通银行江苏分行、浦发银行南京分行、建设银行江苏
分行、农业银行江苏分行各出资 18 亿元（见图 8）。成立了 5 个子基金，每个
20 亿元，可单独委托管理人进行管理。其中，江苏省 PPP 融资支持基金首支
子基金，规模 20 亿元，由财政出资 2 亿元，江苏银行出资 18 亿元，江苏信托

负责运作。2016 年 1 月，江苏省 PPP 融资支持基金首支子基金以股权方式对徐州市城市轨道交通 2 号线一期工程项目投资 4 亿元，期限 10 年，成为全国 PPP 基金投资第一单。

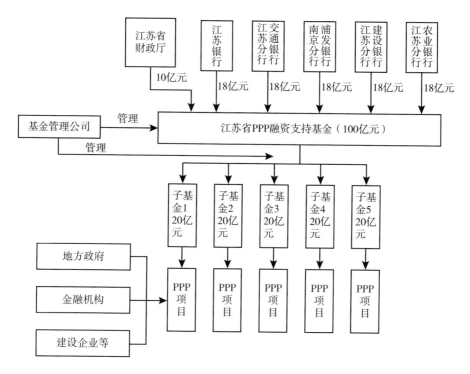

图 8　江苏省 PPP 融资支持基金运作模式

（三）多次杠杆：同时设立母子基金，子基金由母基金部分出资

这种形式下，同时设立 PPP 母子基金，发挥多次杠杆效应，母基金通过一定比例投资到多个 PPP 子基金，且子基金仅由母基金部分出资，起到撬动社会资本的作用。

山西省改善城市人居环境 PPP 投资引导基金就是据此成立的，是由山西省财政厅出资 2 亿元，北京首创集团出资 2 亿元，兴业银行 3 倍配比出资 12 亿元，设立 16 亿元的母基金（见图9）。在此基础上，先期选择有成熟的符合城市人居环境 PPP 项目的市县，设立子基金。子基金由当地财政出资发起，

吸收基金管理机构和社会资本出资，银行按 3 倍配比出资构成，初步预计全省子基金总规模可达到 128 亿元。该投资引导基金重点用于城市供水、供气、供热、污水处理、垃圾处理、地下综合管廊、轨道交通等领域的 PPP 项目。

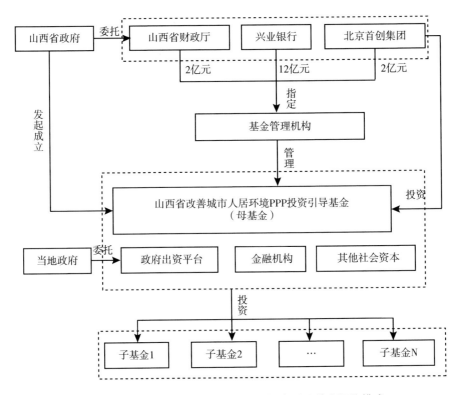

图9 山西省改善城市人居环境 PPP 投资引导基金运作模式

六 PPP 基金投资方式

PPP 基金参与项目的方式多种多样，除了常见的股权、债权、"股权 + 债权"为项目提供资金支持外，还可为 PPP 项目提供融资担保、技术援助等。

（一）资金支持

为 PPP 项目提供资金支持是 PPP 基金破解融资难题最直观的方式，可通过股权、债权、"股权 + 债权"投资满足项目的资金需求。

1. 股权投资

PPP 基金入股项目公司，通过股权方式对项目进行投资，带动社会资本参与 PPP 项目。如中信信托与宁波市政府共同成立的宁波 PPP 投资基金，为股权型基金，通过股权投资为标的项目引进社会资本提供融资，取得回报。基金总规模预计为 250 亿元，投资期限 15 年，投资于经宁波市政府批准的 PPP 项目。

2. 债权投资

PPP 基金通过借款方式或者垫付资金的方式对项目公司提供流动性支持，以债权投入方式支持项目建设运营。如太平资产管理有限公司担任优先级有限合伙人（优先级 LP，21 亿元，70%）、北京城建作为次级有限合伙人（次级 LP，8.7 亿元，29%）、北京城建（上海）股权投资管理有限公司作为普通合伙人（GP，0.3 亿元，1%）共同成立的北京城建基础设施基金采用委托贷款方式投资于公司控股子公司位于奥体文化商务园区内的项目，委托贷款年利率拟定为 6.5%。当 PPP 项目政府方因不确定因素及预算年度问题导致无法及时支付约定的项目可行性缺口补助时，可由基金承诺先行垫付补助资金，地方政府财政预算资金到位后偿还。

3. 股权 + 债权

"股权 + 债权"是指 PPP 基金既可参股项目公司，又可债权投入，多管齐下支持 PPP 项目落地。如 2016 年 1 月，江苏省 PPP 融资支持基金首支子基金以股权方式对徐州市城市轨道交通 2 号线一期工程项目投资 4 亿元，期限 10 年。2016 年 6 月，该基金又成功中标苏州宿迁工业园区污水处理及再生水项目，债权投资 1000 万元。

（二）融资担保

融资担保是指 PPP 基金对优质但短期融资困难的项目公司提供融资担保，提高资金的可获得性。如四川省 PPP 投资引导基金可对项目运作规范、内控制度健全、治理结构完善、风险防控有效、产出绩效明显、项目短期融资困难的项目公司提供融资担保，支持项目公司通过债权融资提升发展能力。

（三）技术援助

除上述两种方式外，PPP 基金还可通过技术援助对 PPP 项目提供支持，河

南省 PPP 开发性基金实施办法规定，技术援助占财政安排资金的 10%，包括项目前期费用补贴和示范项目奖励两种方式。

1. 前期费用补贴

为确保 PPP 项目规范运作，加快项目实施进度，保障项目实施质量，可对项目前期费用进行补贴。河南省 PPP 开发性基金对列入省级备选项目库的项目，补助项目前期费用的 50%，每个项目最高补助 50 万元。由财政部或省级公开推介的项目，补贴前期费用的 100%，每个项目最高补贴 100 万元，列入备选项目库时已经享受过的费用补贴金额将予以扣除。此费用将作为基金赠款提供给地方政府，可作为地方政府在项目公司中的权益。

2. 项目奖励

对列为示范并严格按照相关制度文件规范实施的 PPP 项目，在项目签约后，根据项目的投资规模给予一次性奖励。河南省 PPP 开发性基金对列入财政部全国示范的项目，每个项目奖励 500 万元。此费用将作为基金赠款提供给地方政府，可作为地方政府在项目公司中的权益。

（四）其他投资

其他投资主要是指在基金存续期内，未参与 PPP 项目时的间隙资金可用于投资稳健类金融产品。

七 PPP 基金收益来源和收益保障

（一）PPP 基金收益来源

根据 PPP 基金的投资方式，其收益来源主要包括：

（1）所投资 PPP 项目的股权分红收益及股权转让增值收益；

（2）对 PPP 项目债权投入产生的利息收入；

（3）项目融资担保产生的保费收益；

（4）基金间隙资金用于稳健类金融产品产生的收入；

（5）其他合法收入。

（二）优先级收益保障

PPP 基金中优先级是重要的参与方，承担了大部分出资，需要通过一定的方式保障优先级的收益，激发其参与热情。

1. 收益让渡

现实情况中，一般金融机构作为优先级，参考同期人民币中长期贷款基准利率获得相对稳定的固定收益，如基金年度收益不足以分配优先级出资人约定收益部分，由劣后级予以补贴，从而保障优先级的权益。

【案例】山西省改善城市人居环境 PPP 投资引导基金

山西省改善城市人居环境 PPP 投资引导基金由北京首创资本投资管理有限公司、北京首创股份有限公司、兴业国际信托有限公司、山西省保障性安居工程投资有限公司四方共同出资设立。基金优先级有限合伙人（LP1）为兴业信托；基金中间级有限合伙人（LP2）为首创股份；基金劣后级有限合伙人（LP3）为山西安居。该基金主要投资于供水、供热、污水处理、垃圾处理等 PPP 环保项目。首创资本和山西安居采取收益让渡的方式，基金的可分配收入第一轮分配需要满足兴业信托约定的年化收益率；若有剩余，再分配给首创资本和山西安居，但亏损由山西安居先承担，保持其劣后级的约定。

2. 差额补足

虽然对于 PPP 项目，财政兜底、承诺收益是明令禁止的，金融机构直接参与时收益难以保障，存在一定的风险，但 PPP 基金有一定的操作空间。因为 PPP 基金一般是作为项目资本金参与项目，这是项目融资的前提条件，只有待其到位后，后续项目融资活动才能顺利开展。施工企业尤其是大型央企资产负债率较高，有出表需求，融资意愿不强，PPP 基金是其喜闻乐见的，一般象征性地出资一部分，占比不高，作为中间级或者劣后级。而部分项目的施工利润较为可观，施工方承诺为金融机构补足差额的方式提高资金的可获得性。

【案例】长沙雨花区雅塘 PPP 基金

该 PPP 基金由华宝信托有限责任公司设立，投向该信托公司与中国二十冶联合体中标的长沙雨花区雅塘 PPP 项目。信托计划的预期收益率为 8.5%/年，其中政府方约定项目收益率为 7.9%/年；建设期，中国二十冶集团对信托计划进行投资收益补足。项目完成后，雨花城投出资对信托计划的股权投资部分进行回购。该信托计划还有项目用地抵押、在建工程抵押、股权质押三项担保措施。

3. 贴息补偿

财政贴息，亦称"利息补贴"，是国家财政对使用某些规定用途的银行贷款的企业，就其支付的贷款利息提供的补贴。实质上等于财政代替企业向银行支付利息。

【案例】兴业厦门城市产业发展投资基金

由兴业基金全资子公司兴业财富资产管理有限公司通过设立专项资管计划，与厦门市政府共同出资成立的有限合伙企业。基金总规模达 100 亿元，兴业财富和厦门轨道交通集团分别出资 70%（优先级）和 30%（劣后级）。厦门轨道交通集团按协议定期支付收益给优先级有限合伙人，并负责在基金到期时对优先级合伙人持有的权益进行回购，厦门市政府对优先级 LP 提供财政贴息保障。

4. 超额募集

一般 PPP 项目具有 3~5 年的建设期，在这一期间内，从现金流上看，只有支出，没有收入，金融机构一般需要按期还本付息，而项目资金显然难以满足，因此金融机构可在发行理财产品、信托计划等金融产品时通过超额募集的方式，支付建设期的资金使用成本。

【案例】贵州公共和社会资本合作（PPP）产业投资基金

贵州省 2016 年批准设立的首只产业投资基金——贵州公共和社会资本合作（PPP）产业投资基金由贵州公共和社会资本合作产业投资基金管理有限公

司发起设立，贵州道投融资管理有限公司与苏交科集团股份有限公司共同组建，投资定位主要为贵州省基础设施领域的政府和社会资本合作项目，将采取PPP 模式投资贵州省内环保、水务、水利、智慧城市等行业，总规模为 20 亿元，首期计划募集 4 亿元，已成功募集 5.1 亿元，超募 1.1 亿元，可用于支付前期金融机构提供资金的利息。

5. 其他收入

金融机构除了可作为优先级获得固定收益外，还可通过参与基金管理获得一定的额外收益，如作为基金管理人管理并运用基金资产获得的基金管理费，基金托管银行的托管费用，财务顾问收取的财务费用等。

【案例】中国城市轨道交通 PPP 产业基金（有限合伙）

中国城市轨道交通 PPP 产业基金由中国建设银行、绿地集团牵头发起，以有限合伙企业形式设立，由绿地金融、建工投资、建信信托三方成立的基金管理公司担任普通合伙人、执行合伙人，并由发起人、战略合作方作为有限合伙人，总规模为 1000 亿元，期限为 5 + 3 年。中国建设银行上海分行组织保险长期资金和建行理财资金对接优先级投资，并优先牵头后续相关项目银团贷款，从中可获得一定的财务费用。

八　PPP 基金退出机制

规范完善的退出机制是对 PPP 基金参与方的重要保障，常见的退出方式分为持有到期（清算）和尚未到期（非清算）两大类。

（一）持有到期（清算）

1. 股权投资

PPP 基金进行股权投资需事先与具有回购能力的主体（可以是政府下属平台公司，可以是社会资本，也可以是第三方机构）签署回购协议，书面商定基金到期后由某一方主体履行回购义务。采取股权转让、到期清算等多种方式

实施股权退出，退出价格按照市场化原则确定。

常见的回购方式：（1）政府方"一元或零元回购"；（2）政府方按残值回购；（3）政府方按评估价但不高于某一数额回购；（4）另一社会资本方回购（一般指运营类资本方）。

2. 债权投资

PPP 基金对项目建设运营提供的债权投入，由项目公司按照协议约定实现到期债务清偿和债权退出。

3. 融资担保

PPP 基金融资担保时间较短，不会超过基金的存续期，项目公司顺利偿还融通的资金后，PPP 基金按照相关的约束条件退出。

（二）尚未到期（非清算）

1. IPO 上市或新三板挂牌

对于有稳定现金流且有丰富资源或题材的 PPP 项目，PPP 基金可通过上市退出。如，北京碧水源科技股份有限公司以 PPP 模式投资云南水务公司后，该项目公司于 2015 年 5 月在香港联交所挂牌上市，为碧水源公司提供了高效便捷的资本市场退出选择。

2. 并购重组

对于资质较好但尚未达到上市要求的项目，被兼并重组，获取一定的资本的利得后退出也是一种不错的选择。

3. 资产证券化

已进入运营期且具有稳定现金流的项目，可由证券公司或商业银行将其证券化后在资本市场发行，由投资者进行认购后回收的资金来回购 PPP 基金持有的股权或债权，从而实现基金的退出。

B.19
PPP 证券化需要重视的若干问题

李茂年 刘焕礼[*]

摘 要： PPP 证券化已经成为资本市场的热点，其能否广泛推行需要
处理好投资者、融资方、政府和产品设计四个层面的核心问
题。投资者层面，应在融资方与投资方之间实现"成本"与
"收益"的动态平衡，合理定价 PPP 证券化产品；融资方层
面，应明晰 PPP 项目属性，理性对待"出表"需求；政府层
面，需要加强对地方政府的引导和约束，提高政府履约能力；
产品设计层面，需要紧密结合 PPP 项目的特征，在基础资产
转让、收费权（收益权）质押、期限匹配等方面，设计合理
规范的 ABS 产品。

关键词： 资产证券化 PPP 出表 ABS 产品

2016 年 12 月 21 日，国家发展改革委、中国证监会联合发布《关于推进
传统基础设施领域政府和社会资本合作（PPP）项目资产证券化相关工作的
通知》（以下简称"通知"），正式启动了 PPP 项目资产证券化的进程。从社
会各界的反响来看，PPP 证券化已经成为跨年期间资本市场的最大热点。这
一重大举措能否广泛推行，从资本市场的角度看，要处理好四个层面的核心
问题：一是投资者层面，应综合权衡融资方与投资方的不同利益诉求，在实

---

* 李茂年，原广发合信产业投资管理公司总经理；刘焕礼，广发证券资产管理（广东）有限公
司资产支持证券部总经理。

现两方面动态平衡的前提下，尽可能满足投资者收益要求。二是融资方层面，在 PPP 资产证券化初期应理性对待出表要求。三是政府层面，需要加强对地方政府的引导和约束。四是产品设计层面，需要紧密结合 PPP 项目的特征，在基础资产转让、收费权（收益权）质押、期限匹配等方面，设计合理规范的 ABS 产品。

一　合理定价 PPP 证券化产品

在 ABS 业务实践中，发行人（融资方）最为关心的问题通常是"证券化成本多高"，换个角度来看，融资方所谓的"成本"实质上恰好反映出投资者所要求的"收益"。券商作为中介机构，最大的职能便是联结融资方与投资者两端，在融资方愿意付出的"成本"与投资方希望取得的"收益"之间寻求一种动态的平衡。如果这种平衡能够建立，则发行成功，反之则发行失败。

对于发行人来说，资产证券化的发行总成本主要由产品票面利率、结构化成本（包括担保费等）、中介机构费用（包括券商、律师、评级、会计师）、其他费用（如托管费、监管费、登记费）等组成。其中，资产支持证券的票面利率对总成本具有决定性作用。

在前两年整体货币政策宽松、债券市场利率走低的背景下，证券化产品的发行利率总体上呈震荡中下行趋势。自 2016 年 10 月中下旬始，受债券市场收益率持续上行及年底资金面相对紧张的影响，证券化产品发行利率有所攀升（见图 1、图 2），从全年来看，利率中枢为 3.90% ~ 5.00%。

影响资产支持证券票面利率的因素包括基础资产情况、信用增级措施、发行人资信、交易结构安排、证券结构、整体资本市场情况等。对于不同类型的基础资产，投资者在定价时，对基础资产、主体、交易结构等因素的分析往往存在很大的差异，不能一概而论。因此，我们会发现，不同的资产支持证券即使拥有相同评级和相同期限，发行利差却有可能达到几百个 BP。比如，对于收益权类资产，定价时会关注运营方实力、现金流稳定性、现金流历史记录、抵质押情况、行业前景、地区经济发展情况等；对于债权类资产，定价时会关注债务人的信用资质、分散性、历史违约率、早偿率、账龄

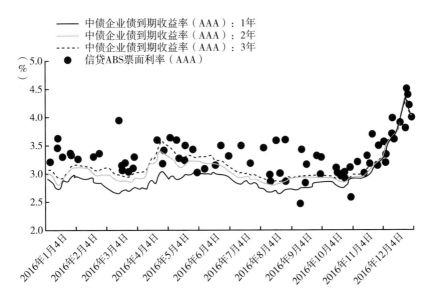

图 1　中债企业债到期收益率与信贷 ABS 发行利率曲线

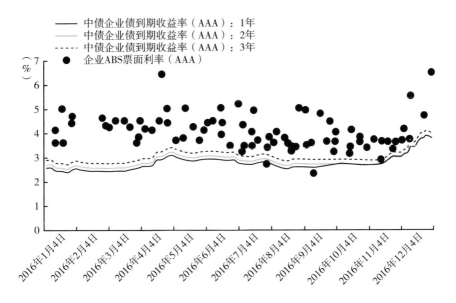

图 2　中债企业债到期收益率与企业 ABS 发行利率曲线

及剩余期限等。

理论上,可以通过上述一系列分析来确定资产池未来现金流的分布、各档证券未来现金流分布,并根据一定的贴现规则来确定该档证券的未来现金流现值。另外,还可以采用名义利差法、零波动率利差(Z - spread)、期权调整利差(OAS)来进行定价。在国内实务中,证券化产品在发行定价时一般会参考可比证券的发行价格,即在可比证券利率的基础上加上相应的溢价补偿,包括信用风险补偿、流动性补偿、新产品补偿等,进而在该参考值基础上,通过簿记建档、招标发行等方式来确定最终发行价格。上述定价参照物可以是同等级/同期限/类似基础资产的资产支持证券,也可以是同等级/同期限的短融中票或者 PPN。据粗略统计,银行间 ABS 优先 A 档与同时期同等级/同期限短融的利差在 20 ~ 60BP,交易所 ABS 优先档比同时期同等级/同期限企业债的利差在 150BP 以上。上述利差的存在,主要是因为证券化产品的流动性相对较差、投资群体相对狭窄。一个市场的活跃程度与其市场容量紧密相关。目前,我国资产证券化产品的市场体量还不够大,且二级市场交易机制不够完善,从而导致证券化产品的二级市场并不活跃。从我国资产证券化市场现状来看,投资者仍以商业银行理财和自营、券商资管、公募基金、私募基金等为主,且多数投资者采用持有到期策略,更偏好中短期的产品。

对于 PPP 项目证券化产品而言,目前市场上可比的定价参照物较少;相对来说,PPP 项目证券化与基础设施类收费收益权 ABS 较为类似,不过前者的产品周期更长。因此,我们分析了目前交易所市场上长期限 ABS 的发行价格情况作为参照(见表1)。

从统计数据可见,长周期 ABS 产品票面利率大部分在 5% ~ 6%,而从融资方承受成本的能力来看,目前项目实施单位在竞标 PPP 项目时以中标价格测算出的全投资收益率几乎难以大幅超越同期银行贷款基准利率,甚至为了追求建设阶段的短期收益而大幅压低运营阶段的长期收益,这无异为 PPP 项目未来进行证券化设定了一个融资成本的天花板。如果项目实施单位仍需要获取一定收益,则会进一步压低证券化的成本承受能力。

表 1　长期限 ABS 的发行价格情况

序号	项目名称	发起机构	起息日期	债券期限（年）	票面利率（发行时）（%）	债项评级	发行总额（亿元）	计息截止日
1	恒泰弘泽 - 华远盈都商业资产支持专项计划	华远地产股份有限公司	2017 - 01 - 24	18.0685	5.8000	AAA	2.90	2035 - 02 - 13
			2017 - 01 - 24	18.0685	6.3000	AA	4.36	2035 - 02 - 13
			2017 - 01 - 24	18.0685	6.4900	AA	0.10	2035 - 02 - 13
2	平安苏宁广场资产支持专项计划	苏宁置业集团有限公司	2016 - 12 - 27	21.0137	5.2000	AAA	3.50	2037 - 12 - 26
			2016 - 12 - 27	9.0055	6.0000	AA +	11.00	2025 - 12 - 26
3	中信皖新阅嘉一期资产支持专项计划	安徽新华传媒股份有限公司	2016 - 12 - 13	18.1096	4.2000	AAA	3.60	2035 - 01 - 17
			2016 - 12 - 13	18.1096	4.7000	AA +	1.95	2035 - 01 - 17
4	航洋城信托受益权资产支持专项计划	大业信托	2016 - 12 - 07	10.0000	7.2000	AA +	4.00	2026 - 12 - 06
			2016 - 12 - 07	6.0000	6.6000	AA +	2.30	2022 - 12 - 06
			2016 - 12 - 07	7.0000	6.9000	AA +	2.70	2023 - 12 - 06
			2016 - 12 - 07	8.0000	7.0000	AA +	3.00	2024 - 12 - 06
			2016 - 12 - 07	9.0000	7.2000	AA +	3.50	2025 - 12 - 06
5	国金 - 金光金虹桥国际中心资产支持专项	平安银行股份有限公司	2016 - 12 - 06	23.9836	3.9500	AAA	54.60	2040 - 11 - 23
			2016 - 12 - 06	23.9836	4.3000	AA +	15.40	2040 - 11 - 23
6	中国华夏三胞南京国	三胞集团有限公司	2016 - 11 - 28	24.0140	3.8000	AAA	15.75	2040 - 11 - 26
7	招商资管二号 - 云南公投曲胜高速公路车辆通行费资产支持专项计划	云南省公路开发投资有限责任公司	2016 - 10 - 27	14.0630	4.7400	AAA	50.00	2030 - 11 - 15
8	北科建·创新信托受益权资产支持专项计划	北京科技园建设（集团）股份有限公司	2016 - 10 - 27	14.9589	5.0000	AA +	21.30	2031 - 10 - 08
9	北京银泰中心资产支持专项计划	银泰投资	2016 - 08 - 19	18.4438	4.0000	AA +	40.00	2035 - 01 - 23

续表

序号	项目名称	发起机构	起息日期	债券期限（年）	票面利率（发行时）（%）	债项评级	发行总额（亿元）	计息截止日
10	汇富富华金宝大厦资产支持专项计划	北京富华永利实业有限公司	2016 - 06 - 15	6.0027	5.6000	AA	0.89	2022 - 06 - 14
			2016 - 06 - 15	7.0027	5.6000	AA	1.00	2023 - 06 - 14
			2016 - 06 - 15	8.0055	5.6000	AA	1.10	2024 - 06 - 14
			2016 - 06 - 15	9.0055	5.6000	AA	1.20	2025 - 06 - 14
			2016 - 06 - 15	10.0055	5.6000	AA	1.20	2026 - 06 - 14
			2016 - 06 - 15	11.0055	5.6000	AA	1.20	2027 - 06 - 14
			2016 - 06 - 15	12.0082	5.6000	AA	1.20	2028 - 06 - 14
			2016 - 06 - 15	13.0082	5.6000	AA	1.10	2029 - 06 - 14
11	天风 - 中航红星爱琴海商业物业信托受益	中航信托股份有限公司	2016 - 06 - 14	17.9589	4.9000	AAA	6.80	2034 - 05 - 25
12	兴乾 7 号龙岩住房公积金贷款资产支持专项计划	龙岩市住房公积金管理中心	2016 - 05 - 31	25.0164	4.4000	AAA	4.75	2041 - 05 - 30
13	兴乾 5 号滁州住房公积金贷款资产支持专项计划	滁州市住房公积金管理中心	2016 - 05 - 12	29.8904	4.2800	AAA	7.60	2046 - 03 - 25
14	兴乾 6 号泉州住房公积金贷款资产支持专项计划	泉州市住房公积金管理中心	2016 - 04 - 29	23.1726	4.3000	AAA	9.50	2039 - 06 - 25
15	兴乾 4 号苏州住房公积金贷款资产支持专项计划	苏州市住房公积金管理中心	2016 - 04 - 08	28.8164	3.4500	AAA	19.00	2045 - 01 - 23

续表

序号	项目名称	发起机构	起息日期	债券期限（年）	票面利率（发行时）(%)	债项评级	发行总额（亿元）	计息截止日
16	招商资管二号－云南公投曲胜高速公路车辆通行费受益权资产支持计划	云南省公路开发投资有限责任公司	2016-01-22	11.9808	4.0300	AA+	35.00	2028-01-11
17	兴乾3号泸州住房公积金贷款资产支持专项计划	泸州市住房公积金管理中心	2015-12-30	26.0082	4.4800	AAA	4.75	2041-12-25
18	恒泰浩睿－彩云之南酒店资产支持专项计划	云南建投	2015-12-23	18.1068	4.4900	AAA	7.70	2034-01-25
			2015-12-23	9.1014	6.3900	AA+	49.30	2025-01-25
			2015-12-23	9.1014	7.9900	AA+	1.00	2025-01-25
19	兴乾2号三明住房公积金贷款资产支持专项计划	三明市住房公积金管理中心	2015-12-16	11.7863	4.5100	AAA	4.75	2027-09-25
20	中信华夏苏宁云创二期资产支持专项计划	苏宁云商	2015-06-29	18.0110	5.6000	AAA	16.77	2033-06-27
21	中信华夏苏宁云创一期资产支持专项计划	苏宁云商	2014-12-16	18.0110	6.1700	AAA	20.85	2032-12-14

二　理性对待"出表"需求

许多 ABS 发行人希望通过资产证券化实现出表，优化企业财务报表和指标。例如，为响应国资委提出的"降两金"号召（应收账款和存货占流动资产占比），国企有充分的动力进行资产证券化交易，相比之下其融资诉求反而并不明显，如"广发恒进 – 中国电子应收账款资产支持专项计划"。在 PPP 证券化项目中发行人也极为关心"能否出表"。但是，必须澄清的是，多数以收益权类为基础资产的 PPP 证券化项目无法出表，仅有 PPP 相关的债权或股权等"在表资产"可以出表。

按照基础资产的类型划分，PPP 项目证券化中基础资产包括收益权类资产、债权资产和股权资产等，其中收益权类资产为 PPP 项目证券化最主要的基础资产类型，包括使用者付费模式下的收费收益权、政府补贴模式下的财政补贴、可行性缺口模式下的收费收益权和财政补贴，体现了 PPP 证券化项目的鲜明特征。而债权资产指 PPP 项目银行贷款、PPP 项目租赁债权、PPP 项目信托贷款和企业应收账款；股权资产主要指 PPP 项目公司股权或基金份额所有权。后两类资产均可归入其他常见的 ABS 基础资产类型，不具有鲜明的 PPP 项目属性。

PPP 收费权类资产证券化与目前交易所市场已发行的基础设施类收费收益权 ABS 较为相似，如高速公路（桥梁、隧道）车辆通行费、自来水收费、污水处理费、燃气收费、地铁收费、发电收入等。对于该类基础资产，由于证券化对象是未来才能实现的营业收入，并不构成会计意义上的资产，该资产尚未入表（资产负债表），更谈不上出表，因此是比照担保融资来进行会计处理。此时，证券化交易对原始权益人财务报表影响为：现金增加，同时长期应付款或长期借款增加，即资产和负债同时增加；证券化产品存续期间的应付期间利息将增加原始权益人的财务费用。在这种情景下，资产证券化在财务方面对原始权益人的意义更多体现为融资、将未来的收益提前变现、优化债务结构、突破债务融资上限等。

此外，与其他类型资产证券化业务的基础资产有所不同，PPP 项目具有明显的公共产品属性。基于有效保护社会公众利益的考虑，PPP 项目合同中通常都会对项目经营权或预期收益的转让做出一定的限制，即未经政府方同意，项目公司在项目合作期限内不得将本项目经营权出租或以任何形式转让、承包给第三人。因此，PPP 项目具有强烈的身份属性，项目实施单位通常无法将 PPP 项目整体进行转让。

最后，对于可以出表的 PPP 相关债权或股权类资产，最终能否出表仍应取决于具体需要。比如，债权类资产（包括 PPP 项目借款、PPP 项目租赁债权、企业应收账款债权等）或股权类资产（包括 PPP 项目公司股权或基金份额所有权）可以根据《企业会计准则第 23 号——金融资产转移》及《企业会计准则第 33 号——合并财务报表》进行出表安排。但是，出表并不绝对优于"不出表"，在目前国内资本市场环境下，"出表"意味着失去了发行人主体信用的支撑，投资者可能会要求进一步提高收益率作为补偿，这实质上会增加资产支持证券的发行成本。对于多数融资租赁公司而言，只要资本杠杆尚有空间，他们更希望降低证券化的成本，更倾向于在基础资产信用基础上引入主体信用，从而降低融资成本，提高发行效率，事实上这也是目前众多融资租赁公司选择不出表的原因。另外，从"不出表"到"出表"是 ABS 项目在资本市场上建立信用的常规路径。从券商经验来看，不论是某一大类基础资产，还是某一发行人，对于投资者群体而言，都要经历一个从初步接触、逐步熟悉到最终信任的过程。对初步登陆资本市场的 ABS 发行人来讲，发行"不出表"项目的难度较小。而对存续期较长、涉及主体较多、操作复杂的 PPP 项目而言，可能也需要走过类似的路径。

三　加强对地方政府的引导和约束

从 PPP 证券化的动力来看，目前中央层面已经充分认识到 PPP 证券化的价值，国家发展改革委明确提出，PPP 证券化对于盘活 PPP 项目存量资产、加快社会投资者的资金回收、吸引更多社会资本参与 PPP 项目建设具有重要意义。但从地方政府来看，其通常难以从中央政府的高度来看问题，不论是盘活存量资产，还是加快社会投资者的资金回收，似乎都与地方政府没有切身利害关系。相反，如推行 PPP 证券化，地方政府势必要投入较多的精力，配合中介机构进行尽职调查，对项目结构或交易条款进行必要的调整等。由此可见，若从成本与收益的角度进行分析，地方政府推行 PPP 资产证券化的内在驱动

力似乎并不明显。

对于 PPP 项目中的政府履约问题，有一种声音认为，资产证券化可以将
PPP 项目带入一个高度活跃、透明、公开、规范的资本市场，通过持续不断的
公开市场信息披露对地方政府施加压力，倒逼地方政府提升履约水平。这种看
法是比较中肯的，在现有 ABS 项目中，也的确有发行人宁愿牺牲自身利益，
也要维护其在资本市场上的信用形象的先例。但是，地方政府与发行人仍然有
一定的差异，地方政府在 PPP 项目证券化过程中没有任何收益，其完全没有
动力进行证券化。如果期望资本市场倒逼地方政府约束其行为，这种倒逼情形
一旦发生，极有可能导致地方政府拒绝参与未来 PPP 证券化项目。这无疑与
目前的政策导向背道而驰。因此，如何预先做好制度设计，引导地方政府主动
发力推广 PPP 证券化，可能构成一个"阿基米德的支点"，资本的杠杆应该在
这个支点上发力，才能推动 PPP 证券化大行其道。

再如，在 PPP 项目合同中往往规定特定情况下政府方有权选择终止合同，
政府方选择终止是指基于 PPP 项目的公共产品属性，在 PPP 项目合同中赋予
政府方在特定情形下（如 PPP 项目所提供的公共产品或服务已经不合适或者
不再需要，或者会影响公共安全和公共利益）单方面决定终止项目的权利。
此时政府需要提供相应的补偿，补偿范围包括项目公司尚未偿还的所有贷款、
项目公司股东在项目终止之前投资项目的资金总和、因项目提前终止所产生的
第三方费用或其他费用以及项目公司的利润损失，补偿的基本原则是确保项目
公司不会因项目提前终止而受损或获得额外利益。如该 PPP 项目进行了证券
化，该等补偿带来的现金流应当用于弥补投资者的本金和收益。如何确保地方
政府能够及时足额支付该等补偿，便成了 PPP 证券化项目中不可回避的问题，
这就需要全面考量政府的履约能力。民间投资对政府是否履约、有无能力履
约、政策是否稳定始终存在一定的担忧。所以，不仅要强化地方预算管理、提
高政府履约能力，更要利用法律手段约束地方政府遵守契约精神，这就需要中
央层面加大引导力度，持续推进法治化政府的建设。

四　基于 PPP 特性设计 ABS 产品

资产证券化业务是指以基础资产产生的现金流为偿付支持，通过结构化等

方式进行信用增级，在此基础上发行资产支持证券的业务活动。由此可见，资产支持证券表面上以"资产"为支持，但实际上以资产所产生的"现金流"为支持，是对资产池现金流进行重新分配重组的技术。因此，基础资产及其产生的现金流在资产证券化业务中至关重要。对于 PPP 项目证券化而言，PPP 项目所涉及的收费收益权或债权是证券化的基础资产，PPP 项目的特性使其与一般类型基础资产的证券化存在明显差异，因此，计划管理人在 ABS 产品设计中需要从 PPP 特性出发，设计合理规范的 ABS 产品。具体而言，需要着重考虑以下问题。

（一）有关基础资产转让的限制问题

首先，PPP 项目具有明显的公共产品属性，PPP 项目合同中通常会对项目经营权或预期收益的转让做出一定的限制，即未经政府方同意，项目公司在项目合作期限内不得将本项目经营权出租或以任何形式转让、承包给第三人。这就意味着，PPP 项目证券化中基础资产的转让必须获得政府方的同意。基于前文分析，地方政府在推行 PPP 资产证券化中的动力并不明显，实践中会影响资产证券化工作的顺利开展。同时，基础资产与特许经营权密切相关，运营管理权与收益权相分离。以使用者付费的 PPP 项目为例，大多数收费权都要求主体具备特殊的资质，即有政府的特许经营权，但该特许经营权本身不允许转让，无法办理变更和过户，如高速公路收费权项目。实践中，对于此类项目，只能以收费权所产生的收益权作为基础资产，具体操作中需要将收费权质押给专项计划，以确保基础资产由专项计划实际控制，从而保障现金流的回收。

（二）有关 PPP 项目收费权/收益权的质押问题

首先，鉴于 PPP 项目的公共产品属性，PPP 项目合同中通常规定未经政府方同意，项目公司不得将合同项下的预期收益作为本项目的融资担保，且该担保权益的设置不应损害政府方的权利或利益。由此可见，PPP 项目证券化中，在将项目收费权/收益权质押给专项计划之前，首先要征得政府方的同意。其次，还应注意 PPP 项目收费权/收益权已存在质押的问题。实践中，多数 PPP 项目在获取项目融资时已将收费权/收益权质押给金融机构，这有悖于资产证券化中"相关基础资产以及产生该基础资产的相关资产不应附带权利限制"的要求。因此，实际操作中应注意妥善处理原有抵押质押的解除问题，如在产

品发行前以过桥资金归还原借款并解除质押、在产品发行后用募集资金归还借款并解除质押、与债权人协商解除质押或担保置换、利用信托资金解除前期担保等。

（三）有关 PPP 项目提前终止的问题

在 PPP 项目合同中，可能导致项目提前终止的事由通常包括政府方违约事件、项目公司违约事件、政府方选择终止以及不可抗力事件。考虑到项目提前终止造成的不利影响，PPP 项目合同通常会根据不同的终止事由安排不同的处理措施，即政府方的回购义务与回购补偿。在 PPP 项目终止后，政府未必希望全盘回购已经建成或者正在建设的项目设施。实践中，通常只有在项目公司违约导致项目终止的情形下，政府才不负有回购的义务而是享有回购的选择权，即政府可以选择是否回购该项目。但对于一些涉及公共安全和公众利益的、需要保障持续供给的 PPP 项目，也可能在合同中约定即使在项目公司违约导致项目终止的情形下，政府仍有回购的义务。PPP 项目终止后的回购补偿范围会因终止事由的不同而有所差异，具体补偿金额由项目各方进行合理评估。

在 PPP 资产证券化业务中，针对提前终止可能带来的产品兑付风险，要关注以下几点：一是针对收益权类项目，由于基础资产能否持续产生现金流与项目公司的运营密切相关，需要做好补救措施，包括根据提前终止条款的具体设置来进行产品要素设计（保守预测现金流、缩减发行规模等）、第三方回购、第三方接任、产品发行前向投资者进行充分的风险提示与说明等。二是针对违约事件和提前终止情形，需要关注项目合同中有关政府回购的相关条款，包括政府方的回购是选择性权利还是强制性义务、回购补偿的范围与计算方法、回购补偿的金额能否覆盖 ABS 项目兑付兑息的现金流、回购补偿是一次性支付还是分期支付等。三是若 PPP 项目合同中的回购补偿采取分期付款方式，需要考虑分期付款的时间安排与产品兑付时间是否相匹配、投资者是否同意这种安排、产品发行前是否已进行充分的风险揭示与说明等。四是在发生项目公司违约事件且项目公司无法在约定期限内补救的情形时，融资方是否拥有介入权。

（四）有关产品期限与基础资产期限不相匹配的问题

PPP 项目的周期长，经营期大部分在 10 ~ 30 年，原则上不能低于 10 年。

而资产证券化产品的存续期限通常为 5 年以内，只有少数情况下才会超过 7 年。这就意味着，单个资产支持专项计划很难覆盖单个 PPP 项目的全生命周期，计划管理人需要在证券化产品的结构设计上采取更为灵活的策略，如设计成多期产品相叠加的模式，在每期产品到期后实行开放回售机制，由投资人自行选择是否回售相关产品，从而拉长融资期限。

此外，在投资者层面上，商业银行、券商、公募/私募基金、财务公司依然是国内资产证券化市场的主要投资群体。但这些机构通常偏好于 3～5 年的中短期限的固定收益产品，对 5 年期以上的证券化产品配置需求并不强。相比之下，保险资金、社保基金、养老金、企业年金和住房公积金等机构投资者较为注重产品的安全性，对收益率的要求并不高，在投资需求上与 PPP 项目投资规模大、期限长、收益稳定等特点更为契合。因此，计划管理人应根据 PPP 项目特点并结合投资者需求，设计能够覆盖 PPP 项目全生命周期的资产证券化产品。同时，建议相关部门能出台配套措施与支持性政策，鼓励保险资金、社保基金、养老金、企业年金、住房公积金等中长期投资者参与 PPP 项目证券化产品投资，破解 PPP 资产证券化的销售困局，推动 PPP 资产证券化业务的顺利开展。

（五）有关 PPP 项目资产证券化的增信措施问题

在一般类型基础资产的资产证券化业务中，可以采用原始权益人差额支付、赎回机制、储备账户、外部担保、流动性支持贷款、备用信用证等多种信用增级方式。相比之下，PPP 项目资产证券化项目则存在内部信用增级主体缺失的问题。对于政府方和社会资本方而言，囿于法律规定或降低资产负债率的限制，都不愿或不能提供信用增级，进而会影响 PPP 项目资产证券化产品的评级。以使用者付费模式的 PPP 项目为例，更是难以获得地方政府或地方融资平台增信，在产品评级方面会陷入困境。因此，在 PPP 项目资产证券化业务中，可以参照美国收益债券模式重新搭建产品评级体系，并探索引入市场化增信机制。此外，在未来 PPP 项目开展中，相关主体也应未雨绸缪，提升基础资产本身的信用评级，为以后开展资产证券化做好准备。

国际经验篇

International Experience

B.20
典型国家 PPP 发展历程和实践前沿

王天义*

摘　要：　本文通过运用现有学术文献及联合国、世界银行等国际组织
　　　　　的数据库，综合分析新加坡、日本、英国的 PPP 发展历程和
　　　　　实践前沿，研究其对中国 PPP 发展的启示和借鉴。

关键词：　国际经验　新加坡　日本　英国　PPP

一　新加坡

（一）新加坡 PPP 应用概况

新加坡政府于 2003 年开始引进 PPP 模式进行基础设施建设，公用设施委

---

* 王天义，清华大学政府和社会资本合作研究中心共同主任，清华大学兼职教授，光大国际银行行政总裁。

员会授权的第一个 PPP 合同为海水淡化项目。新加坡财政部于次年（2004 年）出台了《PPP 项目指南》，该指南就如何成功地对本土 PPP 项目进行架构和管理等提出了指导性建议。此后，新加坡政府批准了一系列 PPP 项目，其中 70% 左右的项目都成功实施或正在推进，但也有部分项目由于种种原因被暂停或终止。

（二）新加坡 PPP 政策背景

PPP 概念是新加坡政府于 2003 年通过"最佳资源定位框架"（Best Sourcing Framework）引入，此前新加坡于 1997 年便颁布了《政府采购法》。截至目前，新加坡并没有设置专门针对 PPP 的法律法规。《政府采购法》第 120 章的规定适用于特定类型的直接政府采购，取决于采购结构和采购性质，但是不适用于 PPP 采购。

新加坡没有管理 PPP 的中央政府机关或机构，但新加坡财政部（MOF）在 PPP 项目中扮演关键角色，负责制定总体政府采购政策框架。财政部制定了与之相关的 PPP 政策和指南，并加强在政府采购实体（GPE）中的宣传，以增进对 PPP 的了解，并且在具体项目上与 GPE 密切合作。政府采购实体总体负责挑选私营合伙人，并与私营合伙人合作共同实施项目。

在政府政策方面，新加坡财政部于 2004 年正式推出第一版《新加坡 PPP 手册》，对于 PPP 概念、结构、程序、后期管理等都给出了明确指引，经过近十年的 PPP 实践，新加坡财政部在 2012 年对该手册进行了更新。手册对于 PPP 的概念、结构、采购程序、后期管理等进行了介绍和指引。对于新加坡而言，政府颁布指引类文件会先行发布草拟的文件进行公众咨询，在咨询文件中除拟颁布的文件本身外，也会提出一些政府认为重要的问题，由公众给予反馈。在收到公众反馈后，政府会再次公布反馈意见和拟进行的修改，直至具体法律文件颁布。同样，在修改文件时，也通常会遵循相同程序。

（三）新加坡 PPP 实践特点

新加坡 PPP 实践成功的关键在于政府执行了一套严格的采购程序。新加坡的政府采购程序要求每个关键节点都应取得相关批准，并在关键的采购角色和责

任之间也有所区分，以此确保在整个采购程序中拥有足够有效的监督和平衡。新加坡的采购程序大致分为四个阶段：资源定位（Sourcing）、评估（Evaluation）、批准授予合同（Approval of Award）、合同管理（Contract Management）。

1. 资源定位

在任何采购开始之前都应事先获得有关政府机构的批准。根据政府采购的价值不同，采购程序大致可以分为小额购买（Small Value Purchase，拟进行的采购价值不超过 5000 新加坡元①）、报价（Quotation，拟进行的采购价值为 5000~70000 新加坡元）、招投标（Tender，进行的采购价值超过 70000 新加坡元）。

2. 评估

政府根据物有所值（Value for Money）的原则，对投标方的投标进行全面评估。价格只是评估因素之一，其余因素还包括投标方案是否符合招标文件中明确的条件、产品和服务的质量、交付的及时性和可靠性、交付后的服务、费用支付等。评估结束后，评估人员做出推荐，交由政府机构进行批准。

3. 批准授予合同

为确保采购程序拥有足够的监督和牵制，负责评估的官员与最终批准授予合同的官员必须由不同的人担任。以报价（Quotation）方式进行的采购必须至少由 1 名官员批准，而以招投标方式进行的采购需由至少 3 名官员组成的委员会一起批准。

在授予合同被批准后，被授予合同的私营方名称、合同总金额均会在新加坡政府电子采购系统（GeBIZ）进行公布。

4. 合同管理

合同管理涉及合同签署后的一系列合同管理事务，政府机构将参加合同管理的有关培训，并按照合同管理相关的指引开展工作，以此：

（1）确保私营方所提供的服务或产品符合合同要求；

（2）监督项目成本并进行适当记录；

（3）尽早发现并解决合同实施过程中的潜在问题。

---

① 根据近期中国人民银行公布的人民币汇率中间价公告，1 新加坡元大约折合 4.84 元人民币。

在上述采购程序中，政府公开招投标通常是为了确保程序的透明和竞争的公平，从而通过公平竞争获得最佳的公共价值。

（四）新加坡 PPP 发展过程

1. 新加坡 PPP 机构发展

在 PPP 项目的推进过程中，新加坡的不同政府部门扮演了多种角色。根据项目领域而定，实施 PPP 项目的政府部门非常广泛（如文化社区及青年部、国防部、海关等）；PPP 项目中的政府合同方还包括公共服务机构（如公共事业局、国家环境局、信息发展局等）；在 PPP 项目实施过程中，财政部下属的公共项目管理中心为政府机构提供顾问意见。

新加坡公共项目管理中心（Center for Public Project Management）是新加坡财政部下属的机构，其主要职责在于为政府机构提供有关公共项目的项目管理服务。该中心对政府项目进行评估和监督，目的在于使公共项目中的政府整体获得价值达到最大化。该中心的主要职责包括：

（1）与其所服务的政府机构（即客户机构）一同制订项目发展计划，并就价值最大化和完善设计提供意见；

（2）与客户机构一同识别项目风险，并从项目概念阶段直至完成阶段设计一系列风险防范和减少措施；

（3）制定公共项目的最佳实践、总结项目经验教训，并编辑成册向政府机构发布。

2. 新加坡 PPP 采购程序

《新加坡 PPP 手册》描述了 PPP 采购程序，作为政府采购实体如何开展 PPP 采购的指南。

第一步，意向书邀请。在正式进行招标之前，政府需衡量是否通过 PPP 模式进行采购。一旦确定，将与 PPP 顾问拟定 PPP 合同架构并取得有关政府批准。随后，政府采购实体在 PPP 招标前大约 3~6 个月面向全体市场召开采购前的基本情况介绍会，进行市场测试，评估招标项目的市场参与积极性以及业内人士是否对该项目的 PPP 结构存在顾虑。若市场测试显示业内人士认为该 PPP 项目不可行或参与的竞争者数量过少，则政府采购实体将重新审阅该 PPP 合同的方案和结构是否需要调整甚至取消。市场测试结束后，政府采购实

体正式公开邀请私营方提交意向书,这也标志着采购程序的正式开始。

第二步,投标方的资格预审。根据意向书邀请通知中明确的预审评估标准,评估委员会对有意向的供应商的技术实力和财务能力进行评估。符合评估标准的供应商通过初选,入围投标阶段。资格预审阶段若执行得当,将有助于尽早减少不合格的投资者,从而使招投标对于政府部门和私营部门的成本均保持在较低水平。但评估委员会不得在资格预审阶段人为限制进入招投标阶段的投标方数量。

第三步,招标。政府采购实体在新加坡政府电子采购系统(GeBIZ)上发布招标通知,通知并邀请通过初选的供应商递交 PPP 项目的标书。招标通知中包含的内容包括待签署的 PPP 合同、PPP 合同的条件和时间表、投标保证金格式、银行确认函格式、意向书格式等。随后,政府采购实体发出投标邀请文件,并尽可能提供更多更准确的项目信息。在发出投标邀请之前,政府采购实体应列出潜在投标方可能提出的问题,并起草回复经内部批准,确保政府采购实体在投标邀请发出后的澄清阶段对于提出的问题已有明确立场。而任何政府机构之间的问题(如土地规划、土地估值等)均应在招标之前予以解决。建议的投标期限为 4~6 个月(即招标通知发布之日到接收标书截止日之间的期间)。

第四步,市场反馈期。市场反馈期从投标邀请发出之日起至投标截止日为止,建议期限为至少三个月。市场反馈期的主要目的在于帮助政府采购实体和潜在投标方了解 PPP 合同的条款和条件,并允许政府采购实体修改 PPP 合同的条款和条件,使 PPP 合同更加稳健可行。

第五步,发布最终招标公告。如有必要,在市场反馈期结束后,政府采购实体可发布增补文件,对招标邀请书进行更正。若投标方普遍难以按照规定的期限提交投标文件,则政府采购实体需考虑延期,并至少延期至增补文件发布后的一个月,以便给予所有潜在投标方足够的延期通知。

第六步,招标截止。政府采购实体应在投标截止后的三日内在新加坡政府电子采购系统(GeBIZ)上公布招标日程表。对投标方的评估将由评估委员会进行,委员会成员应该包括技术、运营、商业、财务和高级管理人员的代表。评估结束后,政府采购实体需准备一份详细的招标评估报告,列明所有的评估因素和推荐首选投标方的详细理由和建议。

第七步，授予 PPP 合同和财务结算。PPP 项目要求强制签订书面合同，且合同中需载明：（1）政府采购实体和私营合作方之间的风险分配以及各自责任；（2）合同的财务条款；（3）双方同意的性能标准、关键日期、产品或服务的交付、解除合同的情形。建议政府采购实体考虑给私营合伙方大约 3 个月时间安排 PPP 合同的资金到位。

简而言之，《新加坡 PPP 手册》中的采购程序强调了通过透明有效的采购程序确保更多、更有实力的潜在 PPP 私营合作方进行投标，并通过市场测试和市场反馈促使构建出稳健、平衡、具备可融资性的 PPP 合同。

（五）新加坡 PPP 项目实践的主要经验

1. 新加坡案例说明

新加坡迄今成功实施了十几个 PPP 项目，大多数以 DBFO（设计 – 建造 – 融资 – 运营）和 DBO（设计 – 建造 – 运营）模式出现。单个项目的规模由几亿新加坡元到几十亿新加坡元不等。时任新加坡贸工部兼国家发展部高级政务部长李奕贤先生曾在 2015 年的"亚洲 – 新加坡基础设施圆桌会议"上提到，新加坡的发展基础是狭小的地域空间和财政的可持续性——狭小的地域空间要求新加坡从长计议、谨慎地进行城市规划；财政的可持续性意味着新加坡在基础设施方面的投资必须能直接或间接产生足够的经济回报。

在此基础上，新加坡产生了一系列在全球 PPP 领域均获得认可的项目。新加坡的首个 PPP 项目 SingSpring 海水淡化项目曾获得"全球水务奖"（Global Water Awards）中的"年度最佳海水淡化厂"和"EuroMoney"的"亚太区年度最佳水务交易"。2009 年完成的新加坡工艺教育学院项目是亚洲第一个社会基础设施 PPP 项目（职业技术教育），曾获得 Project Finance International（PFI）"亚太区年度最佳 PPP 交易"，被 KPMG 收录进"全球 100 个最有趣的基础设施项目"。2015 年正式开放的新加坡体育城是迄今为止新加坡最大的 PPP 项目，也是世界上最大的 PPP 体育设施项目，建造成本达 13.3 亿新加坡元（折合约 66.5 亿元人民币），项目曾获得 Project Finance International（PFI）奖项和"世界建筑节"最佳未来项目奖、年度最佳体育场馆奖等。此外，新加坡和马来西亚两国政府于 2016 年 7 月签订了谅解备忘录，正式启动新加坡 – 马来西亚高速铁路项目（"新马高铁项目"），两国政府于

2016 年 8 月正式征集拥有大型 PPP 基础设施项目经验的合作伙伴。

此外，新加坡也曾有过失败的 PPP 经验。新加坡国立大学"大学城"项目，在公众咨询后确定以 PPP 模式实施，后来由于利益和风险持有方众多、项目进度紧张等原因，最终被政府取消 PPP 方案，改由政府自行修建和运营。新加坡政府对此总结出一些在 PPP 项目实施过程中的反面经验和教训，比如强调政府采购实体需在 PPP 项目招标之前需针对行业、市场、项目做好充分的尽职调查，并提前寻求 PPP 项目所需的资金承诺及管理审批等，以便将 PPP 项目在宣布后又被中途废止的可能性降到最低。

2. 实践经验总结

（1）事先充分评估采用 PPP 模式的必要性，进行市场测试、收集市场反馈有助于项目成功实施

新加坡政府对于可以采用 PPP 模式的领域和项目事先做出评估，不盲目适用 PPP 模式。比如，新加坡污水处理厂将经过处理后的水送入再生水厂，进一步处理生产为再生水，一旦污水处理厂的处理不达标则会影响再生水厂的运营，因而政府评估认为污水处理厂采用 PPP 模式的风险太大，至今仍坚持由政府自行运营。项目正式招标之前实施的尽职调查和市场测试使政府有机会了解行业对于 PPP 项目的反馈和顾虑，有助于政府重新审视项目方案并进行合理调整，既能降低公共和私营部门的招投标成本，也能为制定平衡稳健的 PPP 合同、顺利实施 PPP 项目打下基础。

（2）规范透明的采购招标过程对于 PPP 项目非常重要

由于建立了标准化的政府招标采购平台和程序，并有清晰的法律法规作为指引，新加坡政府的 PPP 项目招标更加规范、公开和透明。这既为 PPP 市场建立了良好的制度环境，也能确保更多有实力的私营方参与其中，实现公共产品和公共服务物有所值的最优化。公开透明的竞争环境也降低了项目的融资成本和风险溢价，使新加坡本国的基础设施和服务的成本保持在合理水平。

（3）恰当的风险分担和利润共享机制有助于 PPP 项目各方的长期共赢

成功的 PPP 合作关系引导公共产品或服务的提供方满足 PPP 合同中规定的要求。因此，PPP 合同中的商业安排必须是双方均可接受的，政府采购实体能够实现物有所值，私营合作方也能从 PPP 合同中实现足够的利润。政府部

门若过多地将风险转移给私营部门则会有损物有所值的实现，因为风险溢价将最终被 PPP 供应商转嫁到项目中。政府采购实体与私营合作方在整个 PPP 合同期间还应是彼此认可、互相合作的关系（当然也有监督和管理关系），这也是确保 PPP 项目实现物有所值的关键之处。

（六）新加坡 PPP 项目面临的问题及发展趋势

1. 面临的主要问题

虽然近几年新加坡 PPP 项目发展良好，但也存在一些问题使得部分承包商不愿意参与 PPP 项目。首先是 PPP 项目谈判期过长甚至延期。其次，参与成本较高也成为阻挡承包商参与 PPP 项目投资的问题之一。最后，承包商和政府公共部门目标和评价标准的混乱，直接导致参与方的运营效率低下。同时，能力建设的欠缺，缺乏有经验或者恰当能力的承包商，导致承包商在项目中后期遭受损失，这也是削减 PPP 项目的问题之一。

2. 未来新加坡 PPP 发展趋势

虽然新加坡政府大力推广 PPP 项目，但由于本土发展空间和人口有限，新加坡本土项目的平均规模和市场潜力并不大，不足以吸引国际巨头的积极参与。新加坡政府对 PPP 模式的贡献在于将其自身定位为"亚洲基础设施建设中心"，充分利用新加坡的国际金融中心地位和基础设施、国内创新性工程技术解决方案、基础设施建设全产业链布局、具有国际竞争力的企业和高质量人力资源等战略优势，发力于亚洲 PPP 基础设施市场。政府正在通过各种措施和平台积极推动以 PPP 模式为核心的东南亚基础设施产业发展，为夺取亚洲城市化的商业机遇做好了充分的准备。[①]

另外，在新加坡 PPP 模式还有很大的发展空间。财政部是否会采取切实有效的措施参照 PF2 框架把项目协议标准化，以及该等标准化与 PF2 条款的差异有多大还有待观察。除此之外，政府是否会通过 PPP 实施其他领域的项目也有待观察。值得一提的是，到目前为止新加坡的大部分 PPP 项目都属于公用事业和废弃物管理领域。在实施 PPP 模式方面有了一些成功的经验之后，

---

① 《国际 PPP 项目管理经验之新加坡》，https：//www.douban.com/note/573137097/，2016 年7 月 29 日。

在有进一步发展空间的一些领域是否采用 PPP 模式来实施项目，值得政府考虑。①

二　日本

（一）日本 PFI/PPP 背景概述

1. PFI 与 PPP

与公共设施建设以及公共服务相关的各种官民合作的方式统称为 PFI/PPP。

PFI（Private Finance Initiative）在日本被称为制度，是依据 1999 年 7 月制定的《关于充分利用民间资金促进公共设施等建设的相关法律》利用民间资本和民间活力来建设公共设施等的手法。2011 年日本对该法进行了大幅修改。PFI 不同于传统型公共事业，其是通过充分利用民间的资本、经营能力和技术能力，在公共设施的建设、维护管理、运营等方面实现以更为低廉的价格提供相同水平的服务、以相同的价格提供更优质服务的一种手法。

PPP（Public Private Partnership）在日本被称为惯例，泛指为一个政府和民间合作的框架。它是指涵盖了 PFI 的、更为宽泛的官民合作方式，包含了各种各样的委托方式、与民间机构合作的公有资产的有效利用，或是与 NPO、市民之间的合作以及"新公共"的概念。PPP 的范围和内容都要比 PFI 的更加广泛。

2. 公共基础建设法律规定划分

各个行业法规明确规定了公共设施的设立和维护管理的责任主体。在没有特殊规定的情况下，行业法和普通法的规定同样适用于 PFI。PFI 项目主要分为涉及个别公物管理法的领域和不涉及个别公物管理法的领域。涉及个别公物管理法的领域主要包括管理者仅限于公共主体的领域（道路法、河川法、下水道法等）；原则上为自治体，但是也允许民间资本进入的领域（水道法、工

---

①　和讯名家：《新加坡 PPP 模式流程及案例对我们有何启示》，http://opinion.hexun.com/2016 - 07 - 30/185219048. html，2016 年 7 月 30 日。

业用水法、社会福祉事业等）；无准入限制、无官民区别的领域（道路运输法、医疗法等）。

3. 地方自治体的情况

行政课题的复杂化与多样化是日本现代社会的特色。财源有限、税收增长缓慢导致财政压力增大，同时少子高龄化、抚养费的增加，公共建筑物老朽化的进展与更新需求的到来，例如防灾需求等，使政府不得不重新思考如何更有效地推进公共设施、基础设施的建设、维护管理和更新，以及公共服务的提供。所以，进行行政财政改革、调动民间力量是目前最为行之有效的提高公共基础设施建设率的方法。

（二）日本 PFI/PPP 实践概况

1. 实践概况

日本 PFI/PPP 经过 17 年的实践，已成为市场中公认的一种行政手段。但是从公共设施整体数量来看，依然带有局限性。从实际情况看，付诸实践的地方自治体也为数不多。限制地区 PFI 项目发展的三个制约因素为：第一，有关行政改革必要性的领导意识不统一；第二，职员的经验积累、能力和知识的层次不一致；第三，每个地方对新的行政手法的挑战存在认识差异。

根据内阁府的数据显示，从 1999 年到 2016 年，实施项目的数量和合同金额呈现阶段性稳步增长。截至 2016 年 3 月 31 日，累计项目数 527 个，合同金额共计 4.8965 万亿日元。日本共有 1741 个地方政府，而实施的 PFI/PPP 项目主要分布于大城市圈的自治体及大区域自治体（都道府县）。项目管理方主要以地方政府为主，其中 75.9% 的项目由大区域自治体、地方政府主导负责，15% 的项目由中央政府直接负责。项目方式主要以 BTO（服务购买型）为主，其中 BTO 方式占 71%，BOO/BTO 方式占 15.7%。已实施项目的 PFI 适用领域涵盖范围很广（横跨 53 个领域）。其特点是社会基础设施领域远多于基础经济设施领域，其中教育与文化、健康与环境、城市建设为主要领域。

2. 实践过程

日本是地方自治，所以 PFI 项目的设想、规划、必要的评估、实施的判断均交由公共设施的管理者决策。除了法律有特殊规定以外，无须上级政府的审批，但是需要通过议会的决议。公共设施管理者在做出 PFI 项目实施的决策之

后，再依照 PFI 法的程序，在完成确定实施方针、选定特定事业的行为后，进入公开招募和确定民间事业者的程序（见图 1）。其中 VfM（Value for Money）评估需由管理者来完成，以此数据来对比以往数据，最终推断项目应由政府部门来负责还是民间企业负责更为适合（见图 2）。

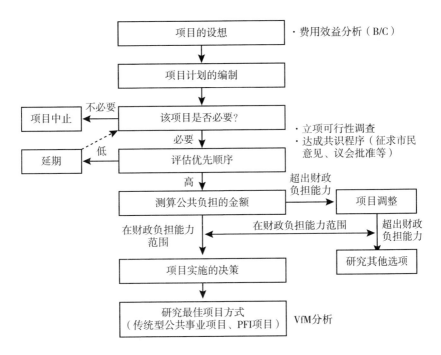

图1 PFI 项目实施决策过程

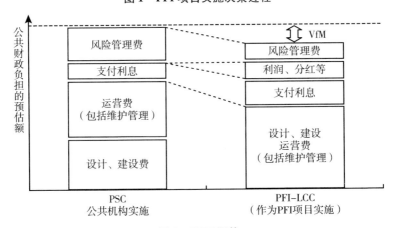

图2 VfM 评估

（三）日本 PFI/PPP 的发展过程

1. 体制的推进

制定推进的制度框架和提供相应支持等是国家的职责。日本的做法是将程序和方式进行标准化，将具体实践委托给相关的公共设施等的管理者，而具体的项目并不需要由国家来认证。首先，国家与管理者分工明确，国家只负责政策立项、方针确定、操作指南的制定，不参与具体项目的评估和推进；而管理者则负责规划项目并付诸实践，包括安排预算在内、选择什么样的项目和方式均由管理者自行决策。在具体的项目实施时，没有需要上级主管部门许可审批的机制。其次，制定标准化推进指南，将项目过程中应履行的标准信息进行归纳、整理并发布。PFI 推进会议将制度的宗旨、程序的概要、合同书的主要规定内容、留意点等相关的业务指针汇总成指南并进行公布。指南形成后，再制订各类规则并对外公布。再次，将来自民间的提案、咨询、对话窗口一元化，设置更加高效的机构。同时设置常设服务于项目咨询、对话及意见交流的平台——地区官民论坛，帮助提高政企知识、信息、意见、能力建设的互通，助力企业联合体的形成。最后，通过 PFI 推进机构出资融资，获得更多的金融支持。2013 年 PFI 法修订、（株式会社）民间资金等活用事业推进机构（官民合作基础设施基金）的设立，开始针对独立核算型 PFI 项目的金融支持，例如启动效应、缩减财政负担、创造民间事业的机会等。

2. 政府的举措

日本从 1999 年实行 PFI 以来，政府实施 PFI 项目的方针一直在变化。秉持的原则是由易到难、逐步扩大广度与深度，实行阶段性放松管制，项目操作环境也在逐步改善。项目的复杂性、实现的难度、对于民间的风险程度大小是由简到难、由小到大。1999～2005 年，项目简单，容易操作，先实践再推广。2006～2010 年，逐步扩大对象领域。阶段性扩大民间负责的部分和风险，如附属服务、联合建筑等。2011 年至今，项目扩展至由民间更多承担风险的项目、更具挑战性的项目。

多项政府方针举措表明，现政府仍将充分利用包括 PFI 在内的民间资本视为重要的政策工具之一。第一，2016 年最新修订的日本再振兴战略通过了允许 PFI/PPP 等进一步扩大公共服务及资产对民间开放，2013～2022 年 10 年间的

PFI/PPP 项目规模将扩大至 21 万亿日元。第二，2016 经济财政运营与改革的基本方针表明，为了进一步扩大公共设施等的建设、运营领域的民间商业投资机会，将努力在国家及人口在 20 万人以上的地方公共团体构建和采用更具实效的优先研究的框架；充分发挥民间资金等活用事业推进机构的作用，力争成就更多项目，促进地区经济的良性循环。第三，2015 年 12 月 15 日 PFI 推进会议决议提出，人口在 20 万人以上的地方公共团体、各部委厅局、公共法人应依据优先研究指针，制定优先研究规定，对有关优先引进 PPP/PFI 方式的相关程序做出规定。

（四）日本 PFI/PPP 实践的主要经验

1. PFI 惯例及典型案例

日本经过 17 年的实践，PFI 项目已从当初的简单项目向更为复杂且具有风险性的项目演变。项目的深度也在不断拓展，充分体现了民间的创意和思想。日本的 PFI 大多为 BTO（服务购买型）模式，主体为市政设施而非经济设施，主角是地方公共团体而非中央政府。项目的要求主要为，无需求风险的；有限的风险转移的；筹资方式几乎都是通过债务的；公共主体的服务对价支付和债务偿还是通过过程完成的；几乎完全接近分期付款；风险被锁定的项目。目前，PFI 已被市场广泛接受，虽是一种手法，但项目数量在市场上较为均衡，并且有所缩小。在合同行为方面，官民双方的能力均大幅提高。银行仍是融资的主体，但在该领域证券市场的作用尚不成熟。同时，政府已不局限于PFI，愿意采用更多样化的官民合作（PPP）手法，寻求最佳方式的做法正在成为一种惯例，并且综合各种手法，充分利用土地和资产等。当然，由于项目的成立需花费时间和成本，对官民双方均构成负担，因此地方政府也出现了规避 PFI 的倾向。

例如，日本法务省服刑设施 PFI 项目就属于政府付费项目的典型案例。法务省山口县美祢市·美祢社会回归促进中心 PFI 项目，采用 BOT 模式，项目合作期限为 20 年，合同金额总计 517 亿日元，此项目完成后可同时收容 1000人。项目中，民间主体负责资金筹措、设施建设、部分维护管理和运营并拥有整个设施，将设施租借给法务省，再向政府收取服务费。运营是由民间主体和行政主体双方来共同完成。此项目实际上是以双重结构的运营模式划分政府与民间的职责，涉及公权力的部分由身为公务员的监狱警察负责，其他部分的业务则交由民间企业负责。

2. 失败案例及原因

日本 PFI 项目也并不是百分之百成功的，合同签约后、最终解除合同或部分解约的项目大概占整个项目总量的 2%，近年来没有发现较大的失败案例。国分寺·市市民会馆 PFI 项目、福冈市清扫工厂余热利用 PFI 设施项目、北九州市·响（HIBIKI）港湾集装箱码头 PFI 项目等都因为不同的原因造成了项目的失败。

总结上述失败案例的原因可分为直接和间接两部分。直接原因有：第一，过高的需求预测、需求判断的失误。第二，官民之间不信任的加大、抵触。第三，当初对计划以及 VfM 评估的不严谨导致 VfM 丧失可行性。第四，出于政治目的的反对和社会性反对。间接原因有：第一，行政公职人员的不习惯、不沟通、不交流。第二，在功能性的规格订单方面存在不足、对合同条款内容的把握不严谨。第三，随着时间的推移，合同的僵硬性、与现实之间偏离性增大的现象逐渐显现，继而引发更大的问题。第四，官民缺乏紧迫感。

（五）日本 PFI/PPP 的实践经验及主要问题

1. 实践经验

PFI 显然是一种有效的行政手法。与此同时，严格的治理、公平公正的评估和程序也是培育市场的重要因素。在具体实践方面应当保持慎重，盲目行事则会带来误判风险。日本的经验表明，由小到大、务实的实践、分阶段化的成熟对于 PFI/PPP 项目的实施尤为重要。首先，要确定严谨的制度框架。基本思路与程序通过立法来规定，具体的业务操作（项目的筛选确定、评估、实践）虽然是以指南方式确定方向性，但最终的判断决策交由公共设施等的管理者（具体项目的选定、实施判断、评估是各个设施管理者的责任和决策）。其次，先从简单的项目、容易着手的项目、地方公共团体的项目做起，在积累了一定经验和实践知识的基础上，分阶段逐步向更为复杂的项目、国家级项目、风险转移较大的大型项目拓展。同时，在不断积累相关人员专业技能和实践能力的基础上阶段性提高层次和水平。再次，采用的手法是官民双方共同构建论坛、研讨会、交流意见、共享知识和实践经验的平台，阶段性培育相关市场。最

后，公共部门一方的观念改变、实际工作中合同概念的确立、渗透以及熟知需要较长一段时间，即便是现在仍需不断努力。在保持竞争性环境的同时，需要通过政策性的努力扩大市场参与者的范围。管理者也可以从 PFI、指定管理者、市场化试验、特区制度等放宽限制的做法、公有土地的灵活利用等各种各样的选择手段中筛选最佳手法，进行评估和选择。

2. 主要问题

虽然日本 PFI 的实践过程失败较少，但仍然在公共主体和民间都存在着不少问题。

公共主体方面主要存在以下问题：第一，公共主体的职责分工主义已成为阻碍手法创新的主要因素。地方政府不考虑整体，只考虑局部最佳，只站在自身立场考虑问题。第二，维持现状、经验主义往往会阻碍公共主体的创新创意。第三，公共主体对民间的过度期待和过度要求带来弊端。在已经没有太多创意创新空间的情况下，过度期待民间也不可能产生更多的附加价值。强行将风险转嫁给民间，以此来寻求更多 VfM 的想法只是一种幻想，不可能形成合理的风险分担。第四，公共部门的改革意识不充分。第五，不可或缺的政治及行政领导力。在行政部门内部的改革意识以及缩减财政负担、推进行政改革等方面，如果没有高层强有力的领导力，官僚机构不会主动采用新的手法。第六，公务员持续性的技能和能力提高（能力建设）是必要因素。第七，目前依然存在着监管所带来的阻碍，有必要放宽管制与监管改革。在普通法和行业法中尚存在着各种各样的制度性问题和制约因素，虽说已有很大改善，但是依然需要持续性放宽监管。第八，打造能充分发挥民间力量的机制才是搞活 PFI 的关键。

另外，民间也存在一些亟须解决的问题。第一，对于与行政部门之间的长期持续性合约的不习惯和经验不足。第二，不同企业之间在能力和经验上的差距在扩大。第三，熟知程度的提高所带来的收益幅度缩小。第四，风险认识与应对措施的脆弱性。第五，因交易成本的增加而丧失良好商机。第六，需认识到 PFI 是新业务的好机会。第七，挑战精神的欠缺。

（六）日本 PFI/PPP 未来发展方向

今后，日本政府在积极公开相关行政信息的同时，努力寻求与民间的对话交流，将彼此视为是潜在的商业合作伙伴。有了这样的认识，就能很好地解决诸多问题。

首先，要做到彻底的信息公开、公示及说明责任的履行，这将有助于建立稳定健康的市场。彻底的信息公开与说明责任的履行将会吸引更多的市场参与者参与项目，从而构建更加稳定健康的市场。其次，公平公正性、官民的平等性是 PFI 的根本性前提。官民之间站在平等的立场，共同拥有可以交流共享知识与信息的平台以及交流意见的机会，对于推进 PFI 十分有效。再次，完善市场参与者制度、增进对政府部门的信任与信赖，对于 PFI 的实践是必要的元素。最后，构建能有效调动官民双方热情和积极性的机制则可以更好地激活 PFI 的发展。

三　英国

（一）发展背景与现状

英国是世界上较早运用政府和社会资本合作（PPP）模式的国家，有着较为完善的制度体系和丰富的实践经验。英国在 20 世纪 80 年代开始在水、电、天然气等领域大规模推行私有化，引入私营资本提高公共服务效率和质量，这也是现代 PPP 的雏形。而 PPP 模式最早就是起源于英国的"公共私营合作"融资机制，其 PPP 模式发展大致经历了私人融资计划（Private Finance Initiative，PFI）和新型私人融资（PF2）两个阶段。[①]

PFI/PF2 是英国典型的 PPP 运作方式，也是有官方规范统计的狭义 PPP。截至 2013 年末，英国共有 PFI/PF2 项目 725 个，资本总值 542 亿英镑，其中 665 个项目进入运营阶段。PFI/PF2 项目约占公共部门总投资的 11%。从实践效果看，PFI 显著提高了公共服务效率，2008 年英国 PFI 项目按时按预算交付率超过 85%，而同期传统采购项目的按时按预算交付率不足 45%。[②]

---

① 闫海龙：《英国 PPP 模式发展经验借鉴及对我国的启示》，《商业经济研究》2016 年第 12 期，第 122~123 页。

② 蔡今思：《英国 PPP 模式的构建与启示》，《预算管理与会计》2015 年第 12 期，第 47~51 页。

（二）国有资产和企业在 PPP 投融资领域的政策支持

为更好地推进 PFI/PF2 项目实施，英国政府出台了多项融资支持政策，主要有五项：一是成立养老金投资平台（PIP），10 家主要养老基金作为创始投资者，共同投资 PFI/PF2 项目。平台由政府推动设立，但运作完全独立于政府之外。第一只平台基金于 2014 年成立，计划募集 20 亿英镑，现有资本 6.5 亿英镑，2/3 的资金已投向 41 个项目。二是举办保险公司基础设施投资论坛，以便保险协会成员沟通基础设施相关政策，增加保险基金投资机会。三是成立政府股权投资基金，在 PF2 项目中引入政府持股，在增加项目资本金的同时，为项目融资增信。四是实施英国担保计划，对符合条件的重大基础设施项目，由政府提供还款担保，担保规模不超过 400 亿英镑。目前，已开展担保业务 17 亿英镑，资本总额为 340 亿英镑的 39 个项目已通过初审。五是鼓励利用绿色投资银行、欧洲投资银行等为基础设施建设提供资金。其中，绿色投资银行是英国唯一一家政策性银行，成立于 2010 年，主要为海上风电、废物处理等绿色项目提供债权和股权融资。

（三）PF2 股权融资模式的优势

鉴于私人投资难以利用高杠杆率获得资本市场融资，同时为降低私人资本股权融资的高额回报，英国政府在 PF2 模式中，要求提高资本金比例，政府资金在股本金中以小股东的方式进入，缓解私人投资者的融资压力，发挥私人资本的专业能动性，并使政府的风险降到最低。[1]

（四）英国 PPP 模式应用对中国的启示

1. 在项目构架上强化公私合作

在 PPP 模式的推广应用时，政府应成立 PPP 项目引导基金，作为政府公共股权代持人，由其针对具体的 PPP 项目，采取竞争方式开展项目融资，引进长期投资者通过股权投资 PPP 项目，成立"特殊目的公司"，由其作为承包

---

[1] 孙欣华：《英国 PPP 模式发展特点、主要监管措施及对我国的启示》，《经济研究导刊》2015 年第 20 期，第 244～245 页。

人开展建设和运营。政府作为少数股股权投资者，不仅可以增强社会资本参与的信心和主动性，更重要的是，通过派驻董事、加强信息披露等手段，可以提高项目透明度，加强对私营部门承包商和运营商的监督及约束，进一步降低资金成本。

2. 在项目融资上吸引广泛参与

政府可出台担保计划，引入养老金、保险公司等适用于中国的基础设施融资方式和风险消减工具，并吸引鼓励外资参与，为 PPP 项目提供融资支持。一是鼓励追求长期保值增值的社保基金、保险、企业年金等平台的参与，通过政策引导他们开展对具体 PPP 项目或者对相关投资基金的股权投资。二是引入国际惯用融资工具，包括基础设施开发基金、基础设施开发银行、联合贷款工具以及国际金融机构融资，使其直接或间接用于 PPP 项目的融资。三是强化财务担保，引入包括政府担保、支持政府债务的第三方财务担保工具，比如亚洲开发银行以及其他多边开发银行的部分风险担保（PRG）和部分信用担保（PCG）工具等。

案例解析篇

Case Analysis

B.21
镇江市海绵城市[*]

一　项目概述

根据《镇江市海绵城市建设试点城市实施方案》和《镇江市海绵城市建设试点工作实施计划》的要求，镇江市确定采用 PPP 模式投资建设运行 13.85 亿元海绵城市建设项目，建设内容包括污水处理厂建设、雨水泵站建设、管网工程建设、海绵城市达标工程建设，同时委托 PPP 公司代建中央财政 12 亿元专项资金项目，其建设内容包括 LID 改造建设和生态修复建设等。

二　项目信息

（一）交易结构图

项目实施采用 PPP 模式运作，拟引入社会投资人与镇江市水业总公司共

---

* 案例来源:镇江市人民政府。

同出资成立项目公司。镇江市政府授权镇江市住建局与项目公司签署 PPP 项目协议。项目具体交易结构如图 1 所示。

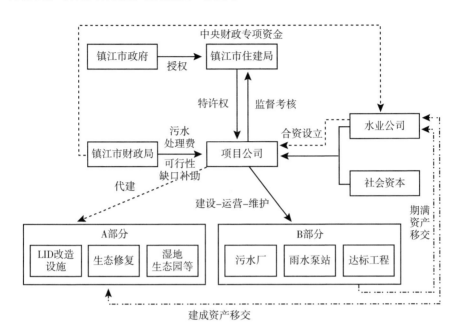

图1 交易结构图

（二）投融资结构

本项目的总投资约为 25.85 亿元，资金主要来源于以下三方面。

（1）国家专项补贴 12 亿元。中央财政专项补助资金 12 亿元（连续 3 年，每年 4 亿元）。该款项应当专款专用，计入政府投资。

（2）项目资本金 4.2 亿元。项目资本金约占项目公司总投资的 30%。

（3）项目公司向银行融资 9.65 亿元。

本项目的投融资结构如图 2 所示。

（三）项目收益与回报机制

1. 项目收益率

通常采用财务内部收益率（IRR）指标衡量 PPP 项目投资回报水平，城市

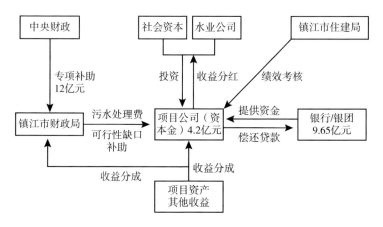

图 2　项目投融资结构示意图

基础设施特许经营项目中，行业内投资人所要求的项目财务内部收益率一般为 8%～12%。通过充分竞争，最终本项目自有资金财务内部收益率确定为 6.2% 左右。项目配套资金的成本力争最低，最高不超过同期人民币贷款基准利率的 1.1 倍，最终本项目配套资金的融资成本为同期人民币贷款基准利率的 0.9 倍。

2. 项目调价机制

项目调价机制分为两部分。

初始调价：本项目在选择社会资本过程中，社会资本的报价是根据估算的投资额基础上进行测算，并最终报价。在与社会资本进行确认谈判阶段，确定项目总投资与价格、付费调整的计算公式，并根据最终经审计的投资额重新计算污水处理单价及财政补贴。

运营期调价：由于特许经营期较长，项目运营成本也会随着时间发生变化，根据《基础设施和公用事业特许经营管理办法》要求，特许经营项目价格或收费应当依据相关法律、行政法规规定和特许经营协议约定予以确定和调整。

3. 污水处理项目费用

污水处理项目在实际运营中，污水处理服务单价根据特许经营协议中约定的调价公式进行价格调整。

雨水泵站运营维护费：选择社会资本阶段，向社会资本提供雨水泵站等成本可估算项目的经济指标参数，由社会资本进行测算报价并进行投资竞争。特许经营期内，该类项目运营成本因物价水平等因素引起较大幅度增长，可根据成本监审情况，进行相应调价。

达标工程运营维护费：对于排口排涝、径流、面源污染治理等综合达标工程项目，这类成本项难以估算的海绵设施项目，达标工程运营成本可给出暂定价，达标工程运营费用，由政府定价，以利润率设置竞争点。项目建成投运一年后，由财政部门和项目实施部门重新核定运营成本，如果项目公司不接受政府核定价格，可以选择放弃运营，由政府方招标第三方运营，或委托政府职能部门运营。

三　项目实施过程

1. 选择投资人流程

鉴于本项目的特点，本项目采用 PPP 竞争性磋商或单一来源的方式选择社会投资人。采购流程如图 3 所示。

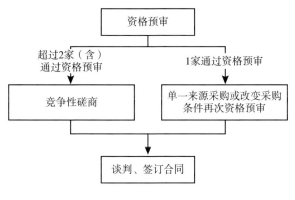

图 3　采购流程图

本项目如有超过 2 家（含 2 家）社会资本通过资格预审，则按竞争性磋商采购方式流程进行采购；如只有 1 家社会资本通过资格预审，则可按单一来源采购方式流程进行采购或改变采购条件再次进行资格预审。

2. 投资人资格条件

中国境内外注册的具有独立法人资格的企业，企业近五年以来所有运营项

目均未发生过重大安全和质量事故。

企业为海内外上市公司，企业具有运营城市污水处理厂行业经验，以 PPP 方式（包括 BOT、TOT、股权合作等操作方式）投资并在运营的污水处理项目总规模不低于 30 万立方米/日；或者企业虽未上市，但污水处理规模达 100 万立方米/日以上；或者企业净资产达到 20 亿元人民币以上。

本项目接受联合体参与竞争，联合体成员不得超过两名，其中牵头方应满足上述 1~2 条资格条件要求；近五年无因投资人（包括联合体成员）违约或不恰当履约引起的合同中止、纠纷、争议、仲裁和诉讼记录。

以上资格条件是社会资本能够参与本项目竞争的基本条件，考虑到为将镇江市海绵城市 PPP 项目建设成为在全国有影响力的示范项目，本项目在设置评审细则时，将社会资本的体量规模、资本市场背景及融资能力、市场的拓展能力、核心技术的创新能力等作为重要评分细项，让社会资本充分展示自身优势。

3. 投资人选择方式

本项目确定采用竞争性磋商的方式，最终选择了中国光大水务有限公司作为社会投资者参与本项目。

四 项目特点分析

1. 政府重视，各部门全力配合

镇江市政府为规范政府和社会资本合作，成立了 PPP 领导小组，并出台了管理细则，明确了工作流程和部门职责，建立 PPP 实施方案审查制度，规范了 PPP 项目报批。针对海绵城市 PPP 项目公益性特点，镇江市住建局深入沟通财政等部门，以政府购买服务的形式作为保障社会资本合理收益的投资回报模式。项目从促进政府职能转变、增加供给和节约成本、优化风险配置和促进创新和公平竞争等方面进行了物有所值评价，同时也进行了财政承受能力评估，确保项目政府购买服务可行。

2. 科学制定付费机制

由于海绵城市建设存在项目多样和复杂的特点，以传统污水项目单一价格的模式难以复制海绵项目的付费机制，根据本项目的特点创新设立了项目收益与回报机制，要求投资人分别对资本金收益率、融资资金利率、运营单价、相关项目成本利润率等进行报价，一目了然锁定投资人的收益水平，增加了项目报价的透明度，减少了今后运营调价的复杂度，方便了政府和投资人的项目付费计算。

3. 积极进行项目推介

本项目先后参与了江苏省 PPP 省级试点项目推介会和其他多种形式的项目推介会，同时编制了项目宣传手册，向社会投资人进行发放。在推介项目的同时，与投资人进行了深入交流，重点剖析海绵城市建设作为国家发展战略层面的重要意义，希望投资人通过镇江项目先行先试的优势，形成可复制可推广的镇江经验，将镇江海绵城市建设 PPP 公司打造成区域性海绵城市建设的投融资平台，通过输出管理、技术和资本来占领国内海绵城市建设市场，吸引更多的投资人参与。

4. 有针对性地开展市场测试

2015 年 10 月，为充分了解潜在社会投资人对镇江市海绵城市建设 PPP 项目的投资意向、关注要点，镇江市住建局与北京金准公司，先后与近 20 家社会资本方进行了一对一的初步会谈，向各投资人介绍了镇江市海绵城市建设项目的基本情况及初步构想，听取投资人对项目实施方案初稿的初步意见，完成了对投资人的市场测试报告。2016 年 1 月中旬又同有意向的社会投资人进行了第二轮市场测试，以确保资格预审和竞争性磋商工作顺利进行。

5. 科学设置竞争性磋商评分标准

选择拥有"技术＋资本＋资源"的社会资本。评分标准除考虑政府购买服务报价外，重点从技术、管理、市场开拓能力、产业链完备和资本运作能力等方面设置，同时评分标准在投资人的发展历程、股东背景、自身优势、注册资本及净资产等财务指标以及相关业绩、收益率要求、融资资金来源渠道等方面实行全方位覆盖，使镇江市海绵城市建设项目规划、设计、建设、运行全产业链和全生命周期实现最优，使拥有"技术＋资本＋资源"的社会资本的投资人能脱颖而出。

6. 会商金融机构，提前锁定融资成本

市住建局和财政局就项目融资事项主动对接金融机构，中国建设银行、中国银行、中国邮政储蓄银行和中国农业银行等金融机构就融资成本、期限和贷

款条件等提交了 PPP 融资方案，初步达成了贷款期限不少于 20 年、融资成本为同期中国人民银行贷款基准利率下浮 10% 的融资方案。此运作方式既解决了社会资本融资的后顾之忧，也提前锁定了本项目的融资成本上限，有效降低了社会资本报价。

7. 降低风险，建立履约担保机制

为了保证项目公司根据 PPP 项目合同约定的时间、质量实施本项目，并履行相应义务，在方案设计上要求项目公司提供一个或多个保函，具体可能包括建设期履约保函、维护保函、移交维修保函等。根据项目的实际情况，要求项目公司在建设期、运营期和移交期提供不同的保函，以规避项目各个阶段的风险。

8. 完善相应监管和绩效考核机制

通过 PPP 项目协议相关条款的约定，实现市住建局对项目公司的履约管理。定期对特许经营项目建设运营情况进行监测分析，会同有关部门进行绩效评价，建立以绩效评价为结果的付费机制，以及按照特许经营协议约定对政府购买服务价格进行调整的调价机制，约定每 3 ~ 5 年委托第三方机构对项目进行中期评估，及时评估已发现问题的风险，制订应对措施，保障所提供公共产品和公共服务的质量和效率。

9. 规范采购流程，按计划有序推进项目落地

委托省政府采购中心作为采购代理，开展 PPP 项目采购工作。经过压力测试、资格审查、竞争性磋商等环节，中国光大水务有限公司从 15 个社会投资人中脱颖而出，成为镇江海绵城市建设的战略合作伙伴。

B.22
公主岭市综合管廊[*]

一 项目概述

公主岭市地下综合管廊政府与社会资本合作（PPP）项目（下称"本项目"）属于地下综合管廊领域的新建项目，建设综合管廊总长度为 20740 米。建设内容包含城市综合管廊建设、随管廊建设同时完善道路两侧绿化带的建设、既有道路下管廊建设时破坏市政设施的建设（包含车行道、人行道、分隔带及照明设施等）、既有道路下根据管廊线位需求而进行的排迁管线建设。

本项目的建设工程投资估算总金额为 253294.38 万元，采用 BOT 的模式进行运作，回报机制采用"使用者付费＋可行性缺口补贴"方式。

二 项目信息

（一）项目运作模式

综合考虑本项目设计的收费定价机制、风险分配基本框架、融资需求、改扩建需求和期满处置等各项因素，总体上采用了 BOT（建设－运营－移交）的运作方式，由项目实施机构与项目公司签署 PPP 项目协议，授权项目公司在项目合作期间负责本项目综合管廊的投融资、设计、建设、运营和移交工作。本项目的交易结构如图 1 所示。

政府方出资代表（出资 27%）、中选社会资本方（出资 73%）共同出资

---

[*] 案例来源：北京中伦律师事务所（上海）。

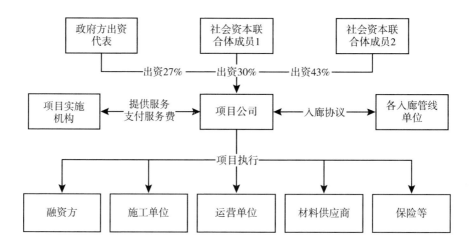

图 1　公主岭市地下综合管廊 PPP 项目交易结构图

成立 PPP 项目公司后，由政府方出资代表将项目法人变更为项目公司，由项目公司全权负责该部分管廊的投资、设计、建设，且项目公司有权通过法定程序选择本项目的施工单位进行工程施工。在本项目建设完成进入运营期后，由项目公司负责运营和维护，在入廊政策尚未出台前（至迟不超过项目运营维护期第五年年末），由政府方负责向入廊管线单位收费，再按照约定金额支付给项目公司；在入廊政策出台或 PPP 运营维护期满五年后，由项目公司向入廊管线单位收取入廊费及日常维护费、接收政府对于本项目的可行性缺口补贴（即项目公司对于本项目的投资建设及运维成本、合理收益与实际收取的入廊费及运营维护费的差额部分，由政府方予以差额补助）。待项目合作期限届满后，中选社会资本方将其在项目公司中所占股权无偿转让给政府方指定接收机构。

（二）项目投融资结构

1. 项目资本金

本项目的资本金为项目总投资的 20%，项目资本金根据每年的建设计划和融资需要按股权比例分期缴纳，随着项目进展需要，可通过吸收基金等方式解决部分项目资本金。

2. 债务性资金

本项目资本金以外项目所需的 80% 资金，由 PPP 项目公司（SPV）通过债务融资方式自行筹集。鉴于项目在运营期具有稳定的现金流入，项目公司可采用收费权质押和资产抵押的方式（在必要条件下，社会资本为项目融资提供股东担保）获得债务资金。

（三）项目回报机制

本项目属于投资较大、公益属性较强、使用者付费相对不足的准经营性项目，因此，项目回报机制采用了"使用者付费 + 可行性缺口补贴"方式，共同构成本项目的可用性服务费，即 PPP 项目公司在项目全生命周期范围内可获得的所有项目收入。

本项目的"使用者付费"为各入廊管线单位所支付的管廊租赁费（包括入廊费和日常维护费），对于"使用者付费"不足以覆盖项目的建设、运营成本及社会资本合理收益的差额部分，由政府方按照 PPP 项目协议约定给予项目公司"可行性缺口补贴"。

（四）项目相关配套

1. 政府配套政策

市政府将根据项目进展需要，拟制定以下地方规范性文件、政策：《公主岭市地下空间管理办法》《公主岭市地下综合管廊管理办法》《公主岭市地下综合管廊特许经营暂行管理办法》《公主岭市地下综合管廊运营管理办法》《公主岭市地下综合管廊 PPP 项目绩效考核暂行办法》以及公主岭市地下综合管廊专项资金管理制度、强制入廊及管廊收费等政策。

2. 政府支出纳入市财政预算

本项目中涉及政府支出的金额均按照《预算法》等法律法规的要求列入市级政府财政预算及中长期财政规划。

3. 职能部门的协调配合

市政府相关主管部门和各管廊所在的区政府应根据各自职责，综合协调本项目涉及的价格、财政、市政市容管理、国土、建设、房管、税收、环境保护等部门，为项目公司提供相应的支持和保障。

（五）项目基本信息表（见表1）

表1　公主岭市地下综合管廊 PPP 项目基本信息

要点	内容
项目类型	新建项目
所属行业	地下综合管廊
发起方式	政府方发起
投资规模	253294.38 万元
合作内容	项目公司在项目合作期间负责本项目综合管廊的投融资、设计、建设、运营和移交工作
所处地点	吉林省公主岭市
合作期限	本项目合作期限为 29 年,其中建设期 4 年(2015～2018),运营维护期为 25 年(2019～2043)
运作方式	BOT(建设－运营－移交)
回报机制	使用者付费＋可行性缺口补贴
调价机制	可用性服务费价格调整 1. 调整依据 (1)项目总投资的变动情况(经审计最终确认的项目总投资决算金额与可研报告估算的项目总投资金额之间的差额); (2)入廊管线数量的变动情况; (3)价格总水平的变动情况; (4)其他应当调整的情况。 2. 调整程序 (1)PPP 项目公司向项目实施机构和国家或省物价行政主管部门提出管廊可用性服务费调整的书面申请; (2)项目实施机构应会同国家或省物价行政主管部门对调价申请进行审核,组织专业人士对项目公司的成本变动和经营状况进行充分调查或论证,征求入廊管线单位和有关部门的意见; (3)项目实施机构会同国家或省物价行政主管部门在调查、审核和广泛征求、听取各方面意见的基础上,做出同意调价申请或不同意调价申请的决定; (4)政府方出资代表应执行项目实施机构和国家或省物价行政主管部门做出的管廊可用性服务费调整的决定。 3. 调整周期 本项目进入运营期后,管廊可用性服务费暂定每三年调整一次;特殊情况下,由PPP 项目公司或项目实施机构向政府提出价格调整申请。
采购方式	公开招标
项目公司股权结构	政府方出资代表、中选社会资本方共同出资设立 PPP 项目公司,其中,政府方出资代表持股 27%、社会资本方持股 73%

续表

要点	内容
项目公司融资结构	项目资本金为项目总投资的20%,债务性资金为项目总投资的80%
绩效考核机制	项目实施机构会同相关行政主管部门开展绩效考核,考核采取日常考核、定期考核和抽检抽查相结合的方式,实施全生命周期考核,并依据考核结果支付可用性服务费。
履约机制	强制保险+履约保函
争议解决机制	项目协调委员会+争议仲裁

三 项目实施过程

（一）组织结构

本项目由公主岭市人民政府（下称"市政府"）授权公主岭市住房和城乡建设局为项目实施机构，由其负责本项目的前期评估论证、实施方案编制、合作伙伴选择、项目合同签订、项目组织实施以及合作期满移交等工作。同时，由市政府授权公主岭市财建投资有限公司作为政府方出资代表，履行政府出资人职责，依法享有资产收益、参与重大决策和选择管理者等出资人权利。

市政府以政府会议纪要等形式设立本PPP项目的协调机制，组建由政府各部门参加的PPP项目工作领导小组，主要负责项目评审、组织协调和检查督导等工作，在项目合作期内，项目实施机构、政府方股东和社会资本方等将建立协调委员会并制定定期的协商和评价制度，解决PPP项目协议实际履行中遇到的问题和争议。项目实施机构和社会资本达成一致并确认有必要对PPP项目协议修订补充时，将签署PPP项目协议的补充协议，报市政府批准后生效。

（二）时间进度安排

2015年8月4日，本项目由政府方发起，开始项目识别论证阶段，至2016年6月24日完成项目公司成立，进入项目执行阶段，项目实施阶段关键时间进度节点如图2所示。

 PPP 蓝皮书

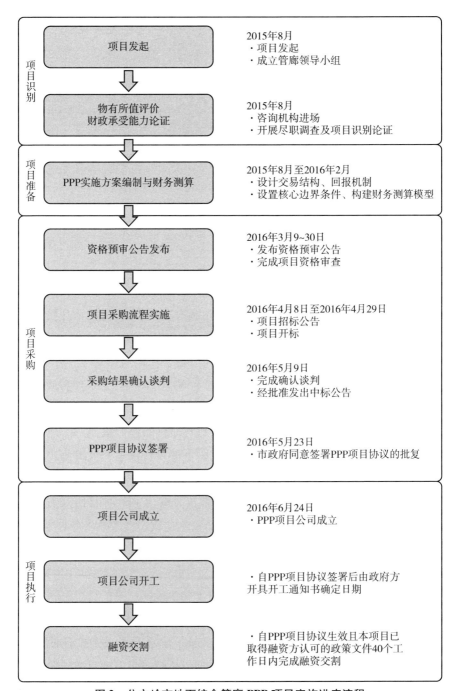

图 2　公主岭市地下综合管廊 PPP 项目实施进度流程

（三）财务状况

1. 项目公司注册资本金

项目公司名称为：公主岭中财铁投城市综合管廊管理有限公司，注册资本为5.06588亿元。

2. 融资交割资金安排

自PPP项目协议生效日后且本项目已经取得融资机构认可的政策文件40个工作日内，由项目公司完成融资交割；在完成融资交割后7个工作日内，项目公司应向政府方书面确认融资交割完成，并提交所有已签署的融资文件的复印件。

四 项目特点分析

（一）项目优点

1. 设立收费缓冲期的运作模式

通过设立收费缓冲期的运作模式，既培育了管廊收费的市场，稳定了管廊收费标准，保障管廊运营单位有可靠的运营维护收入，减少了政府方对项目公司的运营补贴费用，减轻了财政支出压力。同时，又有利于政府方在缓冲期内对管廊的收费定价标准、收费实际状况、管线运营情况等问题有较为全面的监督，防止项目公司在PPP合作期限内为获取超额利润而忽视管廊的公共服务特性。

2. 项目公司分红权特殊安排

政府方在社会资本按照最终签署的PPP项目协议约定收回投资成本前，不参与PPP项目公司分红，从而降低运营期政府对于项目的财政补贴额度，减少政府财政支出负担。待社会资本按约定收回投资成本后，政府方按照股权的实缴比例享有PPP项目公司的分红权。通过政府方放弃一定期限内的分红机制安排，实现减少政府支付责任，同时满足社会资本合理收益的目的，实现PPP模式共赢局面。

（二）项目难点

1. 管廊有偿使用费标准问题

管廊有偿使用费标准（即本项目所称"入廊企业付费定价"）与政府提供可行性缺口补助金额呈负相关关系，如何确定管廊有偿使用费标准将直接影响政府方支出责任和项目回报机制的资金来源问题。

虽然国家层面相继颁布系列政策法规，建立了城市地下综合管廊实行有偿使用制度。但是该等文件仍未明确管廊有偿使用费具体的收费标准，即便是允许供需双方以签订协议方式确定相应收费标准，但实操层面很难执行（诸如电力等管线属于中央企业，管线直埋成本和占用比例确定有难度）。因此，管廊有偿使用的收费标准的确定，最终仍会落在项目所在地的物价行政主管部门。

2. 项目收益率标准问题

在本项目识别论证阶段，国家规范性文件及地下综合管廊项目实操层面均未明确项目收益率标准问题。因此，如何确定项目收益率标准，兼顾政府财政能力可承受、满足投资人合理收益的投资诉求，成为核心边界条件之一。

在本项目实施过程中，参照国内单体 PPP 项目的一般收益水平，以收益率上限 8%[①]作为测算招标控制价的标准，由于本项目在招标过程中竞争较为充分，最终中选报价较招标控制价实现了一定比例的下浮，有效地降低了政府支出成本。

（三）项目发展趋势

从提高综合管廊建设及运营服务质量与效率角度，PPP 模式的应用和推广为地下综合管廊可持续发展提供了一条路径，即地下综合管廊项目目前所面临的管廊有偿使用费标准及项目收益率标准难确定、造价成本高等问题，会随着 PPP 法律体系的健全、PPP 项目实践的深入，逐渐得以缓解或解决。

[①] 2015 年 11 月 26 日，国家发展改革委、住房和城乡建设部联合下发《关于城市地下综合管廊实行有偿使用制度的指导意见》（发改价格〔2015〕2754 号）确定，城市地下综合管廊本体及附属设施建设投资合理回报，原则上参考金融机构长期贷款利率确定；城市地下综合管廊运营单位合理经营利润，原则上参考当地市政公用行业平均利润率确定。该文虽确立了合理回报的原则，但并未确定合理收益区间值，并且以该等原则确定的收益率低于投资人的普遍投资预期，造成项目吸引力有所下降。

B.23

上海市重固镇[*]

一 项目概述

重固镇地处上海市青浦区东北部，是青浦区规划的 8 个新城镇之一。按照"绿色青浦"战略目标和推进"一城两翼"功能布局，重固镇加快推进本镇特色产业，提升所在区域的综合优势，不断加强历史风貌区的保护和文商旅融合发展，服务业即将进入快速发展阶段。

重固镇现状人口密度较低，以商贸物流为主的现代服务业尚有提升空间，工业企业较分散，土地使用率尚有增长潜力，文化资源也有待开发。从以上综合条件看，重固镇新型城镇化的内涵丰富，潜力巨大。

二 项目信息

项目基本信息和交易结构如表 1、图 1 所示。

表 1　项目基本信息

要点	内容
项目类型	新建项目
所属行业	市政基础设施
发起方式	政府发起
投资规模	首期项目总投资额:120 亿元
合作内容	在重固镇域、福泉山遗址公园及未来镇区边界规划设计扩大区域范围内统筹规划,通过优化城镇布局,提升产业层次,改善基础设施及农村生态环境,持续改善村(居)民生活质量,提升镇域风貌; 集建区内,在北青公路以北完成"城中村"改造,通过营造宜居宜业环境,提高公共服务水平,努力传承福泉古韵、打造幸福小镇; 北青公路以南完成 1 平方公里的 195 地块转型,通过提升产业发展层次,打造服务大虹桥现代服务业集聚区重要组成部分; 集建区外,完成约 1.3 平方公里的 198 减量及宅基地置换,通过"美丽乡村""美丽河湖"建设,提升乡村风貌,培育集体经济组织造血机制

---

* 案例来源:上海市建纬律师事务所。

续表

要点	内容
所处地点	上海市青浦区重固镇大街
合作期限	10 年
运作方式	股权合作
回报机制	基础回报率结合绩效激励浮动回报
调价机制	在项目实施期间,服务价款的综合筹资费率按从次年 1 月 1 日起,依据当期银行 5 年以上贷款基准利率同差额调整下一年度综合筹资费率,调整年内按调整后的综合筹资费率计算当期综合筹资费用调整
采购方式	竞争性磋商
项目公司股权结构	政府方出资30% ,社会资本出资70%
项目公司融资结构	政府提供融资支持,为本合作项目提供新型城镇化基金注资
绩效考核机制	根据国家有关规范性文件等指导意见制定定期的绩效考核制度
争议解决机制	提交中国国际经济贸易仲裁委员会审理

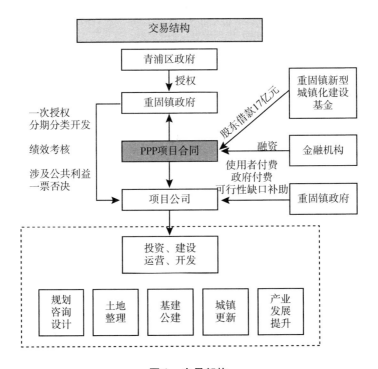

图 1　交易架构

三 项目实施过程

1. 项目合作组织方式

通过设置"领导小组 + 项目公司"的方式推进新型城镇化试点工作。

青浦区区级层面设立新型城镇化建设领导小组。由区领导担任组长,重固镇、区发展改革委、区建管委、区经委、区农委、区科委、区国资委、区府办、区财政局、区文广局、区规土局、区房管局、区水务局、区旅游局、青发集团等单位任组员,领导小组下设办公室,办公室设在重固镇。

合资组建项目公司。项目公司注册资本金为10亿元,上海重固投资发展有限公司占股10%,社会资本占股70%,上海青浦发展(集团)有限公司(以下简称"青发集团")占股20%(见图2)。合作三方发起设立总额约50亿元的新型城镇化基金,青浦区财政以注资区级国有企业(青发集团)的形式向基金出资约15亿元,社会资本出资约35亿元,分三年逐步配置到位。项目公司与基金形成借贷关系,融资成本参考市场基准利率,资金不足部分由项目公司申请银行贷款。

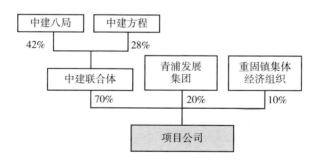

图2 项目公司股权结构图

2. 项目建设分期投资计划

青浦区重固镇项目,拟分三期实施(见表2)。

近期(2015~2017年)为基础建设期。截至2016年底,基本完成北青公路以北"城中村"地块的动拆迁任务。三年内,完成集建区内基础配套设施及公共项目的更新、改造、新建工程。同时启动动迁安置房建设,基本解决村

民的动迁安置需求。此外，根据新型城镇化建设的整体需求，优化编制集建区控规，完成"美丽乡村"建设，着手筹备福泉山遗址公园规划工作，开展各类专项规划的修编工作。

中期（2018～2020年）为巩固完善期。"城中村"项目和各类基础项目的改造、建设任务基本完成，城镇面貌有明显提升。聚焦生态观光农业，全镇农业产业布局基本完成，同时开展村落整理更新。启动类集建区建设工作，完成编制类集建区控详规划，完成各类专项规划的编制工作。福泉山遗址公园规划设计初步完成，重点聚焦文化记忆、健康养身、休闲旅游服务产业。

远期（2021～2023年）为全面提升期。"人文重固、生态重固、宜居重固、创业重固、智慧重固"的总体要求基本完成。集建区内，195区域转型全面完成，以生产性服务业为主的现代配套商业集聚区基本形成。类集建区建设完毕，完成控规调整后的新增项目建设任务，福泉山遗址公园建设全面启动，具有历史古韵的文化风貌保护区和宜居宜业、城乡一体化的现代化幸福小城初具雏形。

表2　分期建设计划表

序号	项目	第1年	第2年	第3年	第4年	第5年	第6年	第7年	第8年
1	征地及动拆迁补偿								
	北区"城中村"	*	*						
	195区域		*	*	*	*			
	集中建设区外	*	*	*	*	*			
2	基础设施								
	北区"城中村"	*	*	*					
	195区域		*	*	*	*			
	集中建设区外	*	*	*					
3	配套项目								
	北区"城中村"	*	*	*					
	195区域			*	*	*			
4	功能提升项目						*	*	*

3. 新型城镇化基金

青浦区发起设立新型城镇化基金，青浦区财政以注资区级国有企业（青

发集团）的形式向基金出资，由各参与方指定的公司（需在青浦注册）作为
LP 出资，由上海重固投资发展有限公司或其子公司作为新型城镇化基金的 GP
（见图 3）。

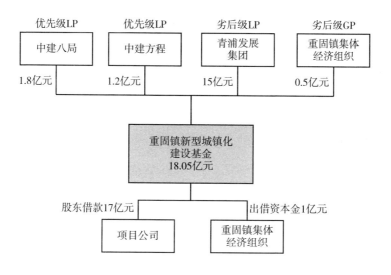

图 3　项目基金结构

基金中，青浦区出资约 15 亿元，社会资本出资约 35 亿元，分三年逐步配
置到位。项目公司与基金形成借贷关系，融资成本按市场基准利率测算。基金
在整个项目公司以明股实债形式存续，补充项目公司资本金，待项目公司融资
资金偿还后结算。社会资本按照约定的回报率获得收益。其他资金由项目公司
申请银行贷款。

4. 回报机制

为进一步提升新型城镇化品质，青浦区引进社会资本参与重固镇新型城
镇化试点工作，在重固镇域范围内一次授权，分期实施，由政府与社会资本
合资设立的项目公司开展规划设计、投资、建设、运营、产业导入等服务，
基于项目性质和公共资源配置的来源不同，采用了"1 + 3 + X"的合作回报
机制（见图 4）。即一个基本模式，综合开发（成本报销）为基本模式；三
个补充模式：缺口补助（配置定向出让用地）、政府购买（中长期预算）、
特许经营。

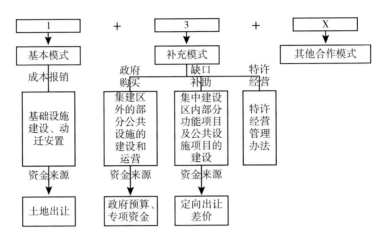

图 4 "1 + 3 + X" 回报机制模式

5. 合作模式

合作模式见表 3。

表 3 合作模式概述

阶段	项目类型	涉及公共资源	项目特征	收益	效果	建议模式
一级开发阶段	动迁安置、基础设施建设	土地出让金	非经营性范围及标准明确	存量土地收益	基本城镇化建设	综合开发（成本报销）模式
二级开发阶段	公共设施的建设及运营（集中建设区外）	财政预算或专项资金（无经营性土地）	准经营性或非经营性建设标准及内容有弹性	无直接收益	城镇化品质提升	政府购买（中长期预算）
	公共设施的建设及运营（集中建设区内）	经营性土地	准经营性或非经营性建设标准及内容有弹性	增量土地收益	城镇化品质提升	缺口补助（配置定向出让用地）
	功能项目	特许经营权	经营性	使用者付费	城镇化品质提升	特许经营

四 项目特点分析

1. 项目优点及发展趋势

重固镇新型城镇化试点，不再是大拆大建、房地产化的1.0版城镇化之路，而是更加注重"人的城镇化"。社会资本不参与土地收入的分成，所有的土地收入将全部留在重固，是产镇融合、城乡融合、生态融合、文化融合"四化同步"的2.0版新型城镇化模式。

促进自身及周边地区楼市发展。青浦区是上海与长三角的重要交通枢纽，随着近年来虹桥商务区开发不断推进，以及长三角一体化的加速建设，青浦区与江、浙、皖融合互通增强，向外辐射和吸引能力逐步显现，人口和产业导入增加，当地的住房需求在质和量方面也都随之增加。据统计，2014年至今青浦区共成交经营性用地22幅。其中纯住宅用地7幅，楼面均价10615元/平方米，且仍有上升趋势。

促进土地市场可持续增长。受到国家会展中心板块的产业辐射和带动作用，重固镇地区未来将进一步完善商业、交通、社区等配套设施，房地产具有很大的发展潜力；在土地供需方面，随着周边及本镇新型城镇化的持续建设，未来居住人口和产业人口的不断导入，重固镇项目土地需求市场较为可观，预计土地出让价格将逐年稳中有升。

建立国家新型城镇化建设典范。选择重固镇作为新型城镇化试点，其摸索形成的模式具有普遍性，今后更易为其他街镇所学习、借鉴。坚持新型城镇化与集约节约用地、农村集体经济组织培育有机结合，努力成为国家新型城镇化建设示范区、江南水乡建设范本、上海城乡一体化建设示范窗口。

保障当地居民权益。在重固镇新型城镇化PPP模式中，政府性基金也是社会资本的组成部分。农村集体资产参与新型城镇化PPP项目，更是一大亮点。在这个项目中，重固镇集体经济组织也占10%的股权，今后将获得稳定的收益。同时，项目将拿出5万平方米商业面积，让渡给重固镇集体经济组织，让当地农民分享城镇化"红利"享受长期回报，保障农民的权益，让农民有更多获得感和幸福感。

2. 项目难点

由于新型城镇化涵盖了"城中村"改造、存量工业用地转型、198地块及

宅基地减量等工作，实施难度高，包括开发利益诉求多元、规划用地较为零散、资金平衡难度大等难点。经初步测算，本次建设静态资金需求约 120 亿元，本项目总体资金可以平衡，其中城中村部分由于经营性用地较少，配套设施欠账过多，可能存在资金缺口。

3. 项目主要风险

项目主要风险见表 4。

表 4　项目风险

风险	影响因素	因素变化	对政府的影响	对社会资本的影响	应对措施
动迁风险	企业搬迁难；动迁安置房占用可出让用地	动迁费用上升 3%，总体资金平衡	增加成本	无影响	由于动迁安置与土地出让价格存在正相关，需加强对动迁区域的规划控制
资金风险	土地出让节奏一旦变慢，资金流动困难	如返还周期拉长，贷款利息增加	资金结余下降	贷款压力上升，负担的利息上升	区级与镇级财政的结算速度加快，适当增加容积率
	城中村可建设经营性用地减少	社会资本无法获得回报	无影响	投资回报率大幅下降	基金分红补贴
市场风险	土地市场出现巨大变化	比预期的下降 3%，项目资金达到平衡点	资金结余大幅下降	无影响	适当增加容积率
	由于商办用地供应量过于密集，出现内部竞争	如果用地出让进度拉长，基本无变化	无影响	无影响	适当增加容积率
	二级开发市场价下跌	如果下跌，则二级开发无利润	无影响	投资回报率下降	项目公司加强经营管理
政策风险	土地出让市级计提发生变化	如市级计提上升 5%，项目总资金达到平衡点	资金结余下降	投资回报率有所下降	争取市级计提返还
	547 亩发展备用地无法落实	如无法调整规划后出让，将出现 25 亿元左右的资金缺口	资金结余下降	无影响	争取规划支持

（五）多方之声

青浦区重固镇党委书记孙挺表示，重固镇将按照新产业革命（轻型化、智能化、精细化）的要求，结合新型城镇化试点，主动承接西虹桥商务区功能流出和辐射带动，加快北青公路、赵重公路、重固大街沿线产业的转型升级，实现区域产业的整体转型和提质增效。据悉，目前重固镇的产业主要以三产为主，占比七成左右，大型工业企业不多，贸易型企业较多，适合产业导入。镇政府相关负责人士也透露，镇政府花了两年时间研究，和社会资本接洽也谈了一年多时间才最终敲定，因为工程体量实在太大。在最后签署的协议中，对于社会资本的要求还是较为苛刻的。投资基本来自社会资本，项目的融资也全部由社会投资方完成，政府不担保、不托底，并对企业提出了要兼顾经济效益与社会效益的要求，企业的利润并不高。在采用PPP模式后，政府将真正成为服务性政府，退居幕后做决策和监督。不仅如此，政府也很好地规避了融资负债运营的问题。

大 事 记[*]

Memorabilia

B.24
PPP 大事记（2013~2017）

一 PPP 领域的重要文件、会议、活动等标志性事件

2016年以前

2013 年 11 月 12 日 中国共产党第十八届中央委员会第三次全体会议通过《中共中央关于全面深化改革若干重大问题的决定》，指出要使市场在资源配置中起决定性作用和更好地发挥政府作用，允许社会资本通过特许经营等方式参与城市基础设施投资和运营。

2014 年 11 月 26 日 国务院印发《关于创新重点领域投融资机制鼓励社会投资的指导意见》（国发〔2014〕60 号），文中提出要建立健全政府和社会资本合作（PPP）机制、充分发挥政府投资的引导带动作用、创新融资方式三大措施。

---

* 参与整理者：龚璞，清华大学公共管理学院博士后、助理研究员；杨晓路，清华大学政府和社会资本合作研究中心综合部部长助理；汪佩洁，清华大学公共管理学院博士生。

2014 年 12 月 3 日　财政部政府与社会资本合作研究中心获批正式成立。该中心将承担 PPP 工作的政策研究、咨询培训、信息统计和国际交流等职责。

2015 年 4 月 9 日　财政部、环境保护部联合发布《关于推进水污染防治领域政府和社会资本合作的实施意见》（财建〔2015〕90 号），明确环保部资金可用于 PPP 项目建设。

2015 年 9 月 15 日　《国务院办公厅转发财政部　发展改革委　人民银行〈关于在公共服务领域推广政府和社会资本合作模式指导意见〉的通知》（国办发〔2015〕42 号）出台，明确在公共服务领域推广 PPP 模式的工作要求，同时强调国务院有关部门要加强对地方推广 PPP 模式的指导和监督。

2016年

2016 年 1 月 20 日　国家发展改革委与联合国欧洲经济委员会正式签署合作谅解备忘录，双方将在合作推广政府和社会资本合作（PPP）模式方面加强交流合作。这是我国政府机构与联合国有关机构首次签署 PPP 领域合作协议，标志着我国推广 PPP 模式进入国际合作新阶段。

2016 年 1 月 20 日　清华大学携手香港城市大学与联合国欧洲经济委员会于日内瓦签署合作协议，共建联合国 PPP 中国中心。

2016 年 1 月 27 日　中共中央、国务院发布《关于落实发展新理念加快农业现代化实现全面小康目标的若干意见》，指出要通过政府与社会资本合作、贴息、设立基金等方式，带动社会资本投向农村新产业、新业态。

2016 年 2 月 2 日　国务院印发《关于深入推进新型城镇化建设的若干意见》（国发〔2016〕8 号），文中提出了新型城镇化 36 条具体措施。

2016 年 2 月 2 日　财政部、国土资源部、中国人民银行、银监会四部委联合印发《关于规范土地储备和资金管理等相关问题的通知》（财综〔2016〕4 号），要求各地不得再向银行业金融机构举借土地储备贷款，并明确提出土地储备项目可以采用政府购买服务的模式。

2016 年 2 月 16 日　国务院办公厅转发《关于"十三五"期间实施新一轮农村电网改造升级工程意见的通知》（国办发〔2016〕9 号），文中指出要探索通过政府和社会资本合作（PPP）等模式，运用商业机制引入社会资本参与

农村电网建设改造。

2016 年 2 月 19 日 财政部发布《2016 年政府采购工作要点》（财办库〔2016〕29 号），进一步推进市场开放谈判，推动政府采购制度改革向纵深发展，有利于 PPP 项目的开展和信息的公开化、透明化。

2016 年 2 月 29 日 财政部 PPP 中心网站首次公开 PPP 综合信息平台项目库，披露全国 PPP 项目信息。

2016 年 3 月 1 日 财政部、英国驻华大使馆、中国法学会在京联合举办 PPP 法治建设国际研讨会，会议分享借鉴国际 PPP 制度建设经验，提出我国 PPP 立法的顶层设计理念，并结合我国 PPP 项目操作中面临的法律冲突和障碍提出建议。

2016 年 3 月 2 日 全国工商联环境商会向全国"两会"提交了有关完善环保领域 PPP 项目支付机制的提案。

2016 年 3 月 4 日 财政部与国内 10 家大型金融机构、投资机构共同发起设立政企合作投资基金，并召开中国政企合作投资基金股份有限公司创立大会暨第一次股东大会，公司注册资本为 1800 亿元。

2016 年 3 月 5 日 李克强总理在第十二届全国人民代表大会第四次会议上做《政府工作报告》，明确提出推动地方融资平台转型改制进行市场化融资，完善政府和社会资本合作模式，用好 1800 亿元引导基金，依法严格履行合同，充分激发社会资本参与热情。

2016 年 3 月 5 日 财政部在第十二届全国人民代表大会第四次会议上做《关于 2015 年中央和地方预算执行情况与 2016 年中央和地方预算草案的报告》，报告提出要推动 PPP 融资支持基金和 PPP 相关立法工作，重点运用 PPP 模式投入住房保障和保障性安居工程两个方面，具体包括投资建设和运营管理公共租赁住房试点以及政府购买棚改服务等。

2016 年 3 月 17 日 《中华人民共和国国民经济和社会发展第十三个五年规划纲要》正式发布。政府与社会资本合作的 PPP 模式被赋予了完善宏观调控手段的重要任务，成为财政可持续发展机制的重要组成要素。

2016 年 3 月 24 日 国家发展改革委联合工业和信息化部等部委印发《关于推进东北地区民营经济发展改革的指导意见》（发改振兴〔2016〕623 号），文中指出，在基础设施、公用事业、公共服务等领域推出一批政府和社会资本合作（PPP）项目，支持引导民间资本平等参与。这是国家在振兴东北战略中首次提及应用 PPP 模式引入民间资本。

2016 年 4 月 8 日 民政部、卫生计生委联合印发《关于做好医养结合服务机构许可工作的通知》（民发〔2016〕52 号），文中指出政府可以放宽市场准入，采取公办民营、民办公助、政府补贴等方式，引导社会资本进入各类医养结合养老服务建设和运营的领域。

2016 年 4 月 11 日 中国发展研究基金会主办的"社会资本参与公共服务市场化改革"研究专家研讨会暨课题成果发布会在京举行。课题组认为，目前 PPP 模式存在民企参与积极性不高，项目难落地，地方层面实施项目的能力、人才、知识、经验欠缺等问题。

2016 年 4 月 12 日 国土资源部印发《国土资源"十三五"规划纲要》，其中提到"完善政府与社会资本合作模式（PPP）用地政策，支持创新融资模式。

2016 年 4 月 14 日 财政部发布通知，要求各地方财政部门紧急补充 PPP库每个项目的中介机构信息，为建立全国 PPP 咨询机构库做准备工作。

2016 年 4 月 19 日 国家发展改革委组织召开基础设施和公用事业特许经营立法工作领导小组第一次会议，部署加快推进特许经营立法，以完善政府和社会资本合作（PPP）领域法律制度，鼓励和引导社会资本参与基础设施和公用事业建设运营，提高公共服务质量和效率。

2016 年 4 月 22 日 由国家发展改革委、中国保监会、清华大学共同发起成立的清华大学政府和社会资本合作（PPP）研究中心正式揭牌成立。根据清华大学与联合国欧洲经济委员会（简称 UNECE）签署的合作协议，清华 PPP研究中心还将承担联合国欧洲经济委员会 PPP 中国中心的职能。

2016 年 5 月 2 日 亚洲开发银行（以下简称亚行）理事会第四十九届年会在德国举行，楼继伟出席会议并表示希望亚行采取 PPP 模式加强与私营部门的合作伙伴关系。

2016 年 5 月 9 日 国务院办公厅发出通知，要求对促进民间投资政策落实情况开展专项督查。在推进政府和社会资本合作（PPP）模式中，通知要求重点督查 PPP 模式是否存在政策不完善、机制不科学、承诺不兑现等问题。

2016 年 5 月 11 日 财政部发出《关于组织申报 2016 年蓝色海湾整治行动

资金的通知》，文中提出在资金申请中可创新投融资机制，可推广 PPP 等模式，引导社会资本投入。

2016 年 5 月 16 日　财政部政府与社会资本合作中心与全球基础设施基金（GIF）开展合作，征集符合条件的项目建议书，拟择优向 GIF 管理办公室推介。

2016 年 5 月 18 日　国家发展改革委召开"促进民间投资培育新动能发展新经济"电视电话会议。会议强调，近期要认真组织开展促进民间投资专项督查，推动促进民间投资政策落地，进一步推动放宽民间资本市场准入，继续大力推进 PPP 模式。

2016 年 5 月 19 日　基础设施和公用事业特许经营立法专家组在京成立。专家组由 54 人组成，下设法律组、项目管理组、财政金融组、公共管理组和国际组 5 个小组。

2016 年 5 月 30 日　财政部、国家发展改革委联合发出《关于进一步共同做好政府和社会资本合作（PPP）有关工作的通知》（财金〔2016〕32 号），对提高 PPP 项目融资效率、加强监督管理等七个方面提出了比较详细、相对具体的工作要求。

2016 年 6 月 13 日　财政部会同国家发展改革委走访全国人大代表，就加快 PPP 立法开展调研。目前，财政部已经成立立法工作组，研究起草了《政府和社会资本合作法（征求意见稿)》，并已征求了国务院各部门和地方财政部门的意见，抓紧修改完善。

2016 年 6 月 14 日　《保险资金间接投资基础设施项目管理办法》（主席令〔2016〕2 号）已经于 2016 年 4 月 29 日由中国保险监督管理委员会主席办公会审议通过，自 2016 年 8 月 1 日起实施。

2016 年 6 月 17 日　6 月 17 日，住房和城乡建设部召开推进城市地下综合管廊建设电视电话会议，部长陈政高出席会议并讲话。讲话指出，要大力推广 PPP 模式，推进体制、管理、融资渠道创新。

2016 年 6 月 21 日　中国 PPP 论坛在青岛举行。国家发展改革委、住房和城乡建设部、中国保监会、山东省政府、联合国欧洲经济委员会担任指导单位，清华大学、青岛市人民政府、中国国际工程咨询公司联合主办，由清华大学政府和社会资本合作（PPP）研究中心承办。

2016 年 6 月 21 日　国务院办公厅发布《国务院办公厅关于促进和规范健康医疗大数据应用发展的指导意见》（国办发〔2016〕47 号），提出要推广运用政府和社会资本合作（PPP）模式，鼓励和引导社会资本参与健康医疗大数据的基础工程、应用开发和运营服务。

2016 年 7 月 1 日　国务院办公厅发布《关于进一步做好民间投资有关工作的通知》（国办发明电〔2016〕12 号），进一步调动民间投资积极性，激发民间投资潜力和创新活力。

2016 年 7 月 5 日　国家发展改革委与 40 多家金融机构以及有关协会建立投融资合作对接机制。国家发展改革委将从政策解读、项目推介、形势分析等方面主动为金融机构提供服务。例如，推广 PPP 模式等重大政策，向金融机构推介 PPP 重大项目信息等。

2016 年 7 月 7 日　李克强主持召开国务院常务会议，听取了 PPP 模式推广情况汇报，财政部、国家发展改革委两个部门分别提请了"特许经营立法"和"PPP 立法"的意见。此次会议厘清了长期以来财政部和发展改革委两部门在 PPP 领域职责分工问题，明确财政部分管公共服务领域 PPP 项目，发展改革委分管传统基础设施领域 PPP 项目。

2016 年 7 月 18 日　中共中央、国务院联合发布《关于深化投融资体制改革的意见》，鼓励政府和社会资本合作，各地区各部门可以根据需要和财力状况，通过特许经营、政府购买服务等方式，在交通、环保、医疗、养老等领域采取单个项目、组合项目、连片开发等多种形式，扩大公共产品和服务供给。

2016 年 7 月 25 日　国家发展改革委办公厅印发《各地促进民间投资典型经验和做法》（发改办投资〔2016〕1722 号），根据国务院促进民间投资健康发展专项督查调研梳理形成的经验和做法供全国各地区学习，加大政策落实力度，努力促进民间投资平稳健康发展。

2016 年 7 月 31 日　财政部《关于支持政府和社会资本合作（PPP）模式的税收优惠政策的建议》进入征求意见阶段，针对 PPP 项目公司成立阶段和执行到期阶段资产交易转让两个环节实施税收优惠，涉及增值税、企业所得税等税种。在主体税种方面，不宜对 PPP 项目的正常经营活动给予特殊的优惠政策。

2016 年 8 月 1 日 工信部、财政部、人民银行、银监会发布通知，决定开展产业与金融合作试点城市（简称产融合作试点城市）工作，鼓励通过政府和社会资本合作（PPP）模式引导社会资本支持工业园区或产业示范基地建设运营。

2016 年 8 月 4 日 财政部就"不规范的 PPP 和政府购买服务项目构成变相举债问题"举行座谈会，邀请主管部门和 PPP 行业人士参加。

2016 年 8 月 8 日 国务院法制办牵头组织 PPP 立法工作，财政部和国家发展改革委则由原来的立法主导方转变为参与方。

2016 年 8 月 10 日 国家发展改革委办公厅发布《关于国家高速公路网新建政府和社会资本合作项目批复方式的通知》（发改办基础〔2016〕1818 号），提出为贯彻落实国务院第 110 次常务会议关于高速公路审批改革的有关精神，切实转变政府投资管理职能、激发市场活力，积极推进公路交通领域采用 PPP 模式。

2016 年 8 月 15 日 由财政部政府和社会资本合作中心、上海金融业联合会主办的"2016 第二届中国 PPP 融资论坛"在上海国际会议中心召开。

2016 年 8 月 18 日 国家发展改革委印发《关于切实做好传统基础设施领域政府和社会资本合作有关工作的通知》（发改投资〔2016〕1744 号），标志着我国推进 PPP 工作职责分工更加明确，由国家发展改革委牵头负责基础设施领域 PPP 项目推进工作获得国务院认可。通知明确了能源、交通运输、水利、环境保护、农业、林业、重大市政工程七大领域的重点项目类别，其中交通运输领域明确以 PPP 模式推进我国通用机场建设。

2016 年 8 月 25 日 北京市列入财政部 PPP 信息平台目录的 PPP 项目共 89 个，总投资 2400 多亿元。今后，北京还将开发包括冬奥会、新机场、城市副中心建设领域的新 PPP 项目，同时还将探索设立 PPP 促进基金，丰富和完善北京的融资模式。

2016 年 8 月 29 日 上海市政府办公厅印发《上海市推广政府和社会资本合作模式的实施意见》。

2016 年 8 月 31 日 中国人民银行、财政部等七部委联合印发《关于构建绿色金融体系的指导意见》。随着指导意见的出台，中国将成为全球首个建立了比较完整的绿色金融政策的经济体。

2016 年 9 月 1 日 财政部推进政府采购信用信息共享，要求各地做好政府采购有关信用主体标识码登记工作，登记政府采购严重违法失信行为信息记录时，要录入统一社会信用代码等主体标识码，进一步推动政府采购信用信息共享。

2016 年 9 月 3 日 国家主席习近平与来华出席二十国集团（G20）领导人杭州峰会的美国总统奥巴马举行会晤。中美双方达成的主要共识和成果共 35 条，其中第 9 条内容为政府和社会资本合作（PPP）：中美双方承诺向各自的地方政府宣传推广政府和社会资本合作（PPP）模式的最佳实践，并进一步加强在公共服务设施投资和运营领域的交流与信息共享。

2016 年 9 月 6 日 国务院总理李克强主持召开国务院常务会议，部署在关键领域和薄弱环节加大补短板工作力度，提出加大积极财政政策实施力度，注重运用政府和社会资本合作模式，再向社会集中推介一批有现金流、有稳定回报预期的项目，进一步放开基础设施领域投资限制。

2016 年 9 月 24 日 财政部印发《普惠金融发展专项资金管理办法》（财金〔2016〕85 号）。普惠金融发展专项资金是指中央财政用于支持普惠金融发展的专项转移支付资金，包括县域金融机构涉农贷款增量奖励、农村金融机构定向费用补贴、创业担保贷款贴息及奖补、政府和社会资本合作（PPP）项目以奖代补四个使用方向。

2016 年 9 月 24 日 财政部印发《政府和社会资本合作项目财政管理暂行办法》（财金〔2016〕92 号），明确 PPP 项目全生命周期关键节点，保证 PPP 项目规范实施。

2016 年 9 月 28 日 国家发展改革委、住建部联合印发《关于开展重大市政工程领域政府和社会资本合作（PPP）创新工作的通知》（发改投资〔2016〕2068 号），要求深化中小城市和市政领域相关行业 PPP 创新工作，"从每个省份选择 1 个具有一定 PPP 工作基础、有较好项目储备和发展空间的中小城市，进行 PPP 模式创新工作"。

2016 年 10 月 5 日 全球基础设施基金（GIF）第四届咨询委员会在美国华盛顿顺利召开。来自全球 51 个政府或非政府机构的 100 余名代表参加了会议，财政部 PPP 中心代表我国政府参会。会议重点讨论四个专题，即公共资产回收、项目评估工具、GIF 下游融资工具和新兴市场基础设施债务指数。

2016 年 10 月 7 日 在世界银行 2016 年年会期间，财政部政府和合作中心（PPP 中心）与世界银行联合举办的"PPP 改革在中国"国际研讨会在华盛顿召开。

2016 年 10 月 11 日 财政部发布《关于在公共服务领域深入推进政府和社会资本合作工作的通知》（财金〔2016〕90 号），提出进一步加大 PPP 模式推广力度，积极引导各类社会资本参与，涉及的公共服务涵盖 15 个领域。

2016 年 10 月 11 日 财政部联合二十个部委公布了《关于联合公布第三批政府和社会资本合作示范项目 加快推动示范项目建设的通知》（财金〔2016〕91 号），这次示范项目确定为 516 个，投资金额为 1.17 万亿元，要求在 2017 年 9 月底完成采购。

2016 年 10 月 12 日 由中央财经大学中国 PPP 法律与治理研究院（筹）、中国财政科学研究院与中国科学院大学 PPP 研究中心共同主办的"PPP 立法理论、国际趋势与中国实践研讨会"成功举行。

2016 年 10 月 13 日 中国资产评估协会发布《PPP 项目资产评估及相关咨询业务操作指引》，该操作指引以全国人大、国务院、财政部及相关部委所出台的相关法律法规为依据，对 PPP 项目的业务程序、重要业务关注点、具体执行方式和方法、成果形式等进行了详细指导。

2016 年 10 月 18 日 财政部部署摸底 2014 年以来全国地方政府融资平台公司、国有企业、事业单位等的债务余额情况。这次统计摸底不仅涉及存量债务，还首次涉及政府投融资现状及未来财政支出责任状况。各地财政支出责任情况，如政府投资基金、PPP 项目、政府购买服务等需要填报财政分年度履行支出责任的款项。

2016 年 10 月 18 日 民营企业 PPP 投资项目推介会在清华大学成功召开，本次推介会由国家发展改革委投资司、全国工商联经济部共同主办，清华 PPP 研究中心承办。会议共推介了 668 个、总投资约 1.14 万亿元的传统基础设施领域 PPP 项目。

2016 年 10 月 24 日 财政部就《政府和社会资本合作物有所值评价指引（修订稿）》（财办金〔2016〕118 号）公开向社会征求意见。

2016 年 10 月 27 日 国家发展改革委印发《传统基础设施领域实施政府和社会资本合作项目工作导则》（发改投资〔2016〕2231 号），进一步规范传统基础设施领域政府和社会资本合作（PPP）项目操作流程。该导则适用于在能源、交通运输、水利、环境保护、农业、林业以及重大市政工程等传统基础设施领域采用 PPP 模式的项目。

2016 年 10 月 28 日 财政部《政府和社会资本合作项目信息公开暂行管理办法（征求意见稿）》向社会公布，管理办法进入征集意见阶段。规范 PPP 项目信息公开工作，有效监督和约束 PPP 项目各参与方行为，保障公众知情权，促进 PPP 市场公平、竞争、规范、可持续发展。

2016 年 11 月 19 日 甘肃省政府主办了 2016 年政府和社会资本合作（PPP）项目推介会暨签约仪式，签约 PPP 项目 40 项，向全社会推介重点推进的 PPP 项目 83 项。

2016 年 11 月 21 日 国家发展改革委联合国家林业局发布《关于运用政府和社会资本合作模式推进林业建设的指导意见》（发改农经〔2016〕2455号），提出在林业重大生态工程、国家储备林建设、林区基础设施建设、林业保护设施建设、野生动植物保护及利用五大重点领域实施政府和社会资本合作（PPP）模式。

2016 年 11 月 30 日 云南省发展改革委甄选 335 个拟采用 PPP 模式建设的项目，会同财政厅、省政府新闻办召开新闻发布会向社会公开推介。

2016 年 11 月 30 日 国务院总理李克强签署国务院令，公布《企业投资项目核准和备案管理条例》，自 2017 年 2 月 1 日起施行。这是我国固定资产投资领域第一部行政法规。制定这个条例的目的，就是要进一步规范政府对企业投资项目的核准和备案行为，加快转变政府的投资管理职能，落实企业投资自主权。

2016 年 12 月 1 日 中国 PPP 高峰论坛在西安人民大厦举行。此次会议由陕西省发展改革委主办，国家发展改革委、财政部的领导等 400 余人参加了会议。

2016 年 12 月 2 日 中国 PPP 基金与内蒙古、吉林、江苏、河南、湖南、海南、贵州、陕西、宁夏等省区在北京分别签署合作协议，合作设立省级 PPP 基金，基金总规模为 437 亿元。

2016 年 12 月 6 日 全球基础设施中心（GIH）项目库正式启动。项目库将帮助各国政府部门开发和推进基础设施项目，面向全球社会资本发布各国基

础设施项目信息，促进项目融资，支持政府和社会资本合作。中国、澳大利亚、哥伦比亚、韩国、墨西哥、新西兰、乌拉圭等国为项目库提供并发布了首批项目。

2016 年 12 月 9 日 全国财政系统 PPP 工作推进会暨示范项目督导会在云南昆明召开。会议传达了党中央、国务院关于深化公共服务领域 PPP 改革的决策部署，分析研究了改革面临的新形势、新任务，提出了开展完善推广 PPP 模式专项督查调研的工作要求，明确了 2017 年 PPP 重点工作。会后由国务院办公厅、环保部、住建部、交通部、卫生计生委、人民银行和财政部相关司局组成的 5 个督查调研组分赴 10 个省区开展 PPP 专项督查调研工作。

2016 年 12 月 12 日 国家发展改革委投资司与联合国欧洲经济委员会 PPP 中心在北京召开"一带一路"PPP 工作机制洽谈会。双方一致认为，在"一带一路"建设中推进 PPP 模式，可以更好地提供公共产品和公共服务，助推沿线各国实现可持续发展目标。

2016 年 12 月 16 日 河南省财政厅举行 PPP 重大项目签约和 PPP 重点项目专题推介活动，推动全省 PPP 工作深入开展。此次签约也是河南省举行的首次大规模 PPP 重大项目签约与推介活动，标志着河南省 PPP 项目落地进程不断加快。

2016 年 12 月 19 日 国家发展改革委联合农业部发布了《关于推进农业领域政府和社会资本合作的指导意见》，提出大力推进农业领域政府和社会资本合作，这也是农业领域首个 PPP 指导文件。同日，财政部和农业部联合发布《建立以绿色生态为导向的农业补贴制度改革方案》，提出大力推进建立以绿色生态为导向的农业补贴制度改革。

2016 年 12 月 19 日 财政部印发《财政部驻各地财政监察专员办事处实施地方政府债务监督暂行办法》，明确财政部驻各地财政监察专员办事处对地方政府债务监督重点为政府债务管理、违法违规融资担保行为两方面。

2016 年 12 月 21 日 国家发展改革委印发《传统基础设施领域政府和社会资本合作（PPP）项目库管理办法（试行)》，对 PPP 项目入库做了具体说明。

2016 年 12 月 21 日 中共中央总书记、国家主席、中央军委主席、中央财经领导小组组长习近平主持召开中央财经领导小组第十四次会议，研究"十三五"规划纲要确定的 165 项重大工程项目进展和解决好人民群众普遍关心的突出问题等工作。习近平强调，要正确区分政府职责和市场作用，凡是市场能做的，政府要创造条件引导民间资本进入，支持各类市场主体以多种形式参与项目实施并获取收益。

2016 年 12 月 22 日 国务院印发《关于加强政务诚信建设的指导意见》（国发〔2016〕76 号），要求加强 PPP、地方政府债务、政府采购等领域的政务诚信建设。

2016 年 12 月 23 日 经李克强总理签批，国务院印发《"十三五"国家战略性新兴产业发展规划》，对"十三五"期间我国战略性新兴产业发展目标、重点任务、政策措施等做出全面部署安排。其中涉及 PPP 的内容包括：创新财税政策支持方式，积极运用政府和社会资本合作（PPP）等模式，引导社会资本参与重大项目建设；采用 PPP 模式推进遥感卫星等建设。

2016 年 12 月 23 日 中国首条民营资本控股的高铁 PPP 项目杭绍台高铁正式开工建设。项目将按照创新投融资方式、培育多元投资主体的原则，由浙江省按 PPP 模式运作，积极吸引民营企业等共同筹资建设。浙江省明确提出，由民营企业绝对控股。

2016 年 12 月 24 日 国务院办公厅印发《关于全面放开养老服务市场 提升养老服务质量的若干意见》，提出到 2020 年，养老服务市场全面放开，养老服务和产品有效供给能力大幅提升。对在养老服务领域采取政府和社会资本合作（PPP）方式的项目，可以国有建设用地使用权作价出资或者入股建设。

2016 年 12 月 26 日 国家发展改革委与中国证监会 26 日联合下发《关于推进传统基础设施领域政府和社会资本合作（PPP）项目资产证券化相关工作的通知》，预示着 PPP 资产证券化正式启幕。

2016 年 12 月 29 日 全国财政工作会议在北京召开，总结 2016 年财政工作，研究部署 2017 年财政工作。会议提出，要加强预算、债务、政府采购、PPP、资产、会计等领域的立法及研究，进一步深化财政"放管服"改革。

2016 年 12 月 30 日 财政部正式发布《关于印发〈财政部政府和社会资本合作（PPP）专家库管理办法〉的通知》，规范 PPP 专家库的组建、管理。

2017 年

2017 年 1 月 3 日 交通运输部发布《交通运输部关于深化改革加快推进

道路客运转型升级的指导意见》，推进道路客运经营主体结构调整。意见提出，探索政府和社会资本合作（PPP）模式，吸引社会资本参与道路客运服务、站场建设和运营服务。

2017 年 1 月 5 日　国家发展改革委、交通运输部联合印发《关于进一步做好收费公路政府和社会资本合作项目前期工作的通知》（发改办基础〔2016〕2851 号），对收费公路 PPP 项目前期工作管理做出相应调整，并明确提出，PPP 项目确定社会资本方并正式签署 PPP 项目合同后，由省级交通主管部门组织向交通运输部报送项目购税资金申请函。

2017 年 1 月 6 日　财政部、发展改革委以加急文件的形式下发了《关于报送推广 PPP 模式成效明显市县名单的通知》，推荐评选推广 PPP 工作成效明显、社会资本参与度高的市（州）、县（市、区）作为激励对象。

2017 年 1 月 7 日　国家发展改革委会同外交部等 13 个部门和单位，共同建立"一带一路"PPP 工作机制，与沿线国家在基础设施等领域加强合作，积极推广 PPP 模式，鼓励和帮助中国企业"走出去"，推动相关基础设施项目尽快落地。

2017 年 1 月 9 日　国家发展改革委投资司、中国证监会债券部、中国证券投资基金业协会与有关企业召开了 PPP 项目资产证券化座谈会，推动传统基础设施领域 PPP 项目进行证券化融资。这是国家发展改革委、中国证监会联合发文后首次召开座谈会，标志着 PPP 项目资产证券化工作正式启动。

2017 年 1 月 11 日　中共中央办公厅、国务院办公厅印发《关于创新政府配置资源方式的指导意见》，指出要从广度和深度上推进市场化改革，大幅度减少政府对资源的直接配置，创新配置方式，更多引入市场机制和市场化手段，提高资源配置的效率和效益。

2017 年 1 月 11 日　财政部就《政府和社会资本合作（PPP）咨询机构库名录管理办法（征求意见稿）》征求意见，对 PPP 项目进行名录管理。

2017 年 1 月 13 日　国家发展改革委出台了《关于印发〈政府出资产业投资基金管理暂行办法〉的通知》，旨在优化政府投资方式，发挥政府资金的引导作用和放大效应，提高政府资金使用效率，吸引社会资金投入政府支持领域和产业。

2017 年 1 月 17 日　交通运输部发布《关于征求〈政府和社会资本合作

（PPP）公路建设项目投资人招标投标管理办法〉（征求意见稿）意见的函》。

2017 年 1 月 17 日　财政部 PPP 中心正式上线专家库，近 300 位专家成为首批入库专家。

2017 年 1 月 17 日　PPP 项目资产证券化业务专题培训在北京举办，培训由国家发展改革委、中国证监会联合主办，来自地方政府、地方证监局、社会资本、咨询公司、券商机构的 200 多名人士参加了培训。

2017 年 1 月 18 日　交通部印发《关于征求〈政府和社会资本合作（PPP）公路建设项目投资人招标投标管理办法〉（征求意见稿）意见的函》，规范政府和社会资本合作（PPP）公路建设项目投资人招标投标活动。

2017 年 1 月 18 日　国务院印发《关于扩大对外开放积极利用外资若干措施的通知》，支持外资以特许经营方式参与基础设施建设。

2017 年 1 月 21 日　国家发展改革委联合国家体育总局印发《"十三五"公共体育普及工程实施方案的通知》，鼓励社会资本采用 PPP、公建民营等方式建设全民健身中心项目，明确了对于采用 PPP 方式建设的补助标准：原则上，按照平均总投资 600 万元测算，中央预算内投资对西部、中部、东部地区按测算总投资的 80%、60%、30% 予以补助。

2017 年 2 月 6 日　清华 PPP 研究中心发布国家发展改革委 PPP 专家库首批 343 名专家名单，并承担专家库的运营维护及日常管理工作。

2017 年 2 月 6 日　《中共中央、国务院关于深入推进农业供给侧结构性改革加快培育农业农村发展新动能的若干意见》出台，文中提到要创新财政资金使用方式，推广政府和社会资本合作，拓宽农业农村基础设施投融资渠道，支持社会资本以特许经营、参股控股等方式参与农林水利、农垦等项目的建设运营。鼓励地方政府和社会资本设立各类农业农村发展投资基金。

2017 年 2 月 6 日　国务院办公厅印发《关于促进开发区改革和创新发展的若干意见》，提出鼓励以 PPP 模式进行开发区公共服务、基础设施类项目建设。

2017 年 2 月 7 日　国家工商总局公布了江苏省工商行政管理局对吴江华衍水务有限公司滥用市场支配地位案的处罚决定书，处罚金融高达 2000 多万元，该案被外界称为首例供水 PPP 项目滥用市场支配地位被罚案件。

2017 年 2 月 10 日　民政部、国家发展改革委等十三部委联合印发《关于

加快推进养老服务业放管服改革的通知》，进一步调动社会力量参与养老服务业发展的积极性。

2017 年 2 月 17 日　国务院办公厅印发《关于创新农村基础设施投融资体制机制的指导意见》，部署创新农村基础设施投融资体制机制，支持各地通过政府和社会资本合作模式，引导社会资本投向农村基础设施领域。

2017 年 2 月 21 日　国家发展改革委、住建部联合印发《关于进一步做好重大市工程领域政府和社会资本合作（PPP）创新工作的通知》（发改投资〔2017〕328 号），明确开展 PPP 创新工作的重点中小城市名单。

2017 年 2 月 27 日　财政部办公厅向湖北省办公厅发出《关于核查武汉市轨道交通 8 号线一期 PPP 项目不规范操作问题的函》。该函称，武汉市城乡建设委员会实施的武汉市轨道交通 8 号线一期 PPP 项目社会资本采购预成交公示于 2 月 13 日在中国政府采购网发布，公示信息及项目材料显示，该项目存在风险分配不当等问题。

2017 年 2 月 28 日　国家发展改革委依托投资项目在线审批监管平台对已有的 PPP 项目库进行了完善，并建立了全国统一的传统基础设施领域 PPP 项目库。目前，传统基础设施领域 PPP 项目库共入库 15966 个项目，项目总投资 15.9 万亿元，涉及能源、交通运输、水利、环境保护、农业、林业、重大市政工程等领域。

2017 年 2 月 28 日　财政部布局推广的首家全国性 PPP 资产交易和管理平台——天津金融资产交易所 PPP 交易平台正式启动。

2017 年 3 月 1 日　国家发展改革委、工信部、住建部、交通运输部、水利部、商务部六部委联合印发《"互联网＋"招标采购行动方案（2017～2019年)》，方案要求，2017 年，电子招标投标覆盖各地区、各行业，依法必须招标项目基本实现全流程电子化招标采购。按照电子招标投标有关规定，可通过 PPP 模式加快建设本地区统一的电子招标投标公共服务平台，也可由符合要求的公共资源交易电子服务系统承担电子招标投标公共服务平台功能。

2017 年 3 月 5 日　第十二届全国人民代表大会第五次会议在人民大会堂开幕，李克强总理在《政府工作报告》中再次提到"政府与社会资本合作（PPP 模式)"。报告提出落实和完善促进民间投资的政策措施，深化政府和社会资本合作，完善相关价格、税费等优惠政策，政府要带头讲诚信，决不能随意改变约定。

2017 年 3 月 6 日 在十二届全国人大五次会议的首场记者会上，国家发展改革委主任何立峰、副主任张勇、副主任宁吉喆围绕"经济社会发展与宏观调控"回答中外记者提问，其中两次提到 PPP 问题。

2017 年 3 月 7 日 十二届全国人大五次会议新闻中心举行记者会，财政部部长肖捷在回答记者提问时表示，PPP 在中国还处于探索阶段，在关注 PPP 项目落地率的同时，也应该关注项目的规范实施和风险防范。

2017 年 3 月 9 日 在全国"两会"上，有关如何提高民间资本参与 PPP 项目的积极性这一话题的提案有：全国人大代表张兆安提交了《关于促进民营资本参与 PPP 项目的建议》；全国人大代表刘正军提出了《加快推进 PPP 立法以保障民间投资的建议》；全国政协委员周秉建提交了《关于加快建立 PPP 统一、规范、透明大市场的建议》；全国政协委员丁时勇提出了《规范推进 PPP 模式提升公共服务能力》；全国工商业联合会提交了《关于进一步完善政策鼓励民间资本参与 PPP 的提案》；九三学社中央提交了《有关完善 PPP 法律制度激发社会资本活力的提案》；农工党中央提交了《创新环境 PPP 模式 推动环保产业转型的发展》；民建中央提交了《关于高质量推进特色小镇规划建设的提案》。

2017 年 3 月 9 日 国家发展改革委公布 PPP 征文获奖名单。经过专家严格评选和综合打分，共评出一等奖 20 篇、二等奖 30 篇。

2017 年 3 月 9 日 经李克强总理签批，国务院印发《"十三五"国家老龄事业发展和养老体系建设规划》，鼓励采取特许经营、政府购买服务、政府和社会资本合作等方式支持社会力量举办养老机构。

2017 年 3 月 10 日 四个 PPP 资产证券化项目获准发行，标志着业界一直期盼的 PPP 资产证券化正式落地。

2017 年 3 月 16 日 国务院办公厅印发《关于进一步激发社会领域投资活力的意见》，提出 37 条具体可操作的政策措施，旨在进一步激发医疗、养老、教育、文化、体育等社会领域投资活力，其中多条对 PPP 模式有利好影响。

2017 年 3 月 23 日 财政部发布《关于印发〈新增地方政府债务限额分配管理暂行办法〉的通知》，提出健全地方政府债务限额管理机制，规范新增地方政府债务限额分配管理，发挥地方政府债务促进经济社会发展的积极作用，

防范财政金融风险。

2017 年 3 月 23 日　博鳌亚洲论坛开幕，主题为"直面全球化与自由贸易的未来"，提出各国应开展灵活多样的跨境 PPP 合作模式积极推动技术创新，促进知识与信息跨境流动的便利化，使之惠及所有国家和地区、所有阶层、所有群体。

2017 年 3 月 27 日　由国家发展改革委举办的推广 PPP 模式业务专家培训会在国家发展改革委顺义培训中心举办。

2017 年 3 月 27 日　国家能源局印发《关于深化能源行业投融资体制改革的实施意见》，明确鼓励政府和社会资本合作，重点在城镇配电网、农村电网、电动汽车充电桩、城市燃气管网、液化天然气储运设施等领域推广运用政府和社会资本合作模式。

2017 年 3 月 27 日　国防科工局明确表示，嫦娥四号工程将向社会资本开放，鼓励社会资本、企业参与嫦娥四号任务。探月工程三期总设计师胡浩表示，以嫦娥四号为试点，探索引入社会资本的新模式，对于打破航天工业壁垒、加速航天技术创新、有效降低工程成本、提高投资效益等，均具有积极作用。

2017 年 3 月 27 日　财政部发布《关于印发〈政府和社会资本合作（PPP）咨询机构库管理暂行办法〉的通知》。

2017 年 4 月 14 日　财政部 PPP 中心发布全国 PPP 综合信息平台入库项目信息公开公告。

2017 年 4 月 18 日　《国务院批转国家发展改革委关于 2017 年深化经济体制改革重点工作意见的通知》（国发〔2017〕27 号）出台，首次明确财政部和国家发展改革委分工负责推进政府和社会资本合作（PPP）模式。意见所附 2017 年经济体制改革重点任务分工表中明确指出将由财政、发改两部委按职责分工推进 PPP 模式。

2017 年 4 月 19 日　环境保护部、发改委、科技部等 10 部委联合印发《关于印发〈近岸海域污染防治方案〉的通知》（环办水体涵〔2017〕430 号），提出逐步将近岸海域污染防治领域全面向社会资本开放，健全投资回报机制，推广运用政府和社会资本合作（PPP）模式。

2017 年 4 月 21 日　财政部印发《关于申报 2017 年度文化产业发展专项资

金的通知》（财办文〔2017〕25号），明确对于符合支持重点中的PPP项目等优先予以支持，要求切实发挥财政资金引导和杠杆作用，积极撬动社会资本支持文化产业发展。

2017年4月24日 国务院办公厅印发《国务院办公厅关于对2016年落实有关重大政策措施真抓实干成效明显地方予以表扬激励的通报》（国办发〔2017〕34号），对推广政府和社会资本合作（PPP）模式成效明显、社会资本参与度较高的30个市、县（市、区）通报表扬，并将对其在安排中央预算内投资PPP项目前期工作专项补助时给予优先倾斜和支持。

2017年4月25日 国家发展改革委办公厅印发《政府和社会资本合作（PPP）项目专项债券发行指引》指出，符合条件的PPP项目、PPP项目公司或社会资本方可发行专项债，用于项目建设、运营，或偿还已直接用于项目建设的银行贷款。

2017年4月26日 财政部、发展改革委、司法部、人民银行、银监会、证监会六部委印发《关于进一步规范地方政府举债融资行为的通知》（财预〔2017〕50号），严禁地方政府利用PPP等变相举债，地方政府及其所属部门参与PPP项目时，不得以任何方式承诺回购社会资本方的投资本金，不得以任何方式承担社会资本方的投资本金损失，不得以任何方式向社会资本方承诺最低收益。

2017年5月2日 国家发展改革委征集的"一带一路"PPP项目典型案例申报结束，来自央企和地方政府申报入围的项目共有44个，案例筛选等具体工作委托国家发展改革委国际合作中心、清华PPP研究中心负责。

2017年5月4日 中国保监会发布《关于保险业支持实体经济发展的指导意见》，意见指出将推进保险资金参与PPP项目和重大工程建设。支持符合条件的专业管理机构作为受托人发起设立基础设施投资计划，募集保险资金投资符合条件的PPP项目。

2017年5月4日 国家发展改革委公布第二批PPP资产证券化项目，第二批资产证券化项目共有8单，主要涵盖交通设施、热力等民生领域。

2017年5月14日 "一带一路"国际合作高峰论坛开幕式在北京国家会议中心举行。国家主席习近平表示，要建立稳定、可持续、风险可控的金融保障体系，创新投资和融资模式，推广政府和社会资本合作（PPP模式），建设

多元化融资体系和多层次资本市场。

2017 年 5 月 17 日   国家发展改革委与联合国欧洲经济委员会签署谅解备忘录,就双方在"一带一路"沿线国家推广 PPP 模式做了具体约定,即建立健全 PPP 法律制度和框架体系、筛选 10 个 PPP 项目典型案例、建立"一带一路"PPP 国际专家库、建立"一带一路"PPP 对话机制。

2017 年 5 月 22 日   中国保监会印发《中国保监会关于债权投资计划投资重大工程有关事项的通知》(保监资金〔2017〕135 号),在风险可控的前提下,支持保险资金投资对宏观经济和区域经济具有重要带动作用的重大工程。

2017 年 5 月 24 日   国家发展改革委选定了 43 个项目作为第二批 PPP 项目典型案例,以充分发挥示范带动作用,引导有关方面规范开展 PPP 推广工作。

2017 年 5 月 26 日   清华 PPP 研究中心发布 2017 年中国城市 PPP 发展环境指数,从政府治理、财政保障、营商环境和发展需求四个维度构建了中国PPP 发展环境评价体系(包括 33 个指标),并以 289 个地级及以上城市为对象,编制完成了"2017 年中国城市 PPP 发展环境指数"。

2017 年 5 月 28 日   财政部印发《关于坚决制止地方以政府购买服务名义违法违规融资的通知》(财预〔2017〕87 号),明确政府购买服务的改革方向、实施范围、预算管理、信息公开等事项,严禁以政府购买服务名义违法违规举债。

2017 年 6 月 1 日   财政部、国土资源部联合对外发布《地方政府土地储备专项债券管理办法(试行)》,决定在地方政府土地储备领域率先发行专项债券,以遏制违法违规变相举债。

2017 年 6 月 2 日   由清华大学与陕西省政府共同主办、清华 PPP 研究中心承办的新型城镇化建设高峰论坛在西安举行,此次论坛是 2017 年丝绸之路国际博览会及第二十一届中国东西部合作贸易洽谈会的重点活动,秉承创新、开放、共享的理念,聚合优质资源助力跨越新领域、促进新型城镇化建设事业的健康可持续发展。

2017 年 6 月 2 日   国务院发布关于开展第四次大督查的通知,要求防范重点领域风险,稳妥推进地方政府存量债务置换,降低政府债务成本,查处违法违规融资担保,严控"明股实债"等变相举债行为情况。

2017 年 6 月 6 日   财政部、农业部发布《关于深入推进农业领域政府和社会资本合作的实施意见》，重点引导和鼓励社会资本参与农业绿色发展、高标准农田建设、现代农业产业园、田园综合体、农产品物流与交易平台、"互联网＋"现代农业六个重点领域。

2017 年 6 月 7 日　财政部、中国人民银行、中国证监会发布《关于规范开展政府和社会资本合作项目资产证券化有关事宜的通知》（财金〔2017〕55号），要求分类稳妥地推动 PPP 项目资产证券化，严格筛选开展资产证券化的 PPP 项目，完善 PPP 项目资产证券化工作程序，着力加强 PPP 项目资产证券化监督管理。

2017 年 6 月 15 日　国家发展改革委农经司联合国家林业局计财司组织召开林业领域 PPP 试点项目工作座谈会，筛选第一批林业领域 PPP 试点项目，并加强跟踪、指导、调度工作。

2017 年 6 月 19 日　中国担任金砖国家主席国期间的第二次金砖国家财长和央行行长会议在上海成功举行。会上，各方认为应建立政府和社会资本合作领域合作框架，为金砖国家开展 PPP 合作打下坚实基础。

2017 年 6 月 21 日　国家发展改革委联合工业和信息化部、国土资源部、环境保护部、住房和城乡建设部、交通运输部等十八部委，发布《全国投资项目在线审批监管平台运行管理暂行办法》，自 2017 年 6 月 25 日起施行。这意味着此前由发改委力推的"全国投资项目在线审批监管平台"获得多个部委的联合推进，项目从"一出生"就有了唯一的"身份证"，其后所有事项将实现"一码在手、办事无忧"。

2017 年 6 月 29 日　财政部 PPP 中心发布关于启动 PPP 咨询机构库入库工作的公告，482 家机构进入财政部首批 PPP 咨询库。

2017 年 7 月 5 日　国务院总理李克强 7 月 5 日主持召开国务院常务会议，要求拿出更多优质资产，通过 PPP 模式引入各类投资，回收资金继续用于新的基础设施和公用事业建设，实现良性循环。

2017 年 7 月 7 日　国家发展改革委印发《关于加快运用 PPP 模式盘活基础设施存量资产有关工作的通知》，指导地方加快运用 PPP 模式、规范有序盘活基础设施存量资产，形成投资良性循环。

2017 年 7 月 10 日　住建部下发《住房城乡建设部关于保持和彰显特色小镇特色若干问题的通知》（建材〔2017〕144 号），要求各地保持和彰显特色

小镇特色，尊重小镇现有格局，保持小镇宜居尺度，传承小镇传统文化。

2017 年 7 月 12 日　财政部和交通运输部联合印发《地方政府收费公路专项债券管理办法（试行）》，继土地储备专项债券之后，我国地方政府专项债券第二个品种——地方政府收费公路专项债券正式宣告面世。

2017 年 7 月 19 日　财政部、住建部、农业部、环境保护部印发《关于政府参与的污水、垃圾处理项目全面实施 PPP 模式的通知》，通知提出，政府参与的新建污水、垃圾处理项目全面实施 PPP 模式，有序推进存量项目转型为 PPP 模式。尽快在该领域内形成以社会资本为主，统一、规范、高效的 PPP 市场，推动相关环境公共产品和服务供给结构明显优化。

2017 年 7 月 21 日　国务院法制办发布关于《基础设施和公共服务领域政府和社会资本合作条例（征求意见稿）》公开征求意见的通知。这是我国目前法律层级最高的 PPP 条例，包括总则、合作项目的发起、合作项目的实施、监督管理、争议解决、法律责任和附则 7 章，共 50 条、6000 余字。

2017 年 7 月 24 日　中共中央政治局召开会议，分析研究当前经济形势，部署下半年经济工作。会议强调，要积极稳妥化解累积的地方政府债务风险，有效规范地方政府举债融资，坚决遏制隐性债务增量。

2017 年 7 月 27 日　财政部等十九部委联合发布《关于组织开展第四批政府和社会资本合作示范项目申报筛选工作的通知》，第四批 PPP 示范项目申报启动。

2017 年 7 月 31 日　财政部 PPP 工作领导小组组长、副部长史耀斌在京主持召开进一步推进 PPP 规范发展工作座谈会，听取部分地区对于当前 PPP 工作中存在问题及工作建议的汇报，部署进一步推进 PPP 规范发展工作。

2017 年 8 月 1 日　国家发展改革委办公厅发布《关于发挥政府出资产业投资基金引导作用推进市场化银行债权转股权相关工作的通知》，支持现有政府出资产业投资基金或新设政府出资市场化债转股专项基金参与市场化债转股项目。

2017 年 8 月 2 日　财政部发布《关于试点发展项目收益与融资自求平衡的地方政府专项债券品种的通知》（财预〔2017〕89 号），打造立足我国国情、从我国实际出发的地方政府"市政项目收益债"，防范化解地方政府专项债务风险，深化财政与金融互动，引导社会资本加大投入。

2017 年 8 月 5 日 国家发展改革委、农业部发布《关于印发农业领域政府和社会资本合作第一批试点项目的通知》，第一批农业 PPP 试点项目有 20 个项目入选，要求通过前期费用奖补、政府补助、贷款贴息等形式，支持项目实施。

2017 年 8 月 9 日 国家发展改革委 PPP 专家库第二批专家名单发布，共 145 人入库。

2017 年 8 月 9 日 最高人民法院印发《最高人民法院关于进一步加强金融审判工作的若干意见》，要求依法认定地方政府利用平台公司融资、政府和社会资本合作（PPP）、投资基金、购买服务等方式变相举债做出的行政行为或者签订的行政协议的性质、效力和责任，明确裁判规则，划出责任边界，有效防范地方政府债务风险的积聚。

2017 年 8 月 14 日 世界银行发布 2017 年版《PPP 合同条款指南》。2017 年版《PPP 合同条款指南》对特定国家不同层级的 PPP 交易和不同法律制度下的 PPP 交易经验的表述方面进行了改进。

2017 年 8 月 16 日 国家发展改革委办公厅发布《关于在企业债券领域进一步防范风险加强监管和服务实体经济有关工作的通知》，要求企业新申报发行企业债券时，应明确发债企业和政府之间的权利责任关系，实现发债企业与政府信用严格隔离，严禁地方政府及部门为企业发行债券提供不规范的政府和社会资本合作、政府购买服务、财政补贴等情况。

2017 年 8 月 16 日 国家发展改革委发布《2017 年上半年促投资补短板工作情况及下半年工作重点》，其中明确指出，推动各地运用多种 PPP 运作模式，盘活存量资产，形成投资良性循环。多管齐下加大 PPP 项目推动力度，促进民间资本参与 PPP 项目。

2017 年 8 月 16 日 国务院法制办召集部分政府和社会资本合作（PPP）领域专家，就近期公布的《基础设施和公共服务领域政府和社会资本合作条例（征求意见稿）》征求专家意见。

2017 年 8 月 18 日 财政部、民政部、人力资源和社会保障部发布《关于运用政府和社会资本合作模式支持养老服务业发展的实施意见》，鼓励运用政府和社会资本合作（PPP）模式推进养老服务业供给侧结构性改革。

2017 年 8 月 22 日 财政部发布《关于完善财政部 PPP 专家库管理的通

告》，提出要加强在库专家信息管理，完善在库专家评审行为，丰富在库专家交流活动。

2017 年 8 月 29 日 财政部部长肖捷向十二届全国人大常委会第二十九次会议汇报预算执行情况，他指出要积极稳妥化解地方政府债务风险，坚决遏制隐性债务增量。

2017 年 9 月 4 日 金砖国家领导人共同发表厦门宣言，提到，"我们注意到金砖国家财政部长和央行行长就政府和社会资本合作（PPP）达成共识，包括分享 PPP 经验，开展金砖国家 PPP 框架良好实践等。"

2017 年 9 月 8 日 财政部 PPP 中心发布《关于 PPP 咨询机构库信息公开的公告》，共有 406 家机构入选财政部首批咨询机构库。

2017 年 9 月 9 日 由财政部和北京大学联合主办的"引领新常态，创新 PPP 发展理论与实践高层对话暨北京大学政府和社会资本合作研究中心成立大会"在北京大学成功召开。

2017 年 9 月 12 日 清华 PPP 研究中心为清华公管 MPA 研究生开设的 PPP 专业课——《PPP 的理论与实践》正式开课。

2017 年 9 月 15 日 国务院办公厅印发《关于进一步激发民间有效投资活力促进经济持续健康发展的指导意见》指出，要加大基础设施和公用事业领域开放力度，为民营企业创造平等竞争机会。

2017 年 9 月 28 日 第二届"中国 PPP 论坛"在北京举行，本次论坛主题为"'一带一路'与 PPP"。论坛由国家发展改革委、中国保监会、联合国欧洲经济委员会担任指导单位，由清华大学主办，清华 PPP 研究中心承办。

2017 年 9 月 28 日 "中国高校 PPP 论坛"在京举行启动仪式。清华 PPP 研究中心倡议，由 58 家高校的相关院系或 PPP 研究机构共同发起，建立具有全球影响力的中国高校 PPP 联盟。

2017 年 9 月 30 日 中共中央办公厅、国务院办公厅印发《关于创新体制机制推进农业绿色发展的意见》指出，要加大 PPP 在农业绿色发展领域的推广应用，引导社会资本投向农业资源节约、废弃物资源化利用、动物疫病净化和生态保护修复等领域。

2017 年 11 月 10 日 财政部办公厅公布了《关于规范政府和社会资本合作（PPP）综合信息平台项目库管理的通知》，通知要求，各级财政部门要深刻认识当前规范项目库管理的重要意义，及时纠正 PPP 泛化滥用现象，进一步推进 PPP 规范发展，着力推动 PPP 回归公共服务创新供给机制的本源，促进实现公共服务提质增效目标，夯实 PPP 可持续发展的基础。

2017 年 11 月 21 日 国资委办公厅印发《关于加强中央企业 PPP 业务风险管控的通知》（国资发财管〔2017〕192 号），要求央企管控 PPP 风险，以促进 PPP 事业的长期、健康、可持续发展。

2017 年 11 月 22 日 联合国欧洲经济委员会 PPP 工作组在联合国日内瓦总部召开了"采用 PPP 模式与中国携手推进'一带一路'倡议实现共赢"专场会议，来自 60 多个国家、国际组织以及国际金融机构的 200 多位代表参会。

2017 年 11 月 28 日 国家发展改革委印发《关于鼓励民间资本参与政府和社会资本合作（PPP）项目的指导意见》，该指导意见首次系统地提出了鼓励民间资本参与 PPP 项目的十条意见（简称"PPP 民十条"）。

2016 年 11 月 29 日 交通部印发《收费公路政府和社会资本合作操作指南》，给收费公路项目采用 PPP 模式一个明确的指引，为市场的规范有序发展提供了指导。

2017 年 12 月 1 日 由中国高校 PPP 论坛主办，清华 PPP 研究中心承办的"首期 PPP 师资研讨班"在清华大学公共管理学院举办，30 多所高校的近 80 位老师参加了本次研讨班。

2017 年 12 月 18 日 国家发展改革委、水利部印发《政府和社会资本合作建设重大水利工程操作指南（试行）》。

2017 年 12 月 19 日 财政部印发《关于国有资本加大对公益性行业投入的指导意见》，指出要推广政府和社会资本合作，通过资本市场和开发性、政策性金融等多元融资渠道，吸引国有企业等社会资本参与公共产品和公共服务项目的投资、运营和管理。

2017 年 12 月 22 日 中国 PPP 咨询机构论坛第一届理事会第一次会议在北京召开。中国国际工程咨询公司当选为中国 PPP 咨询机构论坛理事长单位，论坛成员单位达到 218 家。

2017 年 12 月 23 日 财政部发布《关于坚决制止地方政府违法违规举债遏制隐性债务增量情况的报告》。

二 PPP 领域近期重要文件汇编

（一）中央层面

1. 《关于加强地方政府性债务管理的意见》（国发〔2014〕43 号）。

2. 《国务院关于深化预算管理制度改革的决定》（国发〔2014〕45 号）。

3. 《国务院关于创新重点领域投融资机制鼓励社会投资的指导意见》（国发〔2014〕60 号）。

4. 《国务院关于印发推进财政资金统筹使用方案的通知》（国发〔2015〕35 号）。

5. 《国务院关于进一步做好城镇棚户区和城乡危房改造及配套基础设施建设有关工作的意见》（国发〔2015〕37 号）。

6. 《国务院关于国有企业发展混合所有制经济的意见》（国发〔2015〕54 号）。

7. 《国务院办公厅转发财政部人民银行银监会关于妥善解决地方政府融资平台公司在建项目后续融资问题意见的通知》（国办发〔2015〕40 号）。

8. 《国务院办公厅转发财政部发展改革委人民银行关于在公共服务领域推广政府和社会资本合作模式指导意见的通知》（国办发〔2015〕42 号）。

9. 《国务院办公厅关于推进城市地下综合管廊建设的指导意见》（国办发〔2015〕61 号）。

10. 《国务院办公厅转发卫生计生委等部门关于推进医疗卫生与养老服务相结合指导意见的通知》（国办发〔2015〕84 号）。

11. 《中共中央国务院关于深化投融资体制改革的意见》（中发〔2016〕18 号）。

12. 《关于印发 2016 年推进简政放权放管结合优化服务改革工作要点的通知》（国发〔2016〕30 号）。

13. 《国务院关于印发土壤污染防治行动计划的通知》（国发〔2016〕31 号）。

14. 《国务院办公厅关于促进和规范健康医疗大数据应用发展的指导意

见》（国办发〔2016〕47 号）。

15.《国务院办公厅关于全面放开养老服务市场提升养老服务质量的若干意见》（国办发〔2016〕91 号）。

16.《关于印发中央预算单位 2017～2018 年政府集中采购目录及标准的通知》（国办发〔2016〕96 号）。

17.《国务院关于印发"十三五"国家信息化规划的通知》（国发〔2016〕73 号）。

18.《国务院关于加强政务诚信建设的指导意见》（国发〔2016〕76 号）。

19.《国务院关于鼓励社会力量兴办教育促进民办教育健康发展的若干意见》（国发〔2016〕81 号）。

20.《国务院办公厅关于进一步激发社会领域投资活力的意见》（国办发〔2017〕21 号）。

21.《国务院办公厅关于印发国务院 2017 年立法工作计划的通知》（国办发〔2017〕23 号）。

22.《国务院办公厅关于印发 2017 年政务公开工作要点的通知》（国办发〔2017〕24 号）。

23.《国务院法制办关于〈国务院关于修改〈行政法规制定程序条例〉的决定（征求意见稿）〉公开征求意见的通知》。

24.《国务院办公厅关于进一步激发民间有效投资活力促进经济持续健康发展的指导意见》（国办发〔2017〕79 号）。

（二）国家发展改革委

25.《国家发展改革委关于开展政府和社会资本合作的指导意见》（发改投资〔2014〕2724 号）。

26.《基础设施和公用事业特许经营管理办法》。

27.《政府和社会资本合作项目前期工作专项补助资金管理暂行办法》（发改办投资〔2015〕2860 号）。

28.《关于充分发挥企业债券融资功能支持重点项目建设促进经济平稳较快发展的通知》（发改办财金〔2015〕1327 号）。

29.《项目收益债券管理暂行办法》（发改办财金〔2015〕2010 号）。

30. 《关于推进开发性金融支持政府和社会资本合作有关工作的通知》
（发改投资〔2015〕445 号）。

31. 《关于运用政府投资支持社会投资项目的通知》（发改投资〔2015〕
823 号）。

32. 《关于保险业支持重大工程建设有关事项的指导意见》（发改投资
〔2015〕2179 号）。

33. 《关于加强保障性安居工程配套基础设施建设中央预算内投资管理的
通知》（发改投资〔2015〕3001 号）。

34. 《关于城市地下综合管廊实行有偿使用制度的指导意见》（发改价格
〔2015〕2754 号）。

35. 《电动汽车充电基础设施发展指南》（发改能源〔2015〕1454 号）。

36. 《关于进一步鼓励和扩大社会资本投资建设铁路的实施意见》（发改
基础〔2015〕1610 号）。

37. 《关于加强城市停车设施建设的指导意见》（发改基础〔2015〕1788
号）。

38. 《关于鼓励和引导社会资本参与重大水利工程建设运营的实施意见》
（发改农经〔2015〕488 号）。

39. 《关于切实做好传统基础设施领域政府和社会资本合作有关工作的通
知》（发改投资〔2016〕1744 号）。

40. 《关于印发〈传统基础设施领域实施政府和社会资本合作项目工作导
则〉的通知》（发改投资〔2016〕2231 号）。

41. 《关于国家高速公路网新建政府和社会资本合作项目批复方式的通
知》（发改办基础〔2016〕1818 号）。

42. 《关于运用政府和社会资本合作模式推进林业建设的指导意见》（发
改农经〔2016〕2455 号）。

43. 《关于规范开展增量配电业务改革试点的通知》（发改经体〔2016〕
2480 号）。

44. 《关于推进农业领域政府和社会资本合作的指导意见》（发改农经
〔2016〕2574 号）。

45. 《关于推进传统基础设施领域政府和社会资本合作（PPP）项目资产

证券化相关工作的通知》（发改投资〔2016〕2698 号）。

46. 《关于印发〈养老服务体系建设中央补助激励支持实施办法〉的通知》（发改社会〔2016〕2776 号）。

47. 《关于进一步做好收费公路政府和社会资本合作项目前期工作的通知》（发改办基础〔2016〕2851 号）。

48. 《关于开发性金融支持特色小（城）镇建设促进脱贫攻坚的意见》（发改规划〔2017〕102 号）。

49. 《关于印发〈政府和社会资本合作（PPP）项目专项债券发行指引〉的通知》（发改办财金〔2017〕730 号）。

50. 《关于加快运用 PPP 模式盘活基础设施存量资产有关工作的通知》（发改投资〔2017〕1266 号）。

51. 《关于进一步做好重大市政工程领域政府和社会资本合作（PPP）创新工作的通知》（发改投资〔2017〕328 号）。

（三）财政部

52. 《关于推广运用政府和社会资本合作模式有关问题的通知》（财金〔2014〕76 号）。

53. 《关于印发〈政府和社会资本合作模式操作指南（试行）〉的通知》（财金〔2014〕113 号）。

54. 《关于规范政府和社会资本合作合同管理工作的通知》（财金〔2014〕156 号）。

55. 《关于开展中央财政支持海绵城市建设试点工作的通知》（财建〔2014〕838 号）。

56. 《关于开展中央财政支持地下综合管廊试点工作的通知》（财建〔2014〕839 号）。

57. 《关于印发〈政府采购竞争性磋商采购方式管理暂行办法〉的通知》（财库〔2014〕214 号）。

58. 《关于政府采购竞争性磋商采购方式管理暂行办法有关问题的补充通知》（财库〔2015〕124 号）。

59. 《关于印发〈地方政府存量债务纳入预算管理清理甄别办法〉的通

知》（财预〔2014〕351号）。

60.《关于印发〈政府和社会资本合作项目政府采购管理办法〉的通知》（财库〔2014〕215号）。

61.《关于市政公用领域开展政府和社会资本合作项目推介工作的通知》（财建〔2015〕29号）。

62.《关于印发〈政府和社会资本合作项目财政承受能力论证指引〉的通知》（财金〔2015〕21号）。

63.《关于印发〈PPP物有所值评价指引（试行）〉的通知》（财金〔2015〕167号）。

64.《关于实施政府和社会资本合作项目以奖代补政策的通知》（财金〔2015〕158号）。

65.《关于规范政府和社会资本合作（PPP）综合信息平台运行的通知》（财金〔2015〕166号）。

66.《关于推进水污染防治领域政府和社会资本合作的实施意见》（财建〔2015〕90号）。

67.《关于在收费公路领域推广运用政府和社会资本的实施意见》（财建〔2015〕111号）。

68.《关于运用政府和社会资本合作模式推进公共租赁住房投资建设和运营管理的通知》（财综〔2015〕15号）。

69.《关于印发〈中央财政服务业发展专项资金管理办法〉的通知》（财建〔2015〕256号）。

70.《关于印发〈城市管网专项资金管理暂行办法〉的通知》（财建〔2015〕201号）。

71.《关于进一步做好政府和社会资本合作项目示范工作的通知》（财金〔2015〕57号）。

72.《关于对地方政府债务实行限额管理的实施意见》（财预〔2015〕225号）。

73.《关于印发〈排污权出让收入管理暂行办法〉的通知》（财税〔2015〕61号）。

74.《关于印发〈水污染防治专项资金管理办法〉的通知》（财建〔2015〕

226 号）。

75.《关于印发〈政府投资基金暂行管理办法〉的通知》（财预〔2015〕210 号）。

76.《关于印发〈城市管网专项资金绩效评价暂行办法〉的通知》（财建〔2016〕52 号）。

77.《关于组织申报 2016 年蓝色海湾整治行动资金的通知》（财办建〔2016〕58 号）。

78.《关于进一步共同做好政府和社会资本合作（PPP）有关工作的通知》（财金〔2016〕32 号）。

79.《关于在公共服务领域深入推进政府和社会资本合作工作的通知》（财金〔2016〕90 号文）。

80.《关于联合公布第三批政府和社会资本合作示范项目加快推动示范项目建设的通知》（财金〔2016〕91 号文）。

81.《关于印发〈政府和社会资本合作项目财政管理暂行办法〉的通知》（财金〔2016〕92 号）。

82.《关于印发〈地方预决算公开操作规程〉的通知》（财预〔2016〕143 号）。

83.《关于印发〈财政部政府和社会资本合作（PPP）专家库管理办法〉的通知》（财金〔2016〕144 号）。

84.《关于印发〈中央财政水利发展资金使用管理办法〉的通知》（财农〔2016〕181 号）。

85.《财政部、中央编办关于做好事业单位政府购买服务改革工作的意见》（财综〔2016〕53 号）。

86.《关于通过政府购买服务支持社会组织培育发展指导意见》（财综〔2016〕54 号）。

87.《关于印发〈政府和社会资本合作（PPP）综合信息平台信息公开管理暂行办法〉的通知》（财金〔2017〕1 号）。

88.《关于组织开展第四批政府和社会资本合作示范项目申报筛选工作的通知》（财金〔2017〕76 号）。

89.《关于坚决制止地方以政府购买服务名义违法违规融资的通知》（财

预〔2017〕87 号）。

90. 《关于规范开展政府和社会资本合作项目资产证券化有关事宜的通知》（财金〔2017〕55 号）。

91. 《关于做好 2017 年地方政府债券发行工作的通知》（财库〔2017〕59 号）。

92. 《财政部关于进一步做好政府采购信息公开工作有关事项的通知》（财库〔2017〕86 号）。

93. 《关于深入推进农业领域政府和社会资本合作的实施意见》（财金〔2017〕50 号）。

94. 《关于进一步规范地方政府举债融资行为的通知》（财预〔2017〕50 号）。

95. 《关于印发〈地方政府土地储备专项债券管理办法（试行）〉的通知》（财预〔2017〕62 号）。

96. 《关于印发〈地方政府收费公路专项债券管理办法（试行）〉的通知》（财预〔2017〕97 号）。

（四）中央其他部委

97. 《关于鼓励社会资本投资水电站的指导意见》（国能新能〔2015〕8 号）。

98. 《关于在能源领域积极推广政府和社会资本合作模式的通知》（国能法改〔2016〕96 号）。

99. 《交通部关于印发全面深化交通运输改革试点方案的通知》（交政研发〔2014〕234 号）。

100. 《住房城乡建设部 国家开发银行 关于推进开发性金融支持海绵城市建设的通知》（建城〔2015〕208 号）。

101. 《关于银行业支持重点领域重大工程建设的指导意见》（银监发〔2015〕43 号）。

102. 《关于大力发展休闲农业的指导意见》（农加发〔2016〕3 号）。

103. 《关于进一步完善城市停车场规划建设及用地政策的通知》（建城〔2016〕193 号）。

104. 《产业用地政策实施工作指引》（国土资厅发〔2016〕38 号）。

105. 《关于支持整合改造闲置社会资源发展养老服务的通知》（民发

〔2016〕179 号）。

106.《关于印发〈地方政府存量债务纳入预算管理清理甄别办法〉的通知》（财预〔2014〕351 号）。

107.《关于进一步做好政府和社会资本合作项目示范工作的通知》（财金〔2015〕57 号）。

108.《关于对地方政府债务实行限额管理的实施意见》（财预〔2015〕225 号）。

109.《关于进一步共同做好政府和社会资本合作（PPP）有关工作的通知》（财金〔2016〕32 号）。

110.《交通运输部关于深化改革加快推进道路客运转型升级的指导意见》（交运发〔2016〕240 号）。

111.《住房城乡建设部等部门关于进一步鼓励和引导民间资本进入城市供水、燃气、供热、污水和垃圾处理行业的意见》（建城〔2016〕208 号）。

112. 中国证券投资基金业协会：《关于 PPP 项目资产证券化产品实施专人专岗备案的通知》。

113.《中国保监会关于保险资金投资政府和社会资本合作项目有关事项的通知》（保监发〔2017〕41 号）。

114.《中国保监会关于保险业支持实体经济发展的指导意见》（保监发〔2017〕42 号）。

115.《中国保监会关于债权投资计划投资重大工程有关事项的通知》（保监资金〔2017〕135 号）。

116.《沪、深交易所及报价系统、政府和社会资本合作（PPP）项目资产支持证券信息披露指南》。

（五）地方政府

117.《安徽省财政厅关于推广运用政府和社会资本合作模式的意见》（皖财金〔2014〕1828 号）。

118.《安徽省人民政府办公厅转发省财政厅、省发展改革委、人行合肥中心支行关于在公共服务领域推广政府和社会资本合作模式实施意见的通知》（皖政办〔2015〕51 号）。

119.《安庆市人民政府关于推广运用政府和社会资本合作模式的实施意见》（宜政秘〔2015〕20号）。

120.《北京市人民政府关于创新重点领域投融资机制鼓励社会投资的实施意见》（京政发〔2015〕14号）。

121.《北京市人民政府办公厅关于在公共服务领域推广政府和社会资本合作模式的实施意见》（京政办发〔2015〕52号）。

122.《北京市财政局关于印发〈北京市推广政府和社会资本合作（PPP）模式奖补资金管理办法〉的通知》（京财经二〔2016〕510号）。

123.《重庆市PPP投融资模式改革实施方案》（渝府发〔2014〕38号）。

124.《重庆市人民政府关于创新重点领域投融资机制鼓励社会投资的实施意见》（渝府发〔2015〕27号）。

125.《福建省人民政府关于推广政府和社会资本合作（PPP）试点的指导意见》（闽政〔2014〕47号）。

126.《三明市人民政府关于鼓励和引导社会资本参与基础设施等领域建设的实施意见》（明政〔2015〕2号）。

127.《福建省人民政府办公厅关于推广政府和社会资本合作（PPP）试点扶持政策的意见》（闽政办〔2015〕69号）。

128.《甘肃省发展和改革委员会关于开展政府和社会资本合作的实施意见》（甘发改投资〔2015〕142号）。

129.《甘肃省人民政府批转省财政厅等部门关于在公共服务领域推广政府和社会资本合作模式实施意见的通知》（甘政发〔2016〕24号）。

130.《广东省人民政府办公厅转发省财政厅省发展改革委人民银行广州分行关于在公共服务领域推广政府和社会资本合作模式实施意见的通知》（粤府办〔2015〕44号）。

131.《广西壮族自治区人民政府办公厅关于推广运用政府和社会资本合作模式增加公共产品供给的指导意见》（桂政办发〔2015〕65号）。

132.《贵州省政府办公厅出台关于推广政府和社会资本合作模式的实施意见》。

133.《贵州省政府和社会资本合作示范工作省级奖补奖金管理暂行办法》。

134.《海南省财政厅关于印发政府和社会资本合作模式操作指南（试行）的通知》（琼财债〔2015〕759 号）。

135.《海南省人民政府关于鼓励在公共服务领域推广政府和社会资本合作模式的实施意见》（琼府〔2015〕95 号）。

136.《海南省财政厅关于推广运用政府和社会资本合作模式的实施意见》（琼财债〔2015〕196 号）。

137.《河北省人民政府关于推广政府和社会资本合作（PPP）模式的实施意见》（冀政〔2014〕125 号）。

138.《河北省人民政府办公厅转发省财政厅、省发展改革委、人行石家庄中心支行关于在全省公共服务领域推广政府和社会资本合作模式实施意见的通知》

139.《河北省政府与社会资本合作（PPP）京津冀协同发展基金申请指南》。

140.《河北省省级政府和社会资本合作（PPP）项目奖补资金管理办法（试行）》。

141.《河南省 PPP 开发性基金设立方案的通知》（豫财资合〔2015〕5 号）。

142.《河南省人民政府关于推广运用政府和社会资本合作模式的指导意见》（豫政〔2014〕89 号）。

143.《河南省财政厅 PPP 项目库入库指南（试行）》。

144.《河南省人民政府关于进一步加快推进铁路建设的意见》（豫政〔2015〕11 号）。

145.《黑龙江省人民政府办公厅关于转发省财政厅省发展改革委人民银行哈尔滨中心支行黑龙江省推广运用政府和社会资本合作（PPP）模式工作实施方案的通知》（黑政办发〔2015〕63 号）。

146.《湖北省人民政府关于在公共服务领域推广运用政府和社会资本合作模式的实施意见》（鄂政发〔2015〕55 号）。

147.《湖南省财政厅关于推广运用政府和社会资本合作模式的指导意见》（湘财金〔2014〕49 号）。

148.《吉林省关于印发政府和社会资本合作模式操作指南的通知》。

149.《江苏省政府关于在公共服务领域推广政府和社会资本合作模式的实施意见》（苏政发〔2015〕101 号）。

150.《江苏省关于推进政府与社会资本合作（PPP）模式有关问题的通知》（苏财金〔2014〕85 号）。

151.《江苏省财政厅关于印发〈政府和社会资本合作（PPP）项目奖补资金管理办法〉的通知》（苏财规〔2016〕25 号）。

152.《江苏省 PPP 融资支持基金实施办法（试行）的通知》（苏财规〔2015〕19 号）。

153.《江西省支持政府和社会资本合作模式发展专项奖励资金管理暂行办法》（赣财债〔2016〕93 号）。

154.《江西省人民政府关于开展政府和社会资本合作的实施意见》（赣府发〔2015〕25 号）。

155.《南昌市推广政府与社会资本合作（PPP）模式的实施意见》（洪府发〔2015〕2 号）。

156.《辽宁省人民政府关于推广运用政府和社会资本合作模式的实施意见》（辽政发〔2015〕37 号）。

157.《沈阳市人民政府关于开展政府和社会资本合作试点的实施意见》（沈政发〔2015〕14 号）。

158.《内蒙古自治区人民政府关于公共服务领域推广政府和社会资本合作模式的实施意见》（内政发〔2015〕70 号）。

159.《内蒙古自治区财政厅关于举办政府和社会资本合作（PPP）项目推介会的通知》（内财办字〔2015〕53 号）。

160.《青海省人民政府关于在公共服务领域推广政府和社会资本合作模式的实施意见》（青政〔2016〕43 号）。

161.《上海市人民政府办公厅关于〈本市推广政府和社会资本合作模式的实施意见〉》（沪府办发〔2016〕37 号）。

162.《山东省人民政府办公厅转发省财政厅省发展改革委人民银行济南分行关于在公共服务领域推广政府和社会资本合作模式的指导意见的通知》（鲁政办发〔2015〕35 号）。

163.《山东省政府和社会资本合作（PPP）发展基金实施办法的通知》

（鲁财预〔2015〕45 号）。

164.《山东省 2015 年政府和社会资本合作项目奖补资金管理办法》（鲁财金〔2015〕28 号）。

165.《山西省人民政府办公厅关于推进城市地下综合管廊建设的实施意见》（晋政办发〔2015〕108 号）。

166.《山西省人民政府办公厅关于加快推进政府和社会资本合作的若干政策措施》（晋政办发〔2016〕35 号）。

167.《陕西省财政厅关于实施政府和社会资本合作（PPP）项目奖补政策的通知》（陕财办金〔2015〕87 号）。

168.《陕西省人民政府办公厅关于在公共服务领域推广政府和社会资本合作模式的实施意见》（陕政办发〔2015〕81 号）。

169.《四川省 PPP 中心关于 2017 年政府与社会资本合作（PPP）示范项目的公示》。

170.《四川省关于印发〈四川省重点项目政府与社会资本合作（PPP）储备库管理办法〉的通知》（川发改项目（2017）197 号）。

171.《四川省财政厅关于印发〈四川省政府与社会资本合作（PPP）项目财政承受能力论证办法〉的通知》（川财金〔2017〕91 号）。

172.《四川省人民政府关于在公共服务领域推广政府与社会资本合作模式的实施意见》（川府发〔2015〕45 号）。

173.《四川省财政厅关于支持推进政府与社会资本合作有关政策的通知》（川财金〔2014〕85 号）。

174.《四川省 PPP 投资引导基金管理办法》。

175.《四川省关于深化铁路投融资体制改革的指导意见》（川府发〔2016〕27 号）。

176.《天津市人民政府关于推进政府和社会资本合作的指导意见》（津政发〔2015〕10 号）。

177.《厦门市人民政府关于印发厦门市关于推广运用政府和社会资本合作（PPP）模式实施方案的通知》（厦府〔2015〕64 号）。

178.《厦门市人民政府办公厅关于推广政府和社会资本合作 PPP 模式试点扶持政策的意见》（厦府办〔2015〕172 号）。

179.《新疆维吾尔自治区关于在公共服务领域加快推行政府和社会资本合作模式的指导意见》（新政办发〔2015〕127 号）。

180.《新疆维吾尔自治区政府和社会资本合作模式奖补资金管理暂行办法》。

181.《新疆维吾尔自治区政府和社会资本合作引导基金管理暂行办法》。

182.《云南省推广运用政府和社会资本合作模式实施方案》（云政发〔2014〕73 号）。

183.《云南省人民政府办公厅转发省财政厅省发展改革委人民银行昆明中心支行关于在公共服务领域加快推进政府和社会资本合作模式实施意见的通知》（云政办发〔2015〕76 号）。

184.《云南省政府和社会资本合作项目奖补资金管理办法》。

185.《云南省政府和社会资本合作融资支持基金设立方案》。

186.《浙江省人民政府办公厅关于推广运用政府和社会资本合作模式的指导意见》（浙政办发〔2015〕9 号）。

187.《浙江省财政厅关于推广运用政府和社会资本合作模式的实施意见》（浙财金〔2015〕5 号）。

188.《浙江省关于在公共服务领域推广政府和社会资本合作模式的实施意见》（浙财金〔2016〕13 号）。

189.《浙江省财政厅关于印发浙江省推广政府和社会资本合作模式综合奖补资金管理暂行办法的通知》（浙财金〔2015〕99 号）。

190.《浙江省财政厅关于印发浙江省基础设施投资（含 PPP）基金管理办法的通知》（浙财建〔2016〕44 号）。

191.《丽水市人民政府关于促进社会资本进入公共设施建设领域的实施意见》（丽政发〔2015〕4 号）。

Abstract

This book consisting of nine chapters, summarizes the PPP development in China both during and before 2017. The first chapter is the general report that generalizes the development phases, accomplishments, and problems of PPP undertaking in China, as well as some suggestions for development; The second chapter concerns theories and researches, which elaborates on the concept and key points of PPP, and introduces hot research topics and development trends in China today; the third chapter focuses on institutions which outlines the institutional environment for PPP development in China and proposes advices for institution improvement; chapter four, named essentials in practice, generalizes some of the most critical issues when practising PPP in China; specific PPP practices in eight different industries including special town, region development, municipal engineering, and rail transit, etc. are illustrated in chapter five; chapter six is about fundraising innovation which introduces the key points and difficulties in various forms of PPP project fundraising in China, including capital financing, fund, asset securitization, etc. ; international experiences will be introduced in chapter seven, which elaborates on the experience of PPP development in Singapore, Japan, and Britain etc. chapter eight illustrates the way implementing PPP projects in China with three real cases; the final chapter is the chronicle of events that summarizes the significant documents, conferences, activities and iconic events in and before 2017.

Keywords: PPP; System Construction; Financing; Securitization

Contents

I   General Report

Abstract: This article firstelaborates on the the four development stages of PPP development in China: the exploratory and experimental stage before 2002, steadily promoted in 2002 −2008, and fluctuated in 2008 −2013, and has entered the stage of universal popularization since 2013. After that, it analyses the accomplishments in PPP undertaking in China from four respects comprised of institution improvement, regulation measures, modelling innovation and practice status. However, the PPP undertaking in China still faces a series of critical issues and challenges, including the imperfect legal system, cognitive discrepancy, inefficiency in management system, overemphasis on fundraising than operation, indifferent reaction of private section, governance inability, etc. In the end, this article proposes six suggestions for the improvement of sustainable development of PPP undertaking in China based on the current situation.

Keywords: PPP; Project; Sustainable Development; System Construction

II Theoretical Research

Abstract: This article first compares the definitions of PPP (public – private partnership) from perspectives of different organizations and it further examines the similarities and differences between PPP and concession so as to clarify the definition of PPP in China's context. Then, based on extensive literature review, this article further elaborates fourteen recent hot issues in the field of PPP research, including concession price, concession period, Value for Money (VfM), PPP legislation, critical success factor (CSF), project governance, risk allocation, performance evaluation, renegotiation, refinancing, real option evaluation, government regulation, exit mechanism and professional ethics. Finally, combined with the development trend of PPP, this article further proposes four potential hotspots for PPP related research in the future.

Keywords: PPP; Research Hotspot; Government Regulation; Concessionary Price Decision

III System Construction

Abstract: Starting from the classification of PPP projects, this paper starts with describing the key points of implementation of governmentpay and concession PPP projects, and expounds the connotation and significance of PPP institutional and capacity building. Combined with domestic and international cases, the key points of institutional and capacity building for the two kinds of PPP projects are analyzed. The achievements and shortcomings of PPP's institutional and capacity building in China are summarized. Finally, suggestions for the PPP institutional and capacity building in China are put forward.

Keywords: PPP; Government Pay; Institutional and Capacity Building; Franchise

B. 4   The Policy Environment and Legal System Construction
of PPP in China   *Liu Shijian* / 075

Abstract: Starting from the introduction of PPP policies and legal system in China, this article goes through and analyzes all important laws, regulations and policies of PPP in China promulgated since 2014. Accordingly, this article summarizes the major questions to be answered during the progress of sustainable development of PPP in China, and put forward a series of proposals for the systematic legislation of PPP in China.

Keywords: PPP; Policy Environment; Legislation

B. 5   Improve the Top −level System and Policy of
PPP Model in China   *Wu Yaping* / 091

Abstract: Presently, the lackor the uncertainty of PPP top-level system and policy has influenced or restricted the development of PPP models in our country, therefore, in this paper, we propose the following suggestions: catalogue of PPP industry shall be formulated, the private sector of PPP projects shall be identified clearly、the related land use policy of PPP projects shall be improved, a fair ROI shall be set scientifically, and disclosure system of PPP projects shall be established and improved。

Keywords: Catalogue of PPP Industry; Land Use Policy; ROI; Information Disclosure System

Abstract：Because the return on investment of PPP projects which need large funds and have long cooperation period is low , most projects require the equity financing, and the capital raised from the bank financial products is the main source for the Equity Financing. The equity financing of PPP projects formed determinate structuresroutines, such as regarding the registered capital and shareholder loans as the projectequity capital, Fake Equity and real Debt, investing through passageway, and so on. The Cai Jin〔2017〕No. 92、SASAC〔2017〕No. 192 and the series of new financial polices will change the method of the equity financing of PPP project. Some equity financing structure will be forbidden or limited, and the equity financing should advance normativelybe further regulated.

Keywords：Equity Financing; Shareholder Loans; Fake Equity; Passageway Business

Ⅳ   Practical Points

Abstract：Over the past hundred years, the PPP model has been promoted and applied in different countries both at home and abroad. Based on the government's responsibility and responsibility for social capital, investment, construction and operation management of infrastructure and public service projects, the forms of cooperation between the two parties are also different. This chapter mainly studies the pedigree of PPP model and the most widely used models in our country: the features of BOT model, TOT model, BOO model, ROT model, TBT model and applicability analysis, the purpose is to ensure the use different

modes of operation reasonably in the future government and society Capital cooperation process.

Keywords: PPP Model; BOT; TOT; BOO; ROT; Applicability

B. 8 Construction of Project Supervision System and Performance

Appraisal System of PPP *Liu Fei*, *Zhu Keyong* / 123

Abstract: Under the model of public-private and partnership (PPP), the Contracting Authority should strengthen supervision to ensure the Private Partner to provide public service and public goods with high quality and efficiency and in meanwhile to obtain reasonable profit. A comprehensive supervision system is composed of administrative supervision, public supervision, contract performance management and authority-designated funding representative supervision. Performance appraisal system is a key part in contract performance management. A Performance Appraisal Agreement is compulsory in PPP Contract, which specifies performance criteria, performance supervision plan and penalties if fail to achieve the performance criteria in Construction, Operation and Transfer Stages.

Keywords: PPP Projects; Supervision System; Performance Appraisal System

V Industry Development

B. 9 Application Analysis on the Characteristic Towns'

PPP Projects *Cao Shan* / 135

Abstract: The deepening combination of PPP model and Characteristic Towns' development produced a batch of Characteristic Towns' PPP projects in order to complete Characteristic Towns' financing, construction and operation. The Characteristic Towns' PPP project is an effective attempt to exert the leverage of government's financial funds, introduce private enterprises and capital and realize the diversification of Characteristic Towns' investors, constructors and operators. Through the introduction of Characteristic Towns' PPP projects and the application of PPP model, this article further discusses the policies, dilemmas, development prospects and tendency of Characteristic Towns' PPP projects.

Keywords: Characteristic Towns; PPP; Application Analysis; Policy Environment

B. 10　The Application and Development of PPP Model in Regional Development projects

Chen Min, Yang Tao, He Heng and Dai Wei / 144

Abstract: Since the beginning of reform and opening up to the present, the cooperation mode of the government and enterprise in regional development has already appeared for about 30 years. More than ten years ago, after the urbanization of our country entered the mid - term, the competition relationship between the cities appeared increasingly apparent, and Competition in the field of investment has become increasingly fierce. In order to speed up the development, improve the infrastructure conditions and boosting the competitiveness, local governments tried to introduce large investment enterprises to make comprehensive invest in industrial park, new town, and so on, the current mode of regional development has emerged. After more than ten years' development, the theories, methods and tools of regional development have been gradually perfected in practice, but there are still some problems that cannot be ignored. In this paper, 88 PPP projects of regional development which were signed in 2016 were used as sample to compared with single PPP projects in multi - dimension, through this comparison, seven characteristics of the PPP project of regional development are obtained. At the same time, the paper summarizes the main problems in the application of the PPP mode of regional development which were found in the course of research, and also makes some specific forecast expectations and suggestions for policy makers, local governments and investment enterprises for reference.

Keywords: Regional Development; New-type Urbanization; Government and Enterprise Cooperation; PPP Model; City Operation

B. 11　The Application and Development of PPP Model
　　　　in Urban Utility Tunnel　　　　　　　　*Zhou Lanping* / 159

Abstract: With the adjustment and improvement of PPP regulations in China, the quantity and quality of Urban Utility Tunnel PPP projects are also constantly improving, which effectively solve the common problems in the development of urbanization, such as safety management in underground pipelines and "road zippers". However, there do exist problems in the application of PPP mode in Urban Utility Tunnel PPP projects, such as the lack of stability of project profits, the uncontrollable pipeline application and the unmanageable allocation of commercial resources. These problems should be solved by the improvement of supporting regulations, practice and innovation.

Keywords: Urban Utility Tunnel; PPP; Mandatory Application

B. 12　The Application and Development of PPP Model in
　　　　Sewage Treatment and Waste Incineration Industries
　　　　　　　　　　　　　　　　　　Xue Tao, *Zhao Xiliang* / 171

Abstract: Sewage treatment and waste incineration industry are two of the most mature PPP mode application field of municipal environmental protection field. These projects belong to the B class, with clear boundaries, easy to implement the reasonable responsibility, easy to docking capital market. The industry practice is facing three major challenges.

Keywords: Sewage Treatment; Waste Incineration; PPP Model

B. 13　The Application and Development of PPP Model in Urban
　　　　Rail Transit Industry　　　　*Chen Hongneng*, *Xiao Liang* / 180

Abstract: During the decade from 2003 to 2014, the Chinese government introduced the single PPP model from the MTR Corporation Limited (MTRCL) to implement five subway projects successfully. Since 2014, a large amount of rail transit projects in China started to use PPP model to invest and develop, and a variety of PPP innovation models have emerged. This article reviews the status of PPP application in the filed of rail transit industry in China, summarizes the relevant experiences, and puts forward some suggestions on the sustainable and healthy PPP development of China's rail transit.

Keywords: Urban Rail Transit; Subway Projects; PPP

Abstract: Chinese first tollway was built and put into use in 1988. Since then, with the change in policy and economic environment, the building pattern for toll way has improved and experienced reforms. Initially, the tollway was built and operated by public. Then, BOT pattern was adopted, and then PPP. This paper conducts an analysis and a summary over the advantages and limitations of the patterns above, and expresses the PPP development prospect.

Keywords: BOT; PPP; Tollway; Franchise; Financing Model

Abstract: The contradiction between supply and demand in the field of health and pension is prominent in our country, and it is urgent to improve the market supply capacity by PPP.

The common mode of PPP project of health and pension includes the mode of equity cooperation, Operation & Maintenance Contract, non core business operation and so on. At present, the contradictions faced by PPP in health and pension industry are mainly reflected in the following aspects: industry policies and regulations need to be clear, professional talent resources are scarce, and lack of

private investor.

Keywords: Health and Pension Industry; Public-Private Partnership

B. 16　The Application of PPP Model for Scale Sports Venues

Pan Yufeng / 212

Abstract: Scale sports venues refer to sports buildings, such as stadium, gymnasium, swimming and diving hall, which are large scale, relatively independent in architectural form and relatively complete in function. Due to its large scale, large investmentand difficult operation, scale sports venues is difficult to construct and operate. Based on the present conditions of scale sports venues, the article research invest in the construction process and experience, analysis to the feasibility of PPP mode and difficulties, put forward that development direction of PPP mode to classify, operate and multiple support.

Keywords: PPP Model; Scale Sports Venues; Asset Backed Securitization (ABS)

Ⅵ　Financing Innovation

B. 17　Problems and Suggestions on Asset Backed Securitization

of PPP Projects　　　　　　　　　　　*Luo Guilian* / 221

Abstract: There are a lot of constraints to boost PPP on a large scale in china, so that the market can not find enough choosable qualified underlying assets to boost PPP ABS rapidly. PPP ABS has a number of problems and challenges, which need to be solved by stakeholders. The paper proposes several policy proposals towards these issues.

Keywords: PPP Model; ABS; Policy Proposal

B. 18   PPP Fund: An Effective Tool to Solve the

Difficulty of Financing   *Guan Qingyou* / 237

Abstract: As an important reform, PPP has drawn great attention since it was launched. However, with the strong support from various ministries and commissions, the situation of its landing is still not optimistic, and the difficulty of financing is the key factor that prevent PPP from landing. To solve this problem, financing innovation has appeared one by one, PPP fund is the landmark one, PPP funds have been set up all over the country with a view to alleviate the financial pressure of social capital through structured financing, so as to help PPP projects to land.

Keywords: The Difficulty of Financing; PPP Fund; Structured Financing

B. 19   Several Problems need to pay attention on

PPP Securitization   *Li Maonian, Liu Huanli* / 261

Abstract: PPP securitization has become a hot topic in the capital market. There are four aspects of core issues that should be addressed for its widespread implementation: Investors, financiers, government and product design. From the aspect of investors, the dynamic balance of "cost" and "return" should be realized between the financier and the investor, and PPP securitization products should be reasonably priced. From the financer side, it is important to understand the attributes of PPP projects and rationally deal with the demand of "Off -Balance -Sheet". As for the government, it needs to strengthen the guidance and restraint of local government, intensify budget management and improve its capability of contract fulfilment. In terms of product design, it is necessary to take the characteristics of PPP projects into full consideration and design the ABS products with reasonable specifications in regard to basic asset transfer, the pledge of charging rights/ usufruct, term matching and so on.

Keywords: ABS; PPP

Ⅶ　International Experience

Abstract：This article uses academic literature and databases of international organizations such as the United Nations and the World Bank. That comprehensive analysis the PPP development history and practice frontier in Britain，France，Japan，Singapore，Australia and other countries to study its revelation and reference for the development of PPP in China.

Keywords：International experience；Singapore；Japan；UK；PPP

Ⅷ　Case Analysis

Ⅸ　Memorabilia

❖ 皮书起源 ❖

"皮书"起源于十七、十八世纪的英国，主要指官方或社会组织正式发表的重要文件或报告，多以"白皮书"命名。在中国，"皮书"这一概念被社会广泛接受，并被成功运作、发展成为一种全新的出版形态，则源于中国社会科学院社会科学文献出版社。

❖ 皮书定义 ❖

皮书是对中国与世界发展状况和热点问题进行年度监测，以专业的角度、专家的视野和实证研究方法，针对某一领域或区域现状与发展态势展开分析和预测，具备原创性、实证性、专业性、连续性、前沿性、时效性等特点的公开出版物，由一系列权威研究报告组成。

❖ 皮书作者 ❖

皮书系列的作者以中国社会科学院、著名高校、地方社会科学院的研究人员为主，多为国内一流研究机构的权威专家学者，他们的看法和观点代表了学界对中国与世界的现实和未来最高水平的解读与分析。

❖ 皮书荣誉 ❖

皮书系列已成为社会科学文献出版社的著名图书品牌和中国社会科学院的知名学术品牌。2016 年，皮书系列正式列入"十三五"国家重点出版规划项目；2013~2018 年，重点皮书列入中国社会科学院承担的国家哲学社会科学创新工程项目；2018 年，59 种院外皮书使用"中国社会科学院创新工程学术出版项目"标识。

权威报告・一手数据・特色资源

皮书数据库
ANNUAL REPORT(YEARBOOK)
DATABASE

当代中国经济与社会发展高端智库平台

所获荣誉

- 2016年，入选"'十三五'国家重点电子出版物出版规划骨干工程"
- 2015年，荣获"搜索中国正能量 点赞2015""创新中国科技创新奖"
- 2013年，荣获"中国出版政府奖・网络出版物奖"提名奖
- 连续多年荣获中国数字出版博览会"数字出版・优秀品牌"奖

成为会员

通过网址www.pishu.com.cn访问皮书数据库网站或下载皮书数据库APP，进行手机号码验证或邮箱验证即可成为皮书数据库会员。

会员福利

- 使用手机号码首次注册的会员，账号自动充值100元体验金，可直接购买和查看数据库内容（仅限PC端）。
- 已注册用户购书后可免费获赠100元皮书数据库充值卡。刮开充值卡涂层获取充值密码，登录并进入"会员中心"—"在线充值"—"充值卡充值"，充值成功后即可购买和查看数据库内容（仅限PC端）。
- 会员福利最终解释权归社会科学文献出版社所有。

社会科学文献出版社 皮书系列
SOCIAL SCIENCES ACADEMIC PRESS (CHINA)
卡号：819465189599
密码：

数据库服务热线：400-008-6695
数据库服务QQ：2475522410
数据库服务邮箱：database@ssap.cn
图书销售热线：010-59367070/7028
图书服务QQ：1265056568
图书服务邮箱：duzhe@ssap.cn

基本子库
SUB DATABASE

中国社会发展数据库（下设 12 个子库）

　　全面整合国内外中国社会发展研究成果，汇聚独家统计数据、深度分析报告，涉及社会、人口、政治、教育、法律等 12 个领域，为了解中国社会发展动态、跟踪社会核心热点、分析社会发展趋势提供一站式资源搜索和数据分析与挖掘服务。

中国经济发展数据库（下设 12 个子库）

　　基于"皮书系列"中涉及中国经济发展的研究资料构建，内容涵盖宏观经济、农业经济、工业经济、产业经济等 12 个重点经济领域，为实时掌控经济运行态势、把握经济发展规律、洞察经济形势、进行经济决策提供参考和依据。

中国行业发展数据库（下设 17 个子库）

　　以中国国民经济行业分类为依据，覆盖金融业、旅游、医疗卫生、交通运输、能源矿产等 100 多个行业，跟踪分析国民经济相关行业市场运行状况和政策导向，汇集行业发展前沿资讯，为投资、从业及各种经济决策提供理论基础和实践指导。

中国区域发展数据库（下设 6 个子库）

　　对中国特定区域内的经济、社会、文化等领域现状与发展情况进行深度分析和预测，研究层级至县及县以下行政区，涉及地区、区域经济体、城市、农村等不同维度。为地方经济社会宏观态势研究、发展经验研究、案例分析提供数据服务。

中国文化传媒数据库（下设 18 个子库）

　　汇聚文化传媒领域专家观点、热点资讯，梳理国内外中国文化发展相关学术研究成果、一手统计数据，涵盖文化产业、新闻传播、电影娱乐、文学艺术、群众文化等 18 个重点研究领域。为文化传媒研究提供相关数据、研究报告和综合分析服务。

世界经济与国际关系数据库（下设 6 个子库）

　　立足"皮书系列"世界经济、国际关系相关学术资源，整合世界经济、国际政治、世界文化与科技、全球性问题、国际组织与国际法、区域研究 6 大领域研究成果，为世界经济与国际关系研究提供全方位数据分析，为决策和形势研判提供参考。

法律声明

　　"皮书系列"（含蓝皮书、绿皮书、黄皮书）之品牌由社会科学文献出版社最早使用并持续至今，现已被中国图书市场所熟知。"皮书系列"的相关商标已在中华人民共和国国家工商行政管理总局商标局注册，如 LOGO（🖐）、皮书、Pishu、经济蓝皮书、社会蓝皮书等。"皮书系列"图书的注册商标专用权及封面设计、版式设计的著作权均为社会科学文献出版社所有。未经社会科学文献出版社书面授权许可，任何使用与"皮书系列"图书注册商标、封面设计、版式设计相同或者近似的文字、图形或其组合的行为均系侵权行为。

　　经作者授权，本书的专有出版权及信息网络传播权等为社会科学文献出版社享有。未经社会科学文献出版社书面授权许可，任何就本书内容的复制、发行或以数字形式进行网络传播的行为均系侵权行为。

　　社会科学文献出版社将通过法律途径追究上述侵权行为的法律责任，维护自身合法权益。

　　欢迎社会各界人士对侵犯社会科学文献出版社上述权利的侵权行为进行举报。电话：010-59367121，电子邮箱：fawubu@ssap.cn。

社会科学文献出版社